本书的出版得益于安庆师范大学出版基金的资助

商业秘密与雇员知识技能冲突研究

崔汪卫 著

知识产权出版社
全国百佳图书出版单位

图书在版编目（CIP）数据

商业秘密与雇员知识技能冲突研究 / 崔汪卫著. —北京：知识产权出版社，2018.1（2019.4）
ISBN 978-7-5130-5389-1

Ⅰ. ①商… Ⅱ. ①崔… Ⅲ. ①商业秘密–保密法–研究 Ⅳ. ①D913.4

中国版本图书馆CIP数据核字(2018)第003693号

内容提要

本书采用了案例分析、法经济分析、比较研究等方法对商业秘密与雇员知识技能冲突的现状、基本原因、表现形式、冲突解决的基本理论及边界划分等方面进行全面深入的理论论证和实证分析，并在此基础上提出了解决商业秘密与雇员知识技能冲突这一问题的方法，对商业秘密立法和司法具有重要的借鉴意义和参考价值。

责任编辑：李 娟　　　　　　　　责任印制：孙婷婷

商业秘密与雇员知识技能冲突研究
SHANGYE MIMI YU GUYUAN ZHISHI JINENG CHONGTU YANJIU

崔汪卫　著

出版发行：知识产权出版社 有限责任公司	网　址：http://www.ipph.cn
电　话：010-82004826	http://www.laichushu.com
社　址：北京市海淀区气象路50号院	邮　编：100081
责编电话：010-82000860转8689	责编邮箱：lijuan1@cnipr.com
发行电话：010-82000860转8101	发行传真：010-82000893
印　刷：北京虎彩文化传播有限公司	经　销：各大网上书店、新华书店及相关专业书店
开　本：720mm×1000mm　1/16	印　张：14
版　次：2018年1月第1版	印　次：2019年4月第2次印刷
字　数：200千字	定　价：68.00元
ISBN 978-7-5130-5389-1	

出版权专有　侵权必究

如有印装质量问题，本社负责调换。

前　言

人才流动是社会进步的重要表现，反映了市场经济的必然要求，为市场竞争注入了新鲜血液，促进人才资源优化配置，是市场健康发展的保证。然而，人才流动是一把双刃剑，大量侵犯商业秘密情形是其溢出的负面效应。商业秘密与雇员知识技能都存在或产生于雇佣关系存续期间，它们之间因出现交叉融合而产生冲突是不可避免的。

解决商业秘密与雇员知识技能冲突的关键是划清边界。然而，我国关于商业秘密与雇员知识技能之间的界限划分在立法上相对滞后，至今尚未确立划分标准，司法实务部门对商业秘密与雇员知识技能之间的边界划分也尚未形成统一的标准，这就对商业秘密与雇员知识技能冲突的解决提出了严峻挑战。本书主要对商业秘密与雇员知识技能之间的边界划分进行深入探讨，希望从立法和司法上对解决商业秘密与雇员知识技能的冲突问题有所裨益。论文主要采用案例分析法、法经济学方法和比较分析法等研究方法，按照"提出问题——分析原因——理论论证——实证分析——得出结论"的研究思路展开论证。

商业秘密与雇员知识技能之间的冲突主要有三个原因：（1）商业秘密的范围较宽，且边界较为模糊，许多无法通过专利保护的客体，可以成为商业秘密的保护对象；（2）商业秘密与雇员知识技能之间存在一定的交叉融合，都是"信息"的范畴，雇员知识技能和商业秘密都能以记忆的形式留存于雇员记忆里，这就造成它们的边界难以厘清；（3）新经济增长理论强调知识外溢和人力资本外部效应在经济发展中的作用，先进知识、技术和人力资本在各企业之间的流动变得更为频繁，这必然给企业商业秘密造成潜在的威胁，引起商业秘密与雇员知识技能之间发生冲突。

　　为了充分保障商业秘密权益和劳动权益，立法机关和司法机关必须运用利益平衡理论，对双方的权益进行权衡，作出合理的判断。商业秘密与雇员知识技能之间发生融合，不是在任何时候都能够完全厘清它们之间的边界，这就需要运用利益平衡理论来加以权衡，做出合理的选择，确保商业秘密权利人与雇员利益最大化。竞业禁止制度和不可避免披露规则都是利益平衡的重要手段，有必要从立法上对其加以规定，明确它们的适用条件，平衡雇佣双方的合法权益，为解决商业秘密与雇员知识技能之间的冲突提供理论依据。

　　在法律层面上，商业秘密与雇员知识技能之间界限划分大多是一些原则性规定，可操作性不强，且立法层次低、停留于部门规章、国家政策和司法政策层面，这对商业秘密与雇员知识技能冲突问题的解决无疑是不利的。我们有必要运用实证分析方法对域外国家司法实务中划分商业秘密与雇员知识技能的边界进行探讨。域外国家主要从涉密技术信息的性质、雇员知识技能水平和研发能力、对公共利益和雇员利益的影响、"合法掌握"的标准等因素来厘清技术秘密与雇员知识技能的界限，从研发经营秘密所耗费的精力、获知信息的途径和手段、采取合理保密措施情况和竞业禁止协议的约定等因素来区分经营秘密与雇员知识技能的界限。商业秘密与雇员知识技能的冲突直接涉及雇主、雇员、客户和社会等不同主体的利益诉求，划清商业秘密与雇员知识技能的界限，是一个寻求各方利益平衡的过程，既要考虑到雇主的商业秘密保护，又要考虑到雇员的自由流动和劳动权的保护，还要考虑到尊重客户的自由选择和社会公共利益。界定争议信息属性过程中，我们应当在利益平衡中综合考虑上述各种影响因素。

　　雇员记忆中秘密信息的属性认定，应当遵循以下规则：（1）是否存在刻意或者恶意记忆。离职雇员刻意或者恶意记忆雇主商业秘密的，应当认定为对雇主商业秘密的侵犯，商业秘密持有人对刻意或者恶意行为承担举证责任。（2）是否以有形载体呈现出秘密信息。以记忆留存且没有以有形载体呈现出来的秘密信息，雇员离职后使用不构成侵权，这种记忆属于一般的知识、经验和技能。（3）技术信息是否容易被离职雇员记住。对于那些很容易被离职雇员记住的技术信息，不宜认定为商业秘密，一般属于雇员知识技能的范畴。对于那些不易被离职雇员记住的技术信息，构成商业秘密的可能性较大，不宜盲目地将其归为雇员知识技能的范畴。（4）雇佣关系存续时间和工作性质成为认定记忆中的技术秘密是否构成商业秘密的重要因素。雇佣关系存续时间越长，从事特殊技术岗位的雇员所积累的知识、经验、技能就越丰富，雇员以记忆抗辩来主张记忆中的技术信息是自己的知识技能往往得到法院的认可。对于那些仅从事辅助性工作而接触到商业秘密，且没有实际工作经验、雇佣关系存续时间较短，雇主提供证据证明自己所拥有的技术信息属于商业秘密，雇员以记忆抗辩就很难得到法院的支持。

消极信息的属性认定，不能固守商业秘密构成要件进行机械地界定，应当视不同情况，分别作出认定。（1）被证实不能应用于实际生产的消极信息，一般不构成商业秘密。（2）能够从消极信息中直接得出持有人所想保密的积极信息，那么这些消极信息构成商业秘密，不宜认定为雇员知识技能的范畴。（3）在原雇主消极信息基础上进行的研发创造，创造出超越前人的技术成果，那么使用原雇主消极信息的不构成商业秘密侵权行为，离职雇员所研发的技术成果属于离职雇员个人所有。（4）对于离职雇员在原雇主消极信息基础上进行无实质性的修改或者改进，所生产出的产品与原雇主几乎无异，这就存在侵犯原雇主积极信息的嫌疑，此类消极信息一般构成商业秘密。

特殊行业的客户名单信息具有一定的特殊性，通常涉及客户、原单位和离职雇员三方主体，划分此类信息是商业秘密还是雇员知识技能也变得更为复杂。在认定此类特殊行业客户名单过程中，我们应当考虑到雇主的商业秘密权、雇员的劳动权、客户的自由选择权，在这三种权利中寻求一个平衡点。因此，认定特殊行业客户名单属性时，我们需要考虑两个因素，即是否形成个人信赖关系、是否存在引诱行为。

本书始终将商业秘密与雇员知识技能之间边界划分和冲突解决作为重中之重，并借鉴国外经典司法判例系统研究得出的有益经验，为我国司法实践中商业秘密与雇员知识技能冲突问题提供借鉴和参考。

目　　录

第1章　导论 ··· 1
 1.1　问题提出与意义 ·· 1
 1.2　研究方法与思路 ·· 7
 1.3　研究状况述评 ·· 10
 1.4　创新与贡献 ·· 18

第2章　商业秘密与雇员知识技能冲突的基本范畴 ······················ 21
 2.1　商业秘密与雇员知识技能的相关概念 ······························ 21
 2.2　商业秘密与雇员知识技能冲突的原因分析 ······················ 46
 2.3　商业秘密与雇员知识技能冲突的表现形式 ······················ 51
 2.4　本章小结 ··· 57

第3章　商业秘密与雇员知识技能冲突解决的理论基础 ··············· 59
 3.1　利益平衡理论 ·· 60
 3.2　竞业禁止是利益平衡的重要手段 ····································· 70
 3.3　不可避免披露规则是利益平衡的另一手段 ······················ 90
 3.4　成本收益分析在冲突解决中的运用 ································· 99
 3.5　本章小结 ··· 105

第4章　技术秘密与雇员知识技能的边界划分 ···························· 107
 4.1　技术秘密与雇员知识技能边界立法上的规定 ·················· 107
 4.2　技术秘密与雇员知识技能边界司法上的认定 ·················· 119

4.3　消极信息属性的认定 ··· 138
　　4.4　雇员记忆中技术信息的属性认定 ······································· 152
　　4.5　离职后技术研发成果的归属 ··· 164
　　4.6　本章小结 ··· 167
第5章　经营秘密与雇员知识技能的边界划分 ································ 169
　　5.1　客户名单与雇员知识技能边界划分的影响因素 ················ 169
　　5.2　特殊行业客户名单的属性认定 ··· 184
　　5.3　雇员记忆中客户名单的属性认定 ······································· 189
　　5.4　本章小结 ··· 197
第6章　结论与展望 ··· 199
　　6.1　结论 ··· 199
　　6.2　展望 ··· 201
参考文献 ··· 203
致谢 ··· 213

第1章 导 论

1.1 问题提出与意义

1.1.1 问题提出

2014年4月28日，宁波市中级人民法院发布的《商业秘密民事纠纷案件审判白皮书》指出，2006—2013年，宁波市两级法院共受理商业秘密相关案件30件，这些商业秘密侵权案件所涉及的被告均为曾经在原告单位工作过的雇员，且他们在原告单位所任职务主要是技术人员、销售经理、外贸秘书、网络管理等❶。南京市人民检察院发布的《侵犯商业秘密犯罪案件调研报告》指出，2013—2015年，该院办理的80%侵犯商业秘密案件都是因雇员跳槽引起的，而且跳槽者多为企业或者科研部门的业务骨干，雇员离职自由流动而泄露或者使用商业秘密，直接威胁到企业商业秘密安全❷。据不完全统计，在一些地方法院，雇员跳槽引发的诉讼占商业秘密案件总数的90%以上❸。华为曾多次出现员工泄密事件，例如，2014年离

---

❶ 李章军,张良宏,方良,等.加强商业秘密保护营造公平竞争环境:浙江省宁波市中级人民法院关于商业秘密民事纠纷审判情况的调研报告[N].人民法院报,2014-05-15(8).

❷ 顾敏.企业泄密案八成与跳槽员工有关[N].新华日报,2015-04-23(6).

❸ 例如,广西壮族自治区高级人民法院《商业秘密司法保护调研情况的报告》显示,2002—2009年,全区受理的商业秘密案件中,除1起案件的被告为原告的原先合作伙伴外,其余的均为原雇员跳槽所致;江苏省高级人民法院《商业秘密纠纷案件复查报告》显示,2002—2007年,全省职工跳槽、离职而泄露技术信息和经营信息所引起的商业秘密纠纷案件共101件,占全部复查案件的94%,只有7件(占6%)是由于企业之间违反保密约定等原因引起的;《宁波市中级人民法院关于商业秘密民事纠纷案件审理情况的调研报告》显示,2006—2013年,宁波市两级法院受理的商业秘密案件30件,所涉的被告全部包含曾经在原告工作过的员工。其中,27件是关于跳槽员工和该员工离职后受聘或者自行创业设立企业作为共同被告的案件,占全部案件的90%。

职创业的华为副总裁陈某因涉嫌侵犯华为公司eSpace软件著作权被法院判处有期徒刑1年7个月,刑满释放后其又因涉嫌侵犯华为公司商业秘密再度遭到羁押❶;2017年1月17日,深圳市南岗区检察院以涉嫌侵犯华为公司商业秘密为由,逮捕了该公司6名前工程师和设计师❷。最近新闻媒体报道的老干妈配方遭到该公司前产品工程师贾某窃取,贾某离职后加入本地另一家食品企业,生产出与老干妈相似度极高的同款产品,老干妈公司报案后,贾某被抓捕归案,涉案金额高达千万元❸。由此可见,雇员离职后的自由流动给商业秘密保护造成了严重的威胁。然而,我们不能因雇员离职易发生商业秘密泄露事件即严格禁止或者限制雇员自由流动,亦不能因雇员自由流动,就忽视了对企业商业秘密的保护。这就需要我们从立法上对商业秘密与雇员知识技能之间的界限作出明确地划分,以避免它们在工作实践中发生冲突。

在我国司法实务领域,解决商业秘密与雇员知识技能冲突,绝大多数法院均从争议信息是否构成商业秘密的视角来考虑。例如,客户名单是否构成商业秘密,有些司法机关按照以下审理思路进行逐项审查:原告主张客户名单内容的查明、客户名单是否具备商业秘密法定构成要件、客户名单商业秘密的认定与所争议的客户名单信息的对比等,来确定所争议客户名单信息的属性❹。又如,有些法院在审理商业秘密案件时,要求商业秘密权利人证明以下事项:权利的存在——权利人(原告)对该权利享有权利——有侵权的事实——被告不侵权抗辩不成立——侵权行为的责任后果的事实。然而,某一争议信息构成商业秘密,这是解决商业秘密与雇员知识技能冲突的基本前提。因为某些构成商业秘密的信息

---

❶ 李亚坤,李洋,王东兴.华为原副总裁辞职创业 两度被控侵犯知识产权[N].南方都市报,2016-04-26(SA34).

❷ 温婧.华为6名前员工窃密被批捕 员工专利涉嫌侵权华为[N].北京青年报,2017-01-19(A13).

❸ 张伟.老干妈遭泄密:一家食品公司内竟上演谍战片[N/OL].中国青年报,2017-05-12[2017-05-11].http://news.youth.cn/jsxw/201705/t20170511_9729229.htm.

❹ 孔祥俊,2012.商业秘密司法保护实务[M].北京:中国法制出版社:208.

对于有些雇员（如知识水平高、研发能力强的雇员）来说，并不属于商业秘密的范畴。倘若某一信息都不构成商业秘密，那么商业秘密与雇员知识技能之间的界限泾渭分明，冲突之说亦无从谈起。在我国，解决商业秘密与雇员知识技能冲突具有典型代表性意义的案例之一的是中粮集团山东省食品分公司（以下简称"山东公司"）等诉马某某案❶。该案判决书中说：

> 一般的知识、经验和技能因不具有商业秘密的资格和条件，不足以构成商业秘密。本案被告人马某某运用自己在原用人单位学习的知识、技能为圣克达诚公司服务，并通过自己多年积累的从事对日海带贸易的经验和人脉，获取了经营出口日本海带贸易的机会，应当属于合法的商业行为，不构成不正当竞争行为。因为根据《不正当竞争法司法解释》第13条规定，日本北海道渔联代表理事副会长宫村正夫的回函，已表明中粮集团与日本北海道渔联的贸易机会授予被告圣克达诚公司，是基于对马某某个人的信赖，与山东公司无关❷。

商业秘密与雇员知识技能界限的划分至今尚未确立合理的判定标准，仅在司法政策和司法意见层面对此问题有所提及，且缺乏可操作性和可指导性。要正确处理好商业秘密与自由择业的关系，在保护商业秘密的同时，维护雇员的合法权益。《最高人民法院关于当前经济形势下知识产权审判服务大局若干问题的意见》（法发〔2009〕23号）❸和《最高人民法院

---

❶ 被告马某某自1986年起先后在山东公司等三原告处工作，并在工作期间掌握了一定的知识技能等，离职后加盟圣克达诚公司。原告山东公司以被告违背诚实信用义务侵害其商业秘密。青岛市中级人民法院审理认为，原告山东公司凭借其经营优势和良好信用长期与日海带出口配额机会，应受到保护；被告马达庆滥用日本客户对自己基于履行职务行为所产生的信赖，违背诚实信用和商业道德，构成不正当竞争。被告不服一审判决，提起上诉。参见：最高人民法院(2009)民申字第1065号民事裁定书。参见：孔祥俊,王岚涛,2015.知识产权经典案例评析：2015年[M].北京：中国法制出版社：275.

❷ 参见：最高人民法院(2009)民申字第1065号民事裁定书。

❸《最高人民法院关于当前经济形势下知识产权审判服务大局若干问题的意见》第11条："加强不正当竞争和反垄断审判……妥善处理保护商业秘密与自由择业、涉密者竞业限制和人才合理流动的关系，维护劳动者正当就业、创业的合法权益……。"

关于充分发挥知识产权审判职能作用推动社会主义文化大发展大繁荣和促进经济自主协调发展若干问题的意见》（法发〔2011〕18号）第26条❶都强调要处理好商业秘密与自由择业之间的关系，做好商业秘密保护的同时，切实维护人才合理流动，保障雇员离职后自由利用自己掌握和积累的知识技能谋取新职业。2015年3月13日《中共中央、国务院关于深化体制机制改革加快实施创新驱动发展战略的若干意见》（中发〔2015〕8号）指出，要促进人才合理流动与优化配置，同时又提出要"完善商业秘密保护法律制度，明确商业秘密和侵权行为界定"的预定目标❷。

综上所述，我国无论在立法领域还是在司法实践中，如何划分商业秘密与雇员知识技能之间的界限，目前还尚未形成统一、可操作的标准，这就给商业秘密与雇员知识技能之间的冲突解决提出了严峻挑战。确立商业秘密与雇员知识技能之间界限划分之合理标准，成为解决商业秘密与雇员知识技能之间冲突的关键所在。

---

❶《最高人民法院关于充分发挥知识产权审判职能作用推动社会主义文化大发展大繁荣和促进经济自主协调发展若干问题的意见》第26条："妥善处理保护商业秘密与自由择业、涉密者竞业限制和人才合理流动的关系，维护劳动者正当就业、创业的合法权益，依法促进劳动力的合理流动。职工在工作中掌握和积累的知识、经验和技能，除属于单位的商业秘密的情形外，构成其人格的组成部分，职工离职后有自主利用的自由。在既没有违反竞业限制义务，又没有侵犯商业秘密的情况下，劳动者运用自己在原用人单位学习的知识、经验与技能为其他与原单位存在竞争关系的单位服务的，不宜简单地以反不正当竞争法的原则规定认定构成不正当竞争。妥善处理商业秘密保护和竞业限制协议的关系，竞业限制协议以可保护的商业秘密存在为前提，但两者具有不同的法律依据和行为表现，违反竞业限制义务不等于侵犯商业秘密，竞业限制的期限也不等于保密期限。原告以侵犯商业秘密为由提起侵权之诉，不受已存在竞业限制约定的限制。"

❷《中共中央、国务院关于深化体制机制改革加快实施创新驱动发展战略的若干意见》。该意见指出："要把人才作为创新的第一资源，更加注重培养、用好、吸引各类人才，促进人才合理流动、优化配置，创新人才培养模式……""到2020年，基本形成适应创新驱动发展要求的制度环境和政策法律体系，为进入创新型国家行列提供有力保障。人才、资本、技术、知识自由流动……""改进科研人员薪酬和岗位管理制度，破除人才流动的体制机制障碍，促进科研人员在事业单位和企业间合理流动。""完善商业秘密保护法律制度，明确商业秘密和侵权行为界定，研究制定相应保护措施，探索建立诉前保护制度。研究商业模式等新形态创新成果的知识产权保护办法。"

1.1.2 选题意义

1.1.2.1 理论意义

权利冲突是客观存在的，不以人的意志为转移。解决权利冲突的最根本方法是划清不同权利的边界，即确定合理的权利界限划分标准。然而，权利界限的划分一直是困扰司法裁判的一大难点，本书所论及的商业秘密与雇员知识技能之间的界限划分亦是如此。当出现商业秘密与雇员知识技能交叉融合，无法厘清它们之间界限而发生冲突时，从理论层面对它们之间的界限划分标准进行深入研究就显得尤为必要。本书将利益平衡理论运用到商业秘密与雇员知识技能界限划分问题中，并进行了充分地说理论证，这在一定程度上丰富了商业秘密与雇员知识技能冲突解决机制的基本理论。

1.1.2.2 实践意义

从根本上说，解决商业秘密与雇员知识技能的冲突，明确商业秘密和雇员知识技能之间界限划分标准，使商业秘密与雇员知识技能之间的边界更加清晰，可以为司法机关正确处理此类冲突提供司法参考，也为立法机关解决此类冲突提供立法建议。具体来说，本论题实践意义表现在以下三个方面：

第一，实现国家发展战略目标的重要保障。党的十八报告提出的实施创新驱动发展战略，十二届全国人大四次会议通过的《国民经济和社会发展第十三个五年规划纲要》和国务院印发的《关于大力推进大众创业万众创新若干政策措施的意见》等国家政策性文件，都强调创新对社会进步、国家发展和个人成长的重要意义。这些政策性文件，一方面，提出要建立产学研结合的创新体系，让企业真正成为创新的主体。这就要求从法律层面对企业所产生的创新成果给予知识产权保护，商业秘密作为企业创新成果的重要形式之一，理所当然应给予其充分的法律保护；另一方面，提出要破除人才流动的制度障碍，实现社会各类人才顺畅流动，满足企业创新对人才资源的需求。这就要求雇员特别是具有较高知识水平和职业技能的雇员在人才流动中其知识技能得到充分地利用。然而，人才流动的负面影响就是企业商业秘密可能被离职雇员使用或者泄露，这也被实践发生的大量商业秘密泄密案例所印证。因此，确立商业秘密与雇员知识技能的划分标准是实现国家发展战略目标的重要保障。

第二，维护商业道德和竞争秩序的重要保证。古罗马时期法律就有关于"商业事务的秘密"之规定：市场主体恶意引诱或威胁迫使竞争对手之奴隶向其泄露竞争对手有关商业事务的秘密，其竞争对手（即奴隶所有者）有权向司法机关提起"奴隶诱惑之诉"（actio servi corrupti），请求侵权人给予双倍损害赔偿[1]。自此以后商业秘密保护被贴上维护商业道德和竞争秩序的标签。各国既存的各种学说和为数不少的判例认为，基于商业道德和竞争秩序之目的，给予商业秘密持有者以法律上的保护，作为明示或者默示协议一方，有不能披露或者使用持有者所拥有商业秘密的义务，非经持有者同意，而通过不正当手段获取商业秘密的，法律将予以明令禁止。诚如，美国学者 Melvin F. Jager（梅尔文·F.贾格）所言，商业秘密的安全直接关系到企业的投资方向，谁也不愿意从事风险投资。使用或者泄露他人商业秘密行为盛行，必将导致任何市场主体不愿意浪费时间和金钱从事产品研发、技术创新等。虽然出现技术研发停滞、技术创新受阻的局面，生产和经营活动并不会因此而停止。但是，任何有价值的思想、有创新的技术、有新意的产品将不会诞生，社会发展进

---

[1] 新企业法务研究会,1997.详解商业秘密管理[M].张玉瑞,译.北京:金城出版社:5.

步也将无从谈起❶。因此,确立商业秘密与雇员知识技能的划分标准是维护商业道德和竞争秩序的重要保证。

第三,保障雇员劳动权和择业权的基本前提。《中华人民共和国宪法》(以下简称《宪法》)《中华人民共和国劳动法》(以下简称《劳动法》)等法律都对公民享有劳动权和自由择业权作出了明文规定,雇员是否可以从事职业劳动、从事何种职业劳动、何时从事职业劳动、进入哪一家用人单位从事职业劳动等方面,都由雇员自主决定和选择。同时,国家负有为雇员提供就业机会和维护职业安定的职责,不能因雇员离职就丧失运用先前掌握的知识技能谋取新工作的机会。然而,具备必要的知识、经验和技能是雇员实现就业权和自由择业权的前提和基础,没有任何知识、经验、技能的雇员将无法面对当今如此激烈人才竞争所带来的挑战。非经法律明确规定,雇主不得以商业秘密保护为由,任意禁止雇员运用自身知识技能谋取职业,否则将违反《宪法》《劳动法》保障雇员劳动权和择业权的基本规定,严重侵犯雇员劳动权和自由择业权。因此,确立商业秘密与雇员知识技能的划分标准是保障雇员劳动权和择业权的基本前提。

1.2 研究方法与思路

1.2.1 研究方法

本书主要采用案例分析法、法经济学分析法和比较分析法等研究方

---

❶ 美国学者梅尔文·F.贾格指出:"让我们设想片刻,如果一个商业社会从没有听说过'诚实信用义务',会导致任何人的行为对他人均不负善意义务。这一社会将没有知识产权法,虽然生产和经营不会停滞,但会发生严重问题。盗窃他人商业秘密的行为遍地盛行,恐惧和怀疑渗透于每一项交易中,任何有价值的思想均有可能被交易的雇员个人出卖。如果仅靠雇佣一个跳槽者就可以得到最新的商业信息,什么人还会浪费时间和金钱开发新产品和工艺?如果任何雇员均可向出大价钱的人出卖企业的知识,使开发投资全部付诸东流,哪个企业还会投资?"。参见:JAGER M F, 1983. Trade Secrets Law Handbook[M].New York:Clark Boardman Company,Ltd:1.

法，对商业秘密与雇员知识技能冲突问题进行系统研究。

1.2.1.1 案例分析法

案例分析法是着眼于当前的现实问题，通过对国内外经典案例判决结果进行评析。总结司法实践中的经验做法，为现实问题的解决提出有效路径的方法。它是法学研究中常用的一种重要方法。案例分析法是笔者研究此论题和写作本书的一种重要研究方法，通过对国内外发生的典型案例和法院判决及说理进行具体的分析论证，为解决商业秘密保护和雇员知识技能冲突提供实践经验和有益借鉴，对未来的我国立法和司法实践具有重要的参考意义。

1.2.1.2 法经济学分析法

法经济学分析法是将经济学方法引入法学领域，发现法律现象背后隐藏的经济因素，寻找法律制度设计和法律措施运用的理性根据的重要方法。利益平衡理论是法经济学方法在商业秘密法学领域中的具体应用，广泛运用于利害关系人之间利益冲突如何平衡协调，达到兼顾双方利益或者保护最大化利益的目的。商业秘密保护过程就是一个利益平衡的过程，这一过程主要解决商业秘密权与雇员劳动权、自由择业权之间发生利益冲突如何平衡协调的问题。因此，商业秘密与雇员知识技能界限划分需要运用法经济学中的利益平衡理论，对双方利益进行权衡，厘清哪些构成商业秘密，哪些属于雇员知识技能，以实现利益最大化的目标。

1.2.1.3 比较分析法

对于某一法律制度设计与架构问题，均可采用比较分析法进行研究。比较分析法是法学研究常用的一种方法，它对既存的各国或地区不同法律制度进行比较分析和归纳总结，找到该制度存在的内在合理基础，并分析该制度移植至我国的可行性，从而为我国在立法上确立此制度提供有说服力的事实依据。本书同样采用了比较分析法,通过对域外国家和地区关于商业秘密和雇员知识技能运用的划分标准进行对比研究,从而总结出各国(地区)在处理某些焦点问题时的有益经验和做法,并将这些经验和做法上升到理论层面,实现在理论上取得实质性的突破,改变司法实践中裁量尺度不统一的现状,为我国处理此类问题提供立法借鉴和审判参考。

1.2.2 研究思路

本书主要写作思路是:提出问题——分析原因——理论论证——实证分析——得出结论。全书由导论、正文、结论3个部分、6个章节组成,主要内容是:

第1章,导论。第一节提出了商业秘密与雇员知识技能存在冲突现象的存在,提出了解决商业秘密与雇员知识技能冲突的重要意义;第二节指出全书使用了案例分析、法经济学和比较分析等研究方法,并提出了问题的研究思路;第三节对国内外研究状况进行了简要综述;第四节概括性地提出了全书的创新与贡献。

第2章,商业秘密与雇员知识技能冲突的基本范畴。第一节分析了商业秘密与雇员知识技能的定义、特征、表现形式和性质;第二节分析了商业秘密与雇员知识技能冲突的原因,该节主要分析了商业秘密与雇员知识技能冲突的三个方面的原因:(1)商业秘密的范围较宽,且边界较为模糊。(2)商业秘密与雇员知识技能之间存在一定的交叉融合,无法厘清它们之间的原则边界。(3)新经济增长理论强调知识外溢和人力资本外部效应在经济发展中的作用,这必然给企业商业秘密造成潜在的威胁,造成商业秘密与雇员知识技能之间的冲突。

第3章,商业秘密与雇员知识技能冲突解决的理论基础。利益平衡理论是解决商业秘密与雇员知识技能冲突的基本理论,它对商业秘密与雇员知识技能冲突问题的解决具有重要的理论指导意义。本章第一节对利益平衡理论的概念、该理论在处理商业秘密与雇员知识技能冲突问题的必要性、合理性及该理论运用于解决商业秘密与雇员知识技能冲突的基本原则等进行了系统阐述；第二节和第三节分别对利益平衡的重要手段的竞业禁止制度和不可避免披露规则进行了深入探讨；第四节利用成本收益分析法对商业秘密与雇员知识技能冲突问题进行经济学上的分析，为解决冲突提供理论参考。

第4章，技术秘密与雇员知识技能的边界划分。确定技术秘密与雇员知识技能之间的边界划分标准，是有效处理商业秘密与雇员知识技能冲突的关键所在。本章第一节运用比较分析法对技术秘密与雇员知识技能边界划分的立法规定进行梳理和论证；第二节运用案例分析法对技术秘密与雇员知识技能边界划分的司法实践如何认定进行实证分析；第三节消极信息的属性认定进行分析，并提出了消极信息属性认定的标准；第四节分析了雇员记忆中技术信息属性如何认定；第五节对雇员离职后在原雇主商业秘密基础上进行技术研发的成果归属问题进行了探讨，并对此问题提出了个人见解。

第5章，经营秘密与雇员知识技能的边界划分。本章以客户名单为例，通过对发达国家经典案例的系统分析，总结出客户名单与雇员知识技能的边界划分需要考虑的因素。同时，对客户名单中的几个难点问题进行了探讨。本章第一节对客户名单与雇员知识技能界限划分的影响因素进行探讨；第二节分析了特殊行业客户名单的属性认定；第三节对雇员记忆中客户名单属性如何认定进行了研究。

第6章，结论与展望。本章对商业秘密与雇员知识技能冲突问题的解决方法进行系统总结，并对此问题的未来发展趋势进行了展望。

1.3　研究状况述评

1.3.1　国外观点回顾

如何区分某一争议信息是商业秘密还是雇员知识技能，各国司法实务界存在不同的做法，有些国家在不同的地区，如美国在不同州的司法实践中对商业秘密与雇员知识技能的区分也存在着明显差异。国外学术界对商业秘密与雇员知识技能的边界划分也有不同的观点。笔者对所搜集的文献进行归纳总结，主要有以下几种观点。

1.3.1.1 通过合同或者协议约定权利的边界

R. Mark Halligan（R.马克·哈里根）（2010）在国际保护知识产权协会（AIPPI）举办的世界知识产权大会发言中指出，雇主与雇员可以通过合同或者协议方式约定某一信息是商业秘密还是雇员知识技能[1]。

Mary-Rose McGuire（玛丽·罗斯·麦奎尔）（2010）[2]提出，雇员只要没有受到非竞争协议约束，在企业工作期间诚实获得（honestly acquired）的知识技能，其离职后原则上在新工作单位可以自由使用"合法掌握"的知识技能，雇主不能对其进行限制。

Ubukata Kazuo（乌布卡塔·喀左）（2010）[3]也持此种观点，他认为，雇员离职后，商业秘密与雇员知识技能的界定主要受制于双方合同条款规定，但是双方合同或者协议约定不能违背现行法律规定和公序良俗原则。

Jassmine Girgis（杰森姆·吉尔吉斯）（2013）认为，雇主为了保持自己的竞争优势，可以自愿签订合同限制雇员离职后利用在原雇主单位掌握的知识技能，这意味着雇员会因签订的合同而丧失部分就业或者商业机会，

---

[1] HALLIGAN R M.Protection of trade secrets through IPR and unfair competition law：USA[EB/OL].（2014-10-10）[2014-12-05]http：//aippi.org/committee/protection of trade secrets through ipr and unfair competition law.

[2] MCGUIRE M R.Protection of trade secrets through IPR and unfair competition law：Germany[EB/OL].（2010-03-17）[2014-12-05].http：//aippi.org/committee/protection of trade secrets through ipr and unfair competition law.

[3] UBUKATA，KAZUO.Protectionof trade secrets through IPR and unfair competition law：Japan[EB/OL].（2014-10-10）[2014-12-05]http：//aippi.org/committee/protection of trade secrets through ipr and unfair competition law.

雇主给予的补偿金应当与雇员接受限制条款所造成的损失相当[1]。

1.3.1.2 倾向于对雇员利益的保护

Ronald J. Gilson（罗纳德·J.吉尔森）（1999）[2]认为，雇员运用知识技能自由流动，有利于其他高科技企业获得知识的溢流，促进它们发展和创新。

Cohen（科恩）（1960）[3]认为，如果我们通过权衡英国和美国的判决来确定适用某一法律规则是保护企业商业秘密不受侵犯，还是保护雇员自由运用知识技能谋生的话，那么法院多偏向后者利益的保护。

Alan Hyde（艾伦·海德）（1998）[4]认为，在处理商业秘密权与雇员劳动权之间的冲突时要采用利益平衡理论来加以权衡，首要考虑的因素是雇员劳动和人才流动对经济增长的内生动力。他以美国高科技中心Silicon Valley（硅谷）为例，分析了硅谷鼓励雇员自由流动给市场注入的活力，使其成为全世界的人才高地。

1.3.1.3 通过立法来划定权利的边界

Jean-Pierre Stouls（彼埃尔·斯图尔斯）（2010）[5]认为，在法国，商业

---

[1] GIRGIS J. Beyond the four corners of the contract: the parol evidence rule, implied terms and the dutyof good faith[EB/OL]. (2013-10-14)[2014-12-05]. http://ablawg.ca/2013/10/14/beyond the four cornersof the contract the parol evidence rule implied terms and the duty of good faith/#channel=f219ae65bd5fcc8&origin=http%3A%2F%2Fablawg.ca.

[2] GILSON R J, 1999. The legal infrastructure of high technology industrial districts: silicon valley, route 128, and covenants not to compete[J]. New York University Law Review, 74(3): 575-578.

[3] Were we to measure the sentiment of the law by the weight of both English and American decisions in order to determine whether it favors protecting a businessman from certain forms of competition or protecting an individual in his unrestricted pursuit of a livelihood, the balance would heavily favor the latter. See: Mr. Justice Cohen. Wexlerv. Greenberg. 399Pa.569, 160A.2d430, 125USPQ(BNA)471(1960).

[4] HYDE A. The wealth of shared information: siliconvalley's high-velocity labor market, endogenous economic growth, and the law of trade secrets[EB/OL]. (2014-01-14)[2015-10-25]. http://andromeda.rutgers.edu/~hyde/WEALTH3.htm.

[5] PIERRE STOULS J. Protection of trade secrets through IPR and unfair competition law: French[EB/OL]. (2014-01-19)[2014-12-05]. http://aippi.org/committee/protection of trade secrets through ipr and unfair competition law.

秘密与雇员知识技能的边界划分主要依据法国《知识产权法典》L611-7条和法国《劳动法典》第1227-1条的规定，离职雇员可以依据法律规定自由使用除制造类秘密（manufacturing secrets）以外的秘密信息，即非技术秘密在雇员离职后可当作知识技能加以使用[1]。

日本学者永野周志、砂田太士、播磨洋平（2008）[2]认为，某一争议信息构成商业秘密还是雇员知识技能，应当根据日本《不正当竞争防止法》有关商业秘密构成要件（非公知性、管理性和有用性）的规定进行界定，不符合商业秘密构成要件的，将不可能构成商业秘密。

1.3.2 国内观点回顾

对于商业秘密与雇员知识技能的边界划分问题，国内学术界主要形成以下4种观点。

1.3.2.1 根据签订合同或者协议来确定权利边界

黄武双（2008）[3]认为，雇佣双方可以通过许可合同的方式来限制或者扩张雇员剩留知识（the residual knowledge）[4]的使用。他指出，雇员和雇主之间约定剩留知识的范围宽窄，在雇员离职前对其具有约束力；在其

---

[1] 法国《知识产权法典》L611-7条规定适用于所有可申请专利的发明创造，不论它们是否可以申请专利，对于非技术秘密(non-technicalsecrets)不包括在该条规定的范围内。法国《劳动法典》第1227-1条的立法规定指出："任何公司的董事或者雇员公开或者试图公开制造类秘密(manufacturingsecrets)将面临2年有期徒刑和30000欧元罚金的刑事处罚。"参见：法国《知识产权法典》L611-7条、法国《劳动法典》第1227-1条。

[2] 永野周志,砂田太士,播磨洋平,2008.営業秘密と競業避止義務の法務[M].株式会社きょうせい：46.

[3] 黄武双,2008.剩留知识的使用与控制研究：美国判例研究及其对我国立法与司法的启示[J].法学杂志(4)：40-43.

[4] 所谓剩留知识，是指在雇佣、许可等合同履行过程中，接收保密信息的一方在工作过程中所掌握的并以无形形式(不包括书面或磁带、磁盘等其他有形文件形式)存储在大脑中的信息(如技术诀窍、经验、想法、概念、工艺等)。参见：黄武双,2008.剩留知识的使用与控制研究：美国判例研究及其对我国立法与司法的启示[J].法学杂志(4)：40-43.

离职后对其剩余知识的限制失去效力。同时，许可合同扩张雇员离职后剩余知识的范围的条款，赋予离职雇员获得更大的择业空间，也与公共利益和政策不悖，当然是有效的。

王骏（2013）[1]认为，在商业秘密与雇员知识技能的合理边界划分问题上，企业应当与雇员签署智力成果归属合同，将商业秘密与雇员知识技能的范围加以明确规定，尤其在难以划清确定边界的情况下，签订此合同就显得更加重要。

郭德忠、冯勇（2016）[2]认为，软件开发人员参与软件的开发、测试和维护，其必然掌握一定的秘密信息，约束软件开发人员出于自身创业的目的或者就职于竞争性企业，雇主通常与其签订保密协议和竞业协议（条款），约定哪些是商业秘密，哪些可以属于个人知识技能。

1.3.2.2 根据雇员知识能力水平来确定权利边界

刘新权（2007）[3]认为，雇主所拥有的信息是否构成商业秘密，可以根据雇员知识、经验和技能等方面来加以判断，雇员是否具有足够知识技能开发出该信息，如果雇员可以利用自己的知识储备独立开发出该信息，那么该信息就属于雇员知识技能，否则构成雇主的商业秘密。

孔祥俊（2013）在分析马某某案[4]中指出，将被告人马某某的个人能力完全限于其进入山东公司之前的个人和业务水平，而将马某某在原告公司工作期间积累的知识、经验和技能等个人能力均视为原告公司所有，这种认定方法显然是错误的[5]。

---

[1] 王骏,2013.商业秘密权利边界之廓清[J].知识产权(10):76-82.
[2] 郭德忠,冯勇,2016.软件商业秘密的认定与保护:以美国判例为主要视角[J].知识产权(8):119-123.
[3] 刘新权,2007.中央企业技术秘密的保护和管理研究[D].武汉:华中科技大学.
[4] 参见:第1.1.1节关于"马某某案"案情分析。
[5] 孔祥俊,2013.知识产权法律适用的基本问题[M].北京:中国法制出版社:122.

1.3.2.3 根据雇佣的时间段来确定权利边界

张玉瑞（2005）❶认为，雇员在职期间和离职后，商业秘密和雇员知识技能划分标准是不同的。他指出，雇员在原单位工作期间负有保守他知悉的企业所有商业秘密，包括重要的商业秘密和一般的商业秘密；只有那些处于或者基本处于公知领域的普通知识、技能才属于雇员知识技能；雇员离职后商业秘密的范围有所缩小，即在没有明示合同的情况下，对原单位一般性保密信息不负任何义务，他只对原单位重要的商业秘密有默示的保护义务。

张玉瑞（2005）还认为，在雇员离职后的"知识技能"包括了相当部分的保密信息，如果商业秘密与雇员知识技能关系太紧密，导致保护商业秘密将剥夺雇员得到与其具备知识技能相称的工作，该信息一般不作为雇主商业秘密保护❷。

1.3.2.4 根据利益平衡理论来确定权利边界

黄洵（2005）❸认为，商业秘密与雇员知识技能的边界划分，要在综合考虑商业秘密的性质、雇员与商业秘密的接触程度、劳动合同的约定等因素的基础上进行利益平衡，确定该信息构成商业秘密还是雇员知识技能。

李嫒（2011）❹认为，商业秘密认定应当具备三个标准：一是不超过保护雇主合法利益所需；二是未给雇员的生活造成不合理的困难；三是未对公共利益造成损害。对于给雇员的生活造成不合理的困难，导致其就业能力下降，影响到雇员的生计的信息，将其界定为商业秘密显失公

---

❶ 张玉瑞,2005.商业秘密商业贿赂——法律风险与对策[M].北京:法律出版社:113-116.
❷ 张玉瑞,2005.商业秘密商业贿赂——法律风险与对策[M].北京:法律出版社:117.
❸ 黄洵,2005.从"沪科案"看商业秘密保护中雇主与离职雇员间的利益平衡[J].电子知识产权(9):45-48.
❹ 李嫒,2011.商业秘密领域中离职后竞业禁止合理范围的界定:以美国判例为视角[J].知识产权法研究(2):47-65.

平，在这种情况下该信息应当将其归为雇员知识技能的范畴，实现双方利益的平衡。

胡良荣、易小辉（2013）[1]认为，商业秘密保护过程应当兼顾公共利益和雇员利益，商业秘密保护和限制应当依据利益平衡理论作出。

孔祥俊（2013）[2]指出，利益平衡所针对的是不同利益之间的冲突和取舍，所涉及的是利益衡量和价值取向。知识产权案件审理过程中就需要按照价值位阶解决价值冲突，在相互冲突的利益之中选择更为重要的利益取向。

冯晓青（2006）[3]在《知识产权法利益平衡理论》一书中也主张运用利益平衡理论来处理商业秘密与雇员知识技能的冲突。

1.3.3 现有观点评析

要彻底地解决商业秘密和雇员知识技能的冲突问题，我们必须厘清商业秘密与雇员知识技能之间的边界划分。即需要明确以下三个问题：它们之间是否存在合理的边界；它们之间是否有因交叉融合而发生冲突的可能；如果存在交叉融合而引起冲突，该如何处理这一冲突。综合上述国内外观点来看：

第一，商业秘密与雇员知识技能之间存在边界。众所周知，一项权利如果想得到切实保护，必须明确权利的内容和边界[4]。也只有权利存在边界，大多数情况下权利才会"相安无事"[5]。商业秘密权也是如此。然而，有学者认为，商业秘密权与著作权、商标权和专利权等虽同属知识产权的范畴，但是商业秘密权不同于著作权、商标权和专利权，其边界具有不确

---

[1] 胡良荣,易小辉,2013.激励与规制:商业秘密保护的经济学分析[J].知识产权(11):62-66.
[2] 孔祥俊,2013.知识产权法律适用的基本问题[M].北京:中国法制出版社:509-514.
[3] 冯晓青,2006.知识产权法利益平衡理论[M].北京:中国政法大学出版社:147.
[4] 罗斯科 庞德,2007.法理学:第3卷[M].邓正来,译.北京:法律出版社:241.
[5] 王克金.权利冲突的概念、原因及解决[EB/OL].(2015-08-09)[2015-10-08].http://www.studa.net/faxuelilun/060525/15511146-2.html.

定性❶。笔者认为此种观点值得商榷,尽管商业秘密权与著作权、商标权、专利权等知识产权确实存在某些差别,例如,商业秘密的内容是以秘密性存在为其价值依据的特殊信息,他人可以通过研发和反向工程等正当手段获得并使用商业秘密❷;其他知识产权大多以公示的方式确权❸,有对抗第三人的效力,它具有排他性、独占性、专有性。但是,这些差别并不能否认商业秘密与雇员知识技能之间边界的存在,也不影响从立法和司法上对它们进行边界划分。

第二,商业秘密与雇员知识技能之间存在交叉融合。权利冲突是一个同权利相伴随的现象。在某种意义上说,只要有权利存在,就会有权利冲突的存在❹。商业秘密与雇员知识技能之间的冲突,从本质上来说是商业秘密权与雇员劳动权之间的冲突,之所以会发生冲突,是因为商业秘密与雇员知识技能之间在特定的情况下存在交叉融合,难以分清彼此。试想一下,如果各项权利没有出现交叉融合,权利边界一清二楚,那么将无法产生权利冲突。例如,雇员工作期间通过记忆掌握或者知晓雇主的秘密信息与雇员知识技能、雇佣关系存续期间雇员所掌握或知晓的消极信息(negative information)与雇员知识技能等,它们之间都可能出现交叉融合的情况。

第三,商业秘密与雇员知识技能边界划分方式多样化。学者们对商业秘密与雇员知识技能出现交叉融合情况下,如何划分它们的边界,提出诸多不同的观点。笔者认为,商业秘密与雇员知识技能的边界划分可以遵循以下规则。首先,从概念、构成要件和表现形式等方面进行界定和区分。对于不符合商业秘密的概念、构成要件和表现形式的信息,不构成商业秘

---

❶ 王骏,2013.商业秘密权利边界之廓清[J].知识产权(10):76-82.

❷ 郑成思,2003.知识产权法:2版[M].北京:法律出版社:397.

❸ 此处用"大多"的表述,主要因为少数情况下知识产权无须经公示方式确权。例如,未发表的作品,同样受到著作权法的保护。即便如此,它亦有对抗第三人的效力,他人不得以创作出相同的作品来进行对抗。而商业秘密相对人可以以自行研发或者反向工程而取得相同的秘密信息来对抗商业秘密权利人。

❹ 刘作翔,2014.权利冲突:案例、理论与解决机制[M].北京:社会科学文献出版社:1.

密。此类信息不可能会引起商业秘密与雇员知识技能的冲突。其次，对于符合商业秘密的概念、构成要件和表现形式的信息，我们应当根据以下因素综合考虑，确定商业秘密与雇员知识技能的边界。这些因素分别是：信息的性质（一般性信息和特殊性信息）、雇佣关系存续期间是否禁止雇员使用、雇员个人的技术水平和研发能力、商业秘密保护对雇员和公共利益是否造成重大损失、获知信息的途径和手段等。再次，对于商业秘密与雇员知识技能边界划分过程中通常会出现一些特殊情形，我们应当对这些特殊情形分别作出认定。例如，雇员记忆中的秘密信息、消极信息、雇员离职后的研发成果等，这些信息是商业秘密还是雇员知识技能，我们根据实际情况分别作出认定。最后，划分商业秘密与雇员知识技能界限的过程中，立法机关和司法机关应当运用利益平衡理论对各方利益进行权衡，进而对所争议信息的具体性质作出合理的判定。

1.4 创新与贡献

本书的创新与贡献主要体现在三个方面：

第一，确立了商业秘密与雇员知识技能边界划分的标准。既往不少学者对商业秘密与雇员知识技能边界划分问题均有所涉及，但都未系统提出划分的标准。本书提出从涉案信息的性质（一般性信息和特殊性信息）、雇佣关系存续期间的协议约定、雇员的技术水平和研发能力、商业秘密保护对雇员和公共利益是否造成重大损失、获知信息的途径和手段、采取合理保密措施的情况等因素考虑，并利用利益平衡理论来划分商业秘密与雇员知识技能的边界，有效地解决商业秘密与雇员知识技能的冲突问题。

第二，提出了雇员记忆中秘密信息属性的认定标准。雇员记忆中的秘密信息是雇员人格的组成部分，不构成商业秘密，雇员离职后可以作为自己的知识技能使用。但是，雇主有证据证明其主张的信息是商业秘密，雇员离职后以有形载体形式呈现出来，或者雇员存在刻意记忆这些信息的，该信息是商业秘密，离职雇员不得以无法消除记忆抗辩。同时，涉密信息是否容易被记住、雇佣关系存续时间和工作性质也成为认定某信息是否构成商业秘密的重要因素。

第三，提出了消极信息属性的认定标准。（1）被证实不能应用于实际生产的消极信息，一般不构成商业秘密。（2）能够从消极信息中直接得出持有人所想保密的积极信息，那么这些消极信息构成商业秘密，不宜认定为雇员知识技能的范畴。（3）在原雇主消极信息基础上进行的研发创造，创造出超越前人的技术成果，那么使用原雇主消极信息的不构成商业秘密侵权行为，离职雇员所研发的技术成果属于离职雇员个人所有。（4）对于离职雇员在原雇主消极信息基础上进行无实质性的修改或者改进，所生产出的产品与原雇主几乎无异，这就存在侵犯原雇主积极信息的嫌疑，此类消极信息一般构成商业秘密。

第2章 商业秘密与雇员知识技能冲突的基本范畴

概念分析的目的是揭示并说明某一概念所指向事物的独特之处，借此深化人们对此概念的理解和认识，厘清此概念与彼概念的本质区别，进而揭示它们之间发生冲突的深层次原因，并为从元理论的层面划清它们之间的原则边界提供参考依据[1]。本章通过对商业秘密和雇员知识技能相关概念进行比较分析，使人们对商业秘密和雇员知识技能的定义、特征和表现形式等基本范畴有一个较为清晰的认知。同时，本章还对商业秘密与雇员知识技能冲突的原因进行深入研究，以为本论题阐述商业秘密与雇员知识技能之间的边界划分提供理论依据。

2.1 商业秘密与雇员知识技能的相关概念

2.1.1 商业秘密与雇员知识技能的基本定义

2.1.1.1 商业秘密的定义

经济全球化的今天，商业秘密成为各国（或者地区）企业在激烈的市场竞争中长期保持优势地位的重要法宝，国际组织和各国（或者地区）都对商业秘密作出了不同的定义。

1. 国际组织对商业秘密的定义

为了方便世界经贸往来和适应经济全球化的发展趋势，多年来一些国

---

[1] 法律概念的元理论，指的是关于法律概念理论的理论，元理论层面探讨的是概念理论的定义、性质、法理依据、表现形式、构成要件等方面。参见：刘叶深,2011.法律概念分析的性质[J].法律科学(1):20-30.

际组织一直致力于缩小各国商业秘密定义的差异性。就国际组织而言，1961年国际商会（ICC）制定的《有关保护专有技术（Know-how）的标准条款》和1969年保护工业产权所通过的议案等均给技术秘密下过明确的定义。国际联合保护知识产权局（UIBPIP）在1964年草拟的《发展中国家专利发明示范法》对商业秘密的定义以立法草案的形式予以明确地规定。美加墨三国签订的NAFTA（《北美自由贸易协定》）对商业秘密保护进行了专门规定，该协定第1711条第1款对商业秘密作出了定义性规定。基于商业秘密的重要性和其与世界贸易的紧密联系，《与贸易有关的知识产权协议》（简称"TRIPS协议"）第39条对商业秘密作出了具体规定。该条第1款指出："在保证按照《巴黎条约》（1967）第10条之二规定为反不正当（竞争）提供有效保护的过程中，各成员应依照第2款对未披露信息和依照第3款提交政府或政府机构的数据进行保护。"此款明确规定依据反不正当竞争行为，保护商业秘密。《巴黎条约》第10条之二是一个关于制止不正当竞争的条款，对不正当竞争行为作了经典的定义，并具体规范了3种最典型的不正当竞争行为。

利用反不正当竞争法来保护商业秘密是世界上多数国家的做法。1996年世界知识产权组织拟定的《反不正当竞争示范法》根据TRIPS协议第39条的规定，对商业秘密保护作了更为具体的规定。该条第2款对商业秘密的构成要件和保护范围作了具体规定。本款规定："自然人和法人应有可能阻止由其合法掌握的信息在未得到其同意的情况下，被以违反诚信商业做法的方式泄露、获得或使用，只要此信息：（1）在一定意义上，其属于秘密，该信息不为从事有关领域的人们所普遍了解或容易获得的。（2）具有商业价值。（3）合法持有人采取了合理的措施。"此处"违反诚实商业做法的方式"主要包括以下做法：违反合同约定泄露秘密；负有保密义务的人泄露秘密；误导他人泄露秘密；第三方在明知或因严重疏忽而不知该信息的获得是与前述违法行为有关的情况下获取的该信息。从本款规定来看：第一，此处认为构成商业秘密应当符合三个条件，即非公知性、价值性和保密性。这与我国立法上规定的商业秘密构成要件是一致的。第二，鉴于WTO成员未制定专门的商业秘密法或者未披露信息法，TRIPS协议正式文本在布鲁塞尔文本的基础上，将原先的"在其国内法规定法律手段阻止……"改为"自然人和法人应有可能阻止……"[1]。第39条第3款对药品和农业化工产品数据保护作出了相应规定。对于药品和农业化工产品数据保护的要求，主要是两个：一是防止其被泄露，二是防止不正当的商业使用。承担这一责任的是政府或政府代理机构。所要保护的药品和农业化工产品数据必须具备以下5个条件：必须是医药用或者农用化工产品的相关实验数据；该产品必须包括新化学成分；成员要求以提交数据作为批准产品上市的条件；数据提交以前未披露过；数据的原创活动包含了相当的努力。笔者认为，本款对药品和农业化工产品数据保护规定的主要目的是使成员保护此类数据免受不正当利用的义务更加清楚。但是，对于药品和农用化工产品数据只要符合该条第2款规定的三要件，即可成为商业秘密的保护对象。

2. 国外对商业秘密的定义

美国法律学会编纂的《侵权行为法重述》（1939）第757条评注（b）对商业秘密的定义作出具体规定，该法指出商业秘密可以包括应用于商业上的任何配方（formula）、方法（device）、模型（pattern）或者信息的汇编（complication of information），使用它可以使持有人获得比同行其他竞争对手更为有利的商业机会。与其他商业上的信息不同，商业秘密一般并非稍纵即逝的信息，而是可能长期用于生产经营中的方法或者程序，其通常涵盖产品的生产全过程。商业秘密所指的"信息"也包括产品销售等环节各种有价值的信息，例如价目表、客户名单、企业经营方法等[2]。《反不正当

---

[1] 张乃根, 2005. TRIPS协定：理论与实践[M]. 上海：上海人民出版社：89.

[2] 1978年美国法律学会出版的《侵权行为法第二次重述》删除了关于商业秘密保护的三条规定，并不是不需要这部分内容，而是出于法律体系上的考虑，其规定的商业秘密的定义和有关条款，仍为各州所采纳，在实务中仍具有参考价值。参见：陶鑫良、杨惠基, 1995. 我国和若干国家的商业秘密法制保护[C]//中国高校知识产权研究会. 知识产权研究中国高校知识产权研究会第七届年会论文集, 西安：西安交通大学出版社；戴永盛, 2005. 商业秘密法比较研究[M]. 上海：华东师范大学出版社：8.

竞争法重述》（1995）第39条指出，商业秘密，指可用于工商经营的信息，其有足够的价值和秘密性，使经营者生产相对于他人产生现实或潜在经济优势。美国《经济间谍法》（1996）第1839条第3款和美国《统一商业秘密法》第1章第4条都以概括式与列举式并用的方式对商业秘密的概念进行了明确的解释❶。美国有些学者认为，对商业秘密作出一个精准的定义不太不现实，因为在不同的情势商业秘密的认定是不同的，通常情况下非商业秘密的信息往往在特殊的情形下有成为商业秘密的可能。例如，有关产品的生产、客户名单、价目等信息在特定情况下都有可能成为商业秘密❷。美国《侵权行为法重述》第757条评注（b）指出，要对商业秘密下一个精准的定义是难以做到的❸。

在欧洲，德国竞争法和其他相关立法均未对商业秘密作出具体的定义，联邦法院和有关学说见解认为，商业秘密是指持有人有保密的意图，尚未公开的、与生产经营有关的、具有正当的经济利益的一切信息❹。例如，德国巴伐利亚高等法院刑事庭在Geldspielautomat案的判决书中指出，商业秘密是指所有与权利人营业相关的，非显而易见而仅限于权利人知悉的信息❺。英国立法上也未对商业秘密定义作出明确具体的定义，而在司

---

❶ 美国《经济间谍法》第1839条："……（3）'商业秘密'是指所有形式和类型的财务、经营、科学、技术、经济或工程信息，包括样式、计划、编辑产品、程序装置、公式、设计、原型、方法、技术、工艺、流程或编码，无论有形或无形，无论是否或怎样得到物理、电子、绘制、照相或书写方式的存放、组织、存储，如果：(a)所有者对该信息采取了合理的措施；并且(b)该信息由于未能被公众所知，且未能用正当手段已经可以确定，因而具有实际或潜在的独立经济价值……"；美国《统一商业秘密法》第1章第4条："'商业秘密'意为特定信息，包括配方、样式、编辑产品、程序设计、方法、技术或工艺等，其：(1)由于未能被可从其披露或使用中获取经济价值的他人所公知且未能用正当手段已经可以确定，因而具有实际或潜在的独立经济价值。同时(2)是在特定情势下已尽合理保密努力的对象。"

❷ ROBERT C,1991.Scheinfeld and gary M butter,using trade secret law to protect computer software[J].Rutgers computer and technology law of journal(17):328.

❸ ALLISON C,1992.The legal protection of trade secrets[M].Sweet&Maxwell:19-20.

❹ MCGUIRE M R.Protection of trade secrets through IPR and unfair competition law: Germany[EB/OL].(2010-03-17)[2014-12-05].http://aippi.org/committee/protection of trade secrets through ipr and unfair competition law.

❺ 孔祥俊,2002.WTO知识产权协定及其国内适用[M].北京：法律出版社：530.

法实践中将商业秘密被视为秘密信息加以保护。例如，Saltman Engineering v. Campbell Co.案法官 Greene 认为，秘密信息不是公共财产，也非公知知识❶。1981年英国国会法律委员会提出的《关于违反保密义务的法律草案》只对在不为公众所知悉的、未处于公共领域的信息，才可依据本法律草案予以保护；对于从公共领域中分离出来的信息，且这些信息需要投入劳动、资金、技术方可获取的，视为未处于公共领域的信息，受到该草案的保护。然而，学术界和实务界一些人士主张将商业秘密从秘密信息的领域分离出来。例如，Faccenda Chicken. v. Fowler一案法官认为，商业秘密不同于一般的秘密信息，它更多地是体现经济上的价值❷。

日本《不正当竞争防止法》（1993）第2（4）条规定，商业秘密是指"作为秘密进行管理的生产、销售方法及其他对经营活动有用的技术或者经营上未被公众知悉的信息。"从上述概念我们可以看出，日本对商业秘密的定义包括具有秘密性、对经营活动有用、未被公开等三个方面的内容。然而，有些学者还认为，持有商业秘密的人享有的利益必须具有正当性，合乎公序良俗，不得破坏社会公德。但是立法者认为，法律保护的利益均为合法利益，其内涵已经蕴含在法律价值中，没有必要再对其作出重复的规定❸。日本学者一般认为，商业秘密是企业在制造方法、储藏方法、化合物质、物质技术处理、营销方法方面，具有实用性、秘密性的发明和构思，这些发明和构思能为持有人保持竞争上的优势❹。

3.我国对商业秘密的定义

我国自古以来，以"祖传秘方""技术诀窍""家传绝技"等形式对有价值的信息采取保密措施加以保护，为自己带来经济上的利益，此类信息

---

❶ Saltman Engineering Co., Ltd.and Othersv.Campbell Engineering Co., Ltd.[1963]3 All Er 413,65 Rpc 203.

❷ Faccenda Chicken Ltd v Fowler and others; Fowler v Faccenda Chicken Ltd, [1987] 1 Ch 117, [1986] 1 All ER 617,[1986] 3 WLR 288,[1986] ICR 297,[1986] IRLR 69,[1986] FSR 291.

❸ 张耕,2012.商业秘密法[M].厦门:厦门大学出版社:5.

❹ 种明钊,2002.竞争法学[M].北京:高等教育出版社:162-175.

就是当今所指的商业秘密。新中国成立以后，"商业秘密"作为法律术语最早出现于1991年颁布的《中华人民共和国民事诉讼法》（以下简称《民事诉讼法》），该法第66条要求对与商业秘密有关的证据应当保密。第120条指出，根据当事人的申请，涉及商业秘密的案件可不公开审理。尽管"商业秘密"字样的表述经常出现于法律条文，但是并未对其作出具体的定义规定。1991年4月12日，中美两国签订的《中华人民共和国政府和美利坚合众国政府关于延长两国政府科学技术合作协定的协议》的附件对哪些确定为商业秘密作出了明确的规定❶。1992年7月14日《最高人民法院关于适用〈中华人民共和国民事诉讼法〉若干问题的意见》第一次用司法解释的方式对商业秘密的概念作出解释❷。真正从法律层面上对商业秘密的定义进行规定的是1993年颁布的《中华人民共和国反不正当竞争法》（以下简称《反不正当竞争法》），该法指出，商业秘密是不为公众所知的，能给持有人带来经济利益的，具有实用性的，采取合理保密措施的技术信息和经营信息。此后，我国立法机关在商业秘密作出立法上解释商业秘密的概念时均采用这一表述。例如，1997年修订的《中华人民共和国刑法》（以下简称《刑法》）第219条在规定侵犯商业秘密罪的同时，对商业秘密的概念沿用了《反不正当竞争法》中的概念。《商业秘密保护法（送审稿）》对商业秘密概念作出了重新修正，此概念是从概括式的定义方式对商业秘密作出了科学的定义，摒弃了《反不正当竞争法》将商业秘密"实用性"的特征纳入定义中❸。学界普遍认为，此概念认定更为科学、准

---

❶《中华人民共和国政府和美利坚合众国政府关于延长两国政府科学技术合作协定的协议》的附件："符合下列条件的信息应当确认为商业秘密：拥有该信息的人可以从中获得经济利益或者据此取得对非拥有者的竞争优势；该信息是非公知的或者不能从其他公开渠道获取；该信息的拥有者未曾在没有保密义务安排的情况下将其提供给他人。"

❷《最高人民法院关于适用<中华人民共和国民事诉讼法>若干问题的意见》第154条："民事诉讼法第66条、第120条所指的商业秘密，主要是指技术秘密、商业情报及信息等，如生产工艺、配方、贸易联系、购销渠道等当事人不愿公开的工商业秘密"。

❸《商业秘密保护法(送审稿)》："本法所称商业秘密，是指具备下列条件的技术信息、经营信息：(1)不为该信息应用领域的人所普遍知悉；(2)具有实际的或潜在的商业价值；(3)经权利人采取了合理的保密措施。"

确、具体，更符合TRIPS协议的规定和要求❶。

2.1.1.2 雇员知识技能的定义

1.国外对雇员知识技能的定义

世界知识产权组织（WIPO）在其颁布的《反不正当竞争示范法》的注释中将雇员知识技能认定为"以前的雇佣期间所掌握的任何技术、经验和知识"❷。经济合作与发展组织（OECD）将知识技能划分为事实知识（know-what）、原理知识（know-why）、技能知识（know-how）、人际知识（know-who）四类❸。

古希腊哲学家亚里士多德从知识分类的角度来向人们展示知识的定义，他认为知识可以分为三个层次：理论知识或科学知识（episteme）、实践智慧（phronesis）和技艺、技巧或生产、制作的知识（techne）。由理论知识到技艺、技巧或生产、制作知识，是人们知识技能水平逐级提高的过程。同时，他还认为，知识技能的提高总是和实践相伴相随的❹。

法国哲学家费郎索瓦·利奥塔尔指出："人们使用'知识'一词，这并非仅指都是陈述性内容，'知识'一词中还包含有工作、处事、倾听能力等意思。❺"

美国管理学家德鲁克认为，知识是可以改变某些人或者某些事物的信息。他把知识理解为一个动态的并且与人或组织交互的系统，并认为只有在使用过程中，知识才能体现出实践意义的价值，而不仅仅是一个简单的多元素的集合❻。

英国教育家罗米索斯基（A. J. Romiszowski）认为，知识是指储存于学

---

❶ 张耕,2012.商业秘密法[M].厦门:厦门大学出版社:20-21.
❷ 参见:《反不正当竞争示范法及其注释》第6条后注释6.08。
❸ 宁烨,樊治平,2007.知识能力:演化过程与提升路径研究[M].北京:经济科学出版社:35.
❹ RICHARD BERNSTEIN.Beyond objectivism and relativism[M].Pennsylvania:University of Pennsylvaria Press,1983:57.
❺ 宁烨,樊治平,2007.知识能力:演化过程与提升路径研究[M].北京:经济科学出版社:43.
❻ PETER F,DRUCKER,2006.The practice of management[M].New Yorker:Collins Business:197.

习者头脑中的信息,主要分为事实、程序、概念和原理;技能是各种心智的或身体的行动及对观念、事物和人所作的行动和反应。他认为,知识与技能的重要区别是:知识带有"有或无"的性质,而技能则是随着经验和练习得以培养的[1]。

匈牙利学者波兰尼认为,知识是建立在经验的基础之上,通过经验积累起来的客观的、普遍适用的信息,技能则是运用这些知识的技巧和本领[2]。

2.我国对雇员知识技能的定义

我国对知识含义的探索最早可以追溯至孔子所著的《论语》,据学者杨伯峻《论语译注》中统计,《论语》有116处提及"知"字,主要有三种含义:一是与"智"通假,有聪明、智慧的意思;二是名词,是知识的意思;三是动词,是知道的意思。[3]这是最早有关知识的定义。

对于知识和技能的定义,我国辞书和国家标准对此进行了详细解释。例如,《辞海》对知识的定义是"人类认识的成果结晶。"[4]对技能的定义是"个体通过反复练习形成的合乎法则的活动方式"[5]。《现代汉语词典》将知识定义为"人们在社会实践中所获得的认识和经验的总和"[6],将技能定义为"掌握和运用专门技术的能力"。[7]对于知识技能,《知识管理框架》中认为,知识技能是指"通过学习、实践或者探索所获得的认识、判断或技能"[8]。

宋太庆在《知识革命论》一书中从广义、狭义和特定的知识论三个方

---

[1] ROMISZOWSKI A J,1984.Producing instructional system[M].London:Kogan Page.
[2] 周廷勇,2009.波兰尼个人知识理论述评[J].贵州大学学报:社会科学版(4):9-14.
[3] 杨伯峻,2013.论语译注[M].北京:中华书局:1-308.
[4] 夏征农,陈至立,2010.辞海:6版[M].上海:上海辞书出版社:2440.
[5] 夏征农,陈至立,2010.辞海:6版[M].上海:上海辞书出版社:854.
[6] 中国社会科学院语言研究所词典编辑室编,2005.现代汉语词典:7版[M].北京:商务印书馆:927.
[7] 中国社会科学院语言研究所词典编辑室编,2016.现代汉语词典:7版[M].北京:商务印书馆:1678.
[8] 中华人民共和国国家质量监督检验检疫总局,中国国家标准化管理委员会,2016.知识管理第1部分:框架[M].北京:中国标准出版社:616.

第2章 商业秘密与雇员知识技能冲突的基本范畴

面提出知识的含义。他认为,广义上的知识,是指人类社会实践经验的总结,也是人类社会包括人工环境、人工智能所创造的一切经验、智慧、智能形态的总和,而且表现形式都为某种信息。狭义上的知识,是指一切思想体系、理论体系、工具体系和逻辑体系的总和。从特定的知识论上看,知识就是人类社会思想信息进行传输、存储、生产、交换、使用、消费和创意的数字符号系统❶。从此含义分析来看,宋太庆认为广义的知识包含有技能之义。

笔者认为,雇员知识技能包括知识和技能两个方面,它们之间既有一定的联系也存在明显区别。知识,是指事物的特征与联系在人脑中的反映,是客观事物的一种主观表征。简言之,知识是人脑与环境相互作用后获得的信息。技能,是指人们通过学习而形成的合乎法则的认知活动或身体活动的动作方式,技能的生理基础是由于在大脑皮层运动中枢的神经细胞之间形成了牢固的联系系统。简言之,技能是依附于个人的技术和能力。技能的形成一般需要经过雇员对所学的知识进行辩证分析,汲取对生产实践有用的部分,剔除那些与自己工作不相关的知识,并通过训练对这些有用知识进行强化,使自己所学的知识产生一个质的飞跃。但是,技能的形成又不同于知识的掌握。知识解决知与不知的问题,对活动起定向作用。技能是控制动作执行的工具,要解决的问题是动作能否作出来,会不会做,熟不熟练。可见,技能源于知识且高于知识,知识必须通过长时间、有效地学习和训练,才能转化为系统化、概括化的稳定的动作系统,即技能。总之,雇员知识技能是指雇员在生产实践中所掌握的知识、积累的经验和运用的技能,这些知识、经验和技能是企业发展的基础,是雇员谋生的重要手段❷。

---

❶ 宋太庆,1996.知识革命论[M].贵阳:贵州人民出版社:25.
❷ 崔汪卫,2014.企业雇员离职后商业秘密保护的利益平衡:以GM前工程师涉嫌窃取商业秘密案为背景[J].西安电子科技大学学报:社会科学版(3):101-107.

2.1.1.3　本节小结

本书所言"商业秘密"仅指信息，例如：TRIPS协议第39条以"未披露信息"涵盖传统的商业秘密和未披露过的药品实验数据或农用化工产品实验数据及其他数据。而雇员所掌握的知识也是信息，雇员的技能是依附个人的技术能力，其亦可以信息的形式表达出来。由于企业商业秘密的运用与雇员知识技能的使用都依附于人，通过人的使用来发挥其应有的作用，而此处运用商业秘密的"人"大多数情况下都指雇员，雇主不可能亲自运用商业秘密来完成企业的每一个生产环节，而将这些工作交由具有一定知识技能且掌握企业商业秘密的雇员来完成。因此，商业秘密与雇员知识技能一旦同时运用于生产经营过程中，不可避免地因交叉融合而发生冲突。

2.1.2　商业秘密与雇员知识技能的基本特征

2.1.2.1　商业秘密的基本特征

1. 相对秘密性

要想获得商业秘密保护，有关信息必须具有秘密性，不为公众所知。秘密性的观点得到了发达国家大量案例的支撑。例如，美国1979年的Carson Products Co. v. Califano❶案中法院以产品成分在有关学术论文中，甚至在专利文献中已经用于相同产品，而拒绝原告申请食品成分保密的请求，其判决书中指出："不用不正当手段即可以得到的信息不能是商业秘密的对象。❷"在我国，秘密性是指商业秘密"不为公众所普遍知晓"，具有"相对秘密性"，它为一定范围内必须知道的人所知悉。对于"一定范围内必须知道的人"具体是哪些人，一般不能一概而论，应当根据个案的不同

---

❶ Carson Products Co.v.Califano, 594 F.2d 453；1979 U.S.App.LEXIS 14904.

❷ "a substantial element of secrecy must exist, so that, except by the use of improper means, there would be difficulty in acquiring the information." See: Carson Products Co.v.Califano, 594 F.2d 453；1979 U.S. App. LEXIS 14904.

第2章 商业秘密与雇员知识技能冲突的基本范畴

作出符合实际情况的认定❶。笔者认为，秘密性可以从两个方面来认定，即客观秘密性和主观秘密性。客观秘密性是指客观上某一信息不为同一领域相关人员所普遍知晓，主要从该信息被公开所造成的实际效果和该信息获取的难易程度两个方面加以判断；主观秘密性是指主观上信息持有者是否对该信息具有保密的主观意愿，这种主观意愿通常以信息持有者是否采取了合理、有效的保密措施来加以辨别。

2.价值性

价值性，意指商业秘密能够给持有者带来某种实际的或者潜在的竞争优势和经济利益。TRIPS协议中将"价值性"解释为"因其属于秘密而具有商业价值"，即具有商业价值的信息才有成为商业秘密的可能；具有精神价值、社会价值的信息不构成商业秘密。判断一条信息是否具有价值性，主要通过能否给持有人带来经济利益或者竞争优势来衡量，即客观有用性。各国立法上对商业秘密价值性作出了各异表述，其本质上都意指价值性❷。在司法实务中如何衡量认定商业秘密的价值性呢？我国有学者也对此作出过相关表述，但较为泛意化❸。笔者认为，主要从以下三个方面来看：第一，保密信息是否需要耗费一定的费用、时间和符合了相当努力方可获得。如果持有人付出了大量的财力、人力和时间获取商业信息的，该信息即具有价值性。

---

❶ 例如,在下列情况下,商业秘密就不会丧失其秘密性:(1)负责企业生产具体实施过程中需要运用商业秘密的雇员或者员工;(2)按照双方签订的协作协议、技术合同等商业秘密持有人将商业秘密披露给合同或者协议另一方或其他负有保密义务的单位或者人员;(3)法庭庭审披露的、成果鉴定会展出的商业秘密;(4)两个以上的市场主体对某一商业秘密同时合法持有;(5)某一区域范围不属于商业秘密的信息,在其他区域内可能又属于商业秘密的信息。上述五种情形并不影响信息秘密性的存在。

❷ 例如,美国《侵权行为法重述》将其表述为"现实之实质性价值";美国《统一商业秘密法》以"独立实质或者潜在之经济价值"述之;日本《不正当竞争防止法》规定"具有正当的利益";我国台湾地区《营业秘密法》将"经济性"表述为"有实际或潜在之经济价值者"。

❸ 孔祥俊认为,对于商业秘密价值性要件可以从以下4个方面的判断:其一,能够给权利人带来经济利益或者竞争优势;其二,价值性包括现实的和潜在的价值;其三,商业秘密的价值性没有量的规定性;其四,商业秘密的价值性没有时间的规定性,无论是持续性的"价值",还是短暂、甚至是一次性的"价值",都属于商业秘密的价值性的体现。笔者对此也较为认同,但是比较泛意,没有进行实质性的论述。参见:孔祥俊,2012.商业秘密司法保护实务[M].北京:中国法制出版社:140.

第二，持有人因该保密信息所获得的经济利益和竞争优势，具体表现为其运用保密信息前后，经济利益和竞争优势是否存在鲜明的对比，若具有明显的经济利益和竞争优势，即可认定具有价值性。第三，竞争对手从被保密人处获取保密信息并因此而取得了经济利益，持有人却因此蒙受损失或者丧失竞争优势，可以认定该被保密的信息具有价值性。

3.保密性

保密性，即持有者应当对商业秘密相关信息采取合理的保密措施。此处所采取的保密措施是根据具体情形而采取的"合理或适度的保密措施"，并非过分或者极端的保密措施❶。例如，美国 Eu Pont de Nemours & Co. v. Christoper 一案❷，法院认为，杜邦公司在施工场地设置了围墙即被认定为采取了保密措施，而不能强求该公司在施工场地加盖顶棚以防止竞争对手从空中偷窥才认定采取了保密措施❸。法律要求对商业秘密采取合理保密措施，"合理"有两种含义：从"质"的层面而言，法律要求保密措施是具有实际效果、能发挥应有作用并达到保密目的的；从"量"的层面而言，法律要求采取适当的保密措施，仅以让接触商业秘密的雇员知晓该信息是商业秘密或者防止普通人通过正当手段获取，即可认定为采取适当的保密措施。因此，此处"保密性"仅要求雇主对其所持有的商业秘密采取适当或者合理的保密措施。

2.1.2.2 雇员知识技能的基本特征

1.相对可传播性

雇员知识技能主要是通过有关部门组织培训和个人学习获取的某一方

---

❶ 李明德,2014.美国知识产权法[M].北京:法律出版社:189.

❷ Eu Pont de Nemours & Co.v.Christoper,431 F 2d 1012,1066U.S.P.Q.(BNA)421(5th Cir 1970), cert. denied 400 U.S.1024(1971),reh.denied 401.U.S.967(1971).

❸ Court found that DuPont had taken reasonable precautions to keep their designs secret. It would have been unreasonable to ask DuPont to cover their half-built factory with a temporary roof during construction.See: Eu Pont de Nemours & Co.v.Christoper,431 F 2d 1012,1066U.S.P.Q.(BNA)421(5th Cir 1970),cert. denied 400 U.S.1024(1971),reh.denied 401.U.S.967(1971).

面的专门知识,这些知识技能都是在日常工作和学习生活中反复演练,并通过与外部交流、补差等方式,发掘和利用社会上对自己有益的资源,与自身已具备的知识技能相结合,形成了"后天"的知识技能。这些知识技能是开放性的、广为大众学习和传播的。正是因为知识技能的传播性,使得知识技能得到广泛的传播(传授)、学习、使用和继承,发挥其最大化效用❶。劳动者素质的提升、社会经济的发展和科技水平的提高都需要知识技能得到广泛的传播。然而,此处所言"可传播性"是相对的,雇员通过自主研发手段获得的新技术、新方法等知识技能,其可以自主选择商业秘密的方式自我保护,此时雇员知识技能即具有不可传播性。因此,雇员知识技能的可传播性具有相对性。

2.经济性

波斯诗人萨迪云说:"知识是取之不尽的源泉、用之不竭的财富。"这句名言无形中蕴含着知识技能的经济特性。这种经济性表现在:其一,可以成为人们谋生的重要手段,离开了知识技能,人很难在竞争如此激烈的社会中生存和发展。同时,知识技能也会让其使用者在择业过程中取得竞争上的优势,获得丰厚的经济回报。其二,可以持续的为所有者带来经济利益。知识技能不同于一般的物品,具有非消耗性,所有者可以无限次的使用它而不产生任何"消耗"。其三,需要付出一定代价及时更新知识技能。由于当今知识更新的速度飞快,掌握特有知识技能的劳动者也不是一劳永逸的,他们必须及时补充和更新自己的知识❷。

3.相对共享性

从一般意义上来说,知识技能不同于商业秘密在内的知识产权,它具有非排他性,亦称非竞争性。一方面,知识技能的学习具有开放性。知识技能的形成大多是人们通过学习、交流等手段来实现的,且不影响他人的学习和使用。另一方面,知识技能的获取受到个体的主观努力、

---

❶ 范领进,2004.知识价值理论研究[D].长春:吉林大学.
❷ 王德禄,2003.知识管理的IT实现:朴素的知识管理[M].北京:电子工业出版社:22.

个人兴趣、接受能力等后天因素的影响，它的形成和发展是先天个人因素和后天社会因素共同作用的结果。同时，雇员知识技能也不同于一般资产，雇员知识技能不会因分享而减少或者损耗，越共享越能发挥其价值，越共享越可能促使原有的知识技能得到进一步丰富和拓展。然而，雇员知识技能的共享性并非绝对的，有些雇员将其掌握的具有比较竞争优势的知识技能通过商业秘密或者申请专利等方式转变为自己拥有的知识产权，此时他人欲获取此项知识技能，应当经该雇员许可并支付必要的使用费。

4. 依附人身性

技能主要是雇员掌握的技术能力，一旦形成就可能依附于特定人，不可转移，从某种意义上说，具有人格属性，与人身不可分离，具有依附人身性、内在性和永久性，能为雇员带来一定的经济利益，成为雇员谋生的重要工具。技能的依附人身性与信息（商业秘密也是信息）存在本质区别，信息具有可流动性。就商业秘密而言：(1) 雇员在雇佣单位工作期间，势必会接触和了解企业的一些商业秘密；(2) 商业秘密权利人可以通过内部协议、有偿转让等形式将商业秘密让与他人；(3) 雇员离职后亦可能带走企业的商业秘密。这三点均表明商业秘密的可流动性。技能的依附人身性与信息的可流动性，正是理论与实践中划分商业秘密与雇员知识技能边界的难点。

2.1.2.3 本节小结

从上述对商业秘密和雇员知识技能基本特征分析来看，商业秘密具有相对秘密性、价值性、保密性等基本特征，而雇员知识技能的基本特征更多地体现为相对可传播性、经济性、相对共享性、依附人身性等。它们都具有价值性或者经济性的共同特征，正是因为经济利益的存在，促使它们在运用过程中发生冲突。与此同时，它们还具有相反的特质，这些差异性的存在，也为厘清它们之间原则边界提供了理论依据。因此，我们在厘清商业秘密与雇员知识技能的边界时,应当从商业秘密和雇员知识技能的基本特征方面对甄别对象进行考量。

有人认为,商业秘密与雇员知识技能基本特征的差异性,决定了它们之间没有交叉融合,不可能发生冲突。这种认识是值得商榷的。理由有三:第一,知识经验丰富、技术水平较高的雇员尽管凭借其先前积累的知识、经验和技能即可自行发现企业的商业秘密,然而,此雇员不经意间忽略了此信息的价值性,一旦了解到此信息具有价值性,势必会以自行研发为由,主张该信息属于自己的知识技能,进而引发冲突;第二,随着工作时间的推移,雇员的知识技能会较以前有相应的提高,而企业创新发展也使得其商业秘密不断地更新、进步,雇员知识技能提高与企业商业秘密的更新、进步具有同步性,以致无法分清彼此之间的界限;第三,人脑的记忆是无法消除的,商业秘密和雇员知识技能都可能留存于雇员的记忆当中,雇员离职即便有所注意,也难以避免其使用知识技能时不会使用或者泄露商业秘密。正因为商业秘密与雇员知识技能存在交叉融合,才为开展商业秘密与雇员知识技能冲突的深入研究提供了可能。

2.1.3 商业秘密与雇员知识技能的表现形式

2.1.3.1 商业秘密的表现形式

商业秘密是普遍意义上信息的一部分,从事实上来说,作为商业秘密的信息具有实际的或者潜在的经济价值,能给持有人带来竞争优势地位;从法律上而言,商业秘密的范畴仅限于符合法律规定的商业秘密构成要件的信息。作为商业秘密的信息与其他信息并不同,主要表现为:首先,非一切竞争信息都是商业秘密,属于商业秘密范畴的仅限于那些与具有竞争优势和带来经济利益的信息,且这些信息也不一定全是商业秘密。同时,随着高科技产业的兴起,商业秘密的信息并不仅仅限于昔日所言的经营信息和技术信息,其他竞争信息,如科研竞争、教育竞争、文学艺术的创作竞争等用于商业目的时，即具有经济属性，也可以认定为商业秘密。其次，符合法律规定的商业秘密构成要件的那些信息，即符合秘密性、保密性、实用性三要件的信息，可以认定为商业秘密，而不是任何能够给持有人带来竞争优势和经济利益的信息均可认定为商业秘密。❶再次，商业秘密分为经营信息和技术信息，但是，不是所有技术信息和经营信息均属于商业秘密。因此，深入研究商业秘密的表现形式，对厘清商业秘密的合理边界，保护商业秘密权利人合法权益具有重大意义。

1.域外各国关于商业秘密的表现形式

美国商业秘密判例表明，司法机关将商业秘密的范围限于具有较强财产特征的技术性信息，例如，美国Salomon v. Hartz一案，Hartz是Salomon的雇员，其辞职后进入与Salomon的有竞争关系的公司，并将有关生产科尔多瓦皮革的商业秘密泄露给该公司，根据Salomon的申请，初审法院向Hartz和Salomon的竞争对手发布诉前禁令，禁止Hartz和Salomon的竞争对手使用或者泄露Salomon的原料配方、客户名单和商品定价等经营秘密。此案在上诉审理中，New Jersey（新泽西州）法院取消了对非技术信息部分的诉前禁令，仅支持诉前禁令中的技术信息部分。❷1905年美国联邦最高法院审理的Chicago Board of Trade v. Christie Grain and Stock Co.案❸中，原告芝加哥商会通过收集并整合了各种农作物价格和各销售商的销售信息形成行情报告，提供给合同用户使用，被告公司通过非法手段得到这些行情报告，并违法扩散取得非法收益，法院为此颁布禁止令，阻止原告商业秘密被他人使用或者泄露。此案是第一起非技术秘密即经营秘密被确定为商业秘密的表现形式。1939年的美国《侵权行为法重述》首次较为完整的表述了对商业秘密实施侵权行为法保护，该法第757节评论b，规定商业秘密既包括任何配方、样式、信息的编辑产品，制造、加工或者储存材料的

---

❶ 宋惠玲.论商业秘密的法律性质[J].行政与法,2008(9):91-94.

❷ Salomon v.Hartz.,4N.J.Ep.400,2A379(1886).

❸ Chicago Board of Trade. v. Christie Grain and Stock Co.,198U.S.236,1905:250-251.

工艺，机械或者其他装置等"技术秘密"，也可以包括与产品销售或者业务运营有关的价目表中的折扣、回扣或者进行谈判作出妥协条件的规则、企业运营管理方法、客户名单等"经营秘密"。[1]美国《统一商业秘密法》（1979年）第1节第4条规定，只要是商业信息，且这些信息具备秘密性、价值性、新颖性、保密性等特性，即为商业秘密的保护对象，这种表现形式抛弃了过去外延式的列举，非连续、非系统地改进生产经营活动的方法、技巧，即便是个别、零散的信息，只要符合商业秘密的构成要件，也属于商业秘密的范畴。英国有些判例也认为，商业信息的复杂和高深程度不是衡量其是否为商业秘密的标准，在企业生产经营中产生的一些简单的、有实用价值的信息，也有可能成为商业秘密法的保护对象。[2]1995年美国《反不正当竞争法重述》第39条认为，商业秘密的表现形式主要有经营性秘密、技术性秘密、其他秘密。通常情况下，商业秘密权利人都是生产经营者和某些商业机构。然而，一些非营利组织，例如教育、协会、慈善、宗教组织等，他们所持有的具有一定经济价值的商业信息也可能被认定为商业秘密。正因为如此，商业秘密表现形式具有多样性、开放性等特性，TRIPS协议将商业秘密的定义表述为"未披露的信息"，因此，从正面来描述商业秘密的表现形式，是难以达到预期效果的，任何企图用法律来定义所有商业秘密表现形式的做法都是无益的、徒劳的。

　　加拿大1988年颁布的《统一商业秘密法草案》对商业秘密的表现形式作出了与美国相类似的规定。该草案第1条规定："'商业秘密'系指符合下列条件之任何信息：（1）被用于或可能用于贸易或商业；（2）在贸易或商业中不为公众所知悉；（3）因其非公知而具有经济价值；（4）依据具体情况，尽合理之注意，以防止其被公知。前述定义中所称'信息'，包括（但不限于）体现或包含于，配方、模型、计划、资料汇编、计算机程序、

---

[1] 张玉瑞,1999.商业秘密法学[M].北京:中国法制出版社:55.

[2] MEHIGAN S,1991.David griffiths:restrain of trade and business secrets:law and practice[M].London:Longman:43.

方法、工艺、程序、产品、装置或机械中之信息。"❶与美国立法不同之处在于，加拿大对商业秘密的表现形式仅限于贸易或商业中的信息，没有美国《统一商业秘密法》所含的广泛。然而，在加拿大学界有学者认为，商业秘密可以是一种工业秘密，例如保密的工艺、配方、机器，或者作业的对象、时间进度、经费开支、成功或失败的信息；也可以是任何类型的信息，例如科学信息、广告宣传上的精彩语句或创意，等等。❷这种观点并没有为加拿大立法机关所采纳，仅停留于理论层面。

德国立法将商业秘密的表现形式表述为"交易或生产经营上之秘密"，通常称之为企业秘密（Unternehmensgeheimnisse），企业秘密包括交易秘密（Betriebsgeheimnis）和生产经营秘密（Geschäftsgeheimnisse）。除上述信息为企业秘密以外，还有哪些信息属于企业秘密，主要取决于法官的认识。德国实务界认为，一项秘密信息，只要其与企业的生产经营相关联，具有经济上的价值，并由雇主控制于秘密状态，即为企业秘密，受到法律保护。从德国立法和学界的观点来看，"交易或生产经营上之秘密"为商业秘密的主要表现形式，具体哪些属于商业秘密由法官来决断。

日本1993年《不正当竞争防止法》规定，商业秘密包括技术秘密和经营秘密两大类。但是法律实务界对商业秘密的表现形式往往超越了此范围。从日本判例来看，凡是产品配方、商业数据、计算机程序、建筑设计图、客户名单、电话号码、大学入学试题，只要其持有人采取合理措施，维持其秘密性，均应当作为商业秘密予以法律保护。

2.我国关于商业秘密的表现形式

我国法学界对商业秘密表现形式的认识存在分歧，主要存在两种观

---

❶ "TradeSecret" means any information that (a) is, or maybe, used in a trade or business, (b) is not generally known in that trade or business, (c) has economic value because it is not generally known, and (d) is the subject of efforts that reasonable under the circumstances to prevent it from becoming generally know. For the purposes of the definition trade secret "information" includes information set out, contrained or embodied in, but not limited to, a formula, pattern, plan, compilation, computer program, method, technique, process, product, device or mechanism.

❷ Terrence F. Maclaren (editor), World Trade Secrets Law, CBC, A2-5.

点：一种观点比较认同我国《反不正当竞争法》关于商业秘密表现形式的表述，即"商业秘密分为技术信息和经营信息两大类，这种划分方法是极为合理和严密的，能够全面涵盖通过商业秘密保护的各种信息。作为商业秘密的信息，除了经营信息，就是技术信息，也即经营信息以外的信息"。也有学者用以下理由来支撑此观点："即使反不正当竞争法调整范围扩大，即使非营利机构也可成为商业秘密权利人，但如果相关信息因不能用于商业活动而不能为技术信息或经营信息囊括时，其本身本来就不能成为商业秘密。""将商业秘密的范围限定为技术信息和经营信息是可取的。"另一种观点则持反对意见，认为"商业秘密不仅仅包括技术秘密和经营秘密，它们只能说是商业秘密的主要部分，商业秘密有其他的内容组成"。❶反对者理由主要有：（1）故事主题和情节构思、广告宣传上的精彩创意、新颖的教学方式方法、体育领域的训练方法等文学、艺术、教育、体育方面的信息，一般不被归入技术信息和经营信息，但是它们也属于商业秘密的范畴。例如，《论体育训练方法的商业秘密法保护》一文中就持此观点。❷（2）经营信息和技术信息，仅是从竞争法的保护视角对商业秘密所下的定义方法，如果将商业秘密保护置于更为广阔的视野下研究，其表现形式不仅仅局限于技术信息和经营信息。同时，反不正当竞争法调整的范围随着社会的发展，逐渐由原来的工商业扩大到体育、文化、科研、旅游、医疗卫生等几乎所有经济生活的垄断或限制竞争及不正当竞争行为。因此，这些扩展的领域内相关秘密信息理应被作为商业秘密受到保护。（3）尽管我国《反不正当竞争法》只调整经营者之间的关系，但未来的发展趋势将逐步与国际社会接轨。

3.现有观点剖析

商业秘密的表现形式不能囿于当前立法规定的技术信息和经营信息的范围，可以对哪些秘密信息属于商业秘密采用例示主义和概括主义相

---

❶ 张耕,2012.商业秘密法[M].厦门:厦门大学出版社:23-24.
❷ 胡峰,刘强,2006.体育训练方法的商业秘密保护[J].武汉体育学院学报(3):6-9.

结合的方式，即一方面可以通过法律直接列举哪些秘密信息可以作为商业秘密，哪些信息不属于商业秘密；另一方面可以明示商业秘密不局限于法律所列举的部分，这样与社会、经济、科技发展相适应，为法律法规扩展商业秘密的范畴留下伏笔。至于商业秘密是否分为经营信息和技术信息两类，笔者认为，商业秘密分为经营信息和技术信息是确定无疑的。上述学者间产生异议的原因主要是他们对经营信息和技术信息的内涵与范围在理解认识上有所差异而已。例如，体育训练方法具有一定的价值，应当属于商业秘密中的技术信息范围，情节构思、广告宣传上的精彩创意，如果具有高科技含量的信息，亦可认定为商业秘密中的技术信息，能带来经营上利益的某些创意，则可以认定为商业秘密中的经营信息。❶

我国立法和司法实践中认为，技术信息包括但不仅仅局限于诸如数据、图纸、工艺、设计、配方等符合商业秘密构成要件的信息，如原国家科委《关于加强科技人员流动中技术秘密管理的若干意见》、深圳市人大常委会通过的《深圳经济特区企业技术秘密保护条例》等均采用例示主义和概括主义相结合的方式对其作出了规定；经营信息主要包括客户名单、产销策略、货源情报、招标投标中的标底及标书内容、与经营者的投资、销售、财务、金融、采购、分配有关的信息，比如企业投资计划、投资方向、产品研发计划、产品定价、购销渠道等。这些信息是否属于商业秘密，要以商业秘密构成要件并结合具体情况进行分析。以客户名单为例，认定其商业秘密属性，主要考虑以下一些因素：客户名单是否可以从公开渠道获取，获取客户名单所支付多大的人力、财力和智力；权利人采取保密措施的程度。对于客户名单不易获取，开发过程中消耗了大量人力、财力和智力，且持有人采取了一定的保密措施的秘密信息，即被认定为商业秘密，即便雇员离职后不带走任何商业秘密资料，仅凭记忆带走这些秘密信息，在新工作中使用、泄露或者允许他人使用的，也属于侵犯商业秘密

---

❶ 崔汪卫,2014.论体育训练方法的商业秘密法保护[J].武汉体育学院学报(10):30-33.

的行为。

综上所述，商业秘密的表现形式主要有经营信息和技术信息，随着我国创新驱动发展战略的实施和经济社会的发展，商业秘密表现形式有不断扩张之势，但是它们都属于经营信息和技术信息的范畴。同时，对于某一经营信息和技术信息是否是商业秘密，我们应当根据具体情况进行分析研判。

2.1.3.2 雇员知识技能的表现形式

1.学界对雇员知识技能表现形式的认知

较早对知识技能的表现形式进行论述的是英国著名经济学家哈耶克（Hayek），他把知识技能划分为科学知识和"特定情势的知识"。他认为，除科学知识以外，还有一种非常重要且未经组织的知识体系，这种知识就是"特定情势的知识"，它由个人独一无二地掌握，个人总在某个方面的特定情势下拥有一定的知识和信息优势。企业要想利用这些特定的情势的知识，就必须依赖于对拥有这些知识的个人知识产权的尊重❶。英国著名学者迈克尔·博兰尼（Michael Polanyi）在 Hayek 的基础上，认为知识技能的表现形式主要有为编码知识和未编码知识。他认为，编码知识是系统的知识，以显性的形式存在，可以在组织内和组织间传递和转让，并得到法律的保护，但是这种知识技能非常容易被模仿，因此，此种知识技能在劳动力市场并不具有竞争上的优势。而未编码知识则是一种默会性知识（Tacit Knowledge），这种知识很难交流与转让，只能来自于"干中学"。他进一步指出，人类大部分知识技能以隐性方式存在，例如，在工作实践中获取操作技能和诀窍❷。我国有学者认为，雇员知识技能的表现形式主要是格式化知识（如图纸、文件等）和信息、专长、信息、资源、价值观等。这些不同表现形式的知识技能存在的载体是人或者人所运用知识的对

---

❶ HAYEK, FRIEDRICH A, 1945. The use of knowledge in society[J]. American economic review, 35 (4):519-531.

❷ POLANYI M, 1966. Personal Knowledge: The tacit dimension[M]. London: Routledge: 428.

象——操作工具（如组织、环境、资产/设备、机制等）❶。也有学者认为，雇员知识技能表现形式有：处于公有领域内的知识、经验、训练、技能和非职务劳动成果❷。

2.笔者观点

上述一些学者关于雇员知识技能表现形式的论述都有一定的合理性。笔者认为，雇员知识技能的表现形式主要有显性知识技能和隐性知识技能。显性知识技能即能够以文字、图形等形式表现出来的知识技能；隐性知识技能即人们常说的"只可意会不可言传"的知识技能。具体见表2-1。

表2-1 雇员知识技能的表现形式

类别	显性形式的知识技能	隐性形式的知识技能
形式化	可以编码，可以用语言、文字进行口头和书面表达	难以形式化，难以记录，难以编码，难以用语言表达
形成过程	产生于对隐性知识技能的说明和对信息的解释	在实践中摸索，在错误中尝试
存储地点	存储于文件、数据库、网页、电子邮件、书籍、图表等介质中	存储于人脑中
特点	方便复制、模仿、易扩散传播	不易盗取或模仿，是创新优势的资源

2.1.3.3 本节小结

商业秘密的表现形式主要有技术信息和经营信息，即便经济日益发展和社会不断进步，商业秘密的范围呈现不断扩张之势，但是它们仍属于技术信息和经营信息的范畴。而雇员知识技能的表现形式主要有显性知识技能和隐性知识技能之分。显性知识技能是能够以文字、图形等形式表现出来的知识技能，与商业秘密的区分非常明显，仅凭对两者进行比对即可发现其是否相同或者具有相似性。隐性知识技能是人们在生产实践过程中形成和发展起来的有关信息综合而成的个人经验，这其中蕴含着个人的知

---

❶ 宁烨,樊治平,2007.知识能力：演化进程与提升路径研究[M].北京：经济科学出版社：35.

❷ 张玉瑞,2005.商业秘密商业贿赂：法律风险与对策[M].北京：法律出版社：114.

识、技术、智力和精力等的参与。这些知识技能的表现形式主要存在人们头脑里，难以言说、难以记录的。正是因为这些难以言说、难以记录的隐性知识技能的存在，经常会引起雇员知识技能与商业秘密运用过程出现交叉融合而发生冲突。同时，雇员"在实践中摸索，在错误中尝试"过程中产生的消极信息是雇员知识技能抑或企业商业秘密，这既是学术界有较大争议的问题，也是本书所要阐述的重点问题，后文将对此问题进行系统分析。

2.1.4 商业秘密与雇员知识技能的基本性质

2.1.4.1 商业秘密的性质

对于商业秘密的性质，学术界主要有两种学说，即财产权说和非财产权说。财产权理论认为，商业秘密是一种财产，它同专利、商标和版权在性质上是相同的，都是人类智力成果的一部分，属于无形财产。商业秘密权利人可以买卖、继承、转让、信托其拥有的商业秘密❶。财产权说又存在两种不同的观点，即无形财产权和相对财产权。前一种观点认为，商业秘密权是一种无形财产权，权利人享有占有、使用、受益和处分等权利，同时，这种无形财产权又是一种特殊的知识产权❷。后一种观点主张，商业秘密是一种相对财产权，它主要针对不特定的主体主张，而且这种不特定的主体在主观上存在故意，客观上利用了非正当地手段侵犯该商业秘密。只有同时具备上述两要件才构成商业秘密侵权，从这个意义上说，商业秘密是一种相对财产权❸。

非财产权说认为，商业秘密不能理解为一种财产，理由是：第一，倘若商业秘密具有财产属性，那么商业秘密权利人可以向不特定的主体主张此权利，并排除他人非法使用。但是，商业秘密一直处于保密状态，

---

❶ STEIN S J,1985.Trade secret litigation[R].Practicsing law institute:14.
❷ 王骏,2013.商业秘密权利边界的廓清[J].知识产权(7):76-82.
❸ 戴永盛,2005.商业秘密法比较研究[M].上海：华东师范大学出版社:91-94.

不特定的主体无法通过合法途径知悉商业秘密的范围、内容等，从这一点上来说，它与著作权、商标权和专利权是不同的。第二，财产权是直接对物行使的权利，而商业秘密属于发明性的思想活动的产物，这种思想活动不应当成为物权的标的物❶。

笔者认为，商业秘密是一种无形财产，具有无形财产属性。商业秘密被视为无形财产具有三大优势：第一，在商业秘密民事保护方面，商业秘密被认定为无形财产，为因意外因素知悉商业秘密的人和善意第三人对商业秘密保护所应承担的义务和责任提供合理的法理根据，如果采用上述其他理论将会无法为这些义务和责任的承担找到理论依据；第二，在商业秘密刑事保护方面，只要某一信息符合商业秘密构成要件，司法机关即可运用商业秘密无形财产属性来追究侵权人刑事责任，即商业秘密财产属性对商业秘密刑事保护较其他理论而言具有比较优势；第三，商业秘密的无形财产属性，还可以对不符合商业秘密保护条件的信息，认定有关保密合同、协议等无效，有关行为不构成侵权。对这些简单或公知技术，进行是否构成知识产权的鉴别，对于技术合作和创新，防止合同欺诈，保护相对方合法权益等都具有重要的意义。

2.1.4.2 雇员知识技能的性质

雇员知识技能的性质，主要存在两种学说：人格权说和知识产权说。其一，主张人格权说的学者认为，雇员知识技能属于个人人格权上的利益。人格权的概念涉及很多方面，人格权是存在于权利人自身人格上的权利。从历史上看，它与自然权概念相联系，是人的根本权利，所有权利由此派生，因此，人格权被视为一切权利的源泉。他们以国内外学者的一些经典语录作为佐证来支撑其观点。例如，英国哲学家John Locke（约翰·洛克）认为，人对自己的身体拥有自然权利，这当然蕴含有身体的劳动力之意，即劳动者对其体力和脑力劳动而衍生的知识技能具有理所当然的所有

---

❶ 孔祥俊,1998.反不正当竞争法的适用与完善[M].北京:法律出版社:76-82.

权❶。美国学者Nimmer（尼莫）指出，除非有其他重要公共政策考虑，人人皆享有其劳动之成果，这是美国司法之首要原则，也是最基本的公理。❷其二，力推知识产权说的学者认为，雇员知识技能具有排他性、无形性等知识产权的某些特质，它是雇员利用现有知识发挥创造性作用的结果。主张该观点的学者进一步指出，知识技能的知识产权属性，将会促进和强化雇员智力成果的产权化，使雇员知识资本得以保值增值，从而雇员在人才流动中更具有创新活力、发展潜力和竞争能力❸。

关于雇员知识技能的性质，笔者比较认同第一种观点。第一，雇员知识技能不能简单地定性为知识产权。知识产权是指人们对某些智力成果所享有的权利，而非就某些"知识"所享有的权利。知识技能唯有通过特定的法律程序，例如对原创性的知识技能向国家知识产权管理机构申请专利，这些知识技能才属于知识产权的范畴。从这个意义上说，知识产权内生于知识技能，是知识技能直接创新的产物。第二，雇员知识技能的载体是人，亦可以由雇员用文字等载体表现出来，其性质可认定为人格权属性的财产权，是人格权财产化的具体体现。在侵权法上，人们对其生命、身体完整性、健康、名誉、隐私、肖像、姓名或者人格特征享有的利益当然属于人格利益，当今两大法系国家的学说、司法判例和制定法，大多认为其是一种财产权，具有一般财产权的重要特征❹。因此，雇员知识技能是一种具有人格权属性的财产。

2.1.4.3 本节小结

商业秘密是一种无形财产，具有无形财产属性，是知识产权的重要组成部分。这已得到我国《民法总则》的肯定，该法第123条第2款第（5）项将"商业秘密"纳入知识产权客体予以保护，这无疑使商业秘密性质争

---

❶ 吴汉东,2003.法哲学家对知识产权法的哲学解读[J].法商研究(5):77-85.
❷ NIMMER,1954.Right of publicity[J].Law &contemp probs(19):203-216.
❸ 俞宪忠,2013.自主产权与自由选择[M].济南:山东人民出版社:113.
❹ 刘晓海,2006.离职员工和商业秘密保护:对德国法的实证研究[J].科技与法律(2):35-40.

论得以尘埃落定。雇员知识技能不能简单地定性为知识产权,知识技能只有通过特定的法律程序方可成为知识产权的客体。雇员知识技能的载体是人,亦可以由雇员用文字等载体表现出来,其性质可认定为人格权属性的财产权,是人格权财产化的具体体现。从某种意义上说,商业秘密与雇员知识技能都具有财产权属性,同类权利之间发生权利冲突也将在所难免。

2.2 商业秘密与雇员知识技能冲突的原因分析

随着人权理论的发展和人们法治意识的增强,权利冲突成为社会普遍现象,权利冲突的原因成为学者们关注的焦点❶。知识产权权利冲突也是如此,学界对其冲突原因讨论颇多。有人认为,权利冲突的原因可以归结为立法冲突、利益驱动、知识的稀缺性、法言的模糊性、知识产权的特殊性、私权属性六个方面❷。也有人认为,权利冲突是由单行法立法模式、行政管理机构分散、多元化价值取向、权利意识的勃兴等原因引起的❸;还有人认为,权利边界的模糊性、经济利益的驱动和立法的不统一是造成权利冲突的根本原因❹。以上诸位学者从不同角度深刻揭示了知识产权权利冲突的原因,归纳起来主要从权利主体、权利客体和法律制度三方面来分析冲突原因。为处理商业秘密与雇员知识技能冲突提供现实依据,本节将对商业秘密与雇员知识技能冲突的原因进行深入分析。

2.2.1 商业秘密范围较为宽泛

商业秘密的范围较为宽泛,且边界模糊不清,许多无法通过专利保护的客体可以成为商业秘密的保护对象。究其原因主要有:

---

❶ 刘作翔,2014.权利冲突:案例、理论与解决机制[M].北京:社会科学文献出版社:1.

❷ 欧修平,2009.知识产权权利冲突与司法平衡[M]//冯晓青.知识产权权利冲突专题判解与学理研究.北京:中国大百科全书出版社:21-24.

❸ 谭华林,2007.知识产权权利冲突论纲[D].中国政法大学.

❹ 刘宁,2007.知识产权权利冲突问题探讨[M]//刘宁.知识产权若干理论热点问题探讨.北京:中国检察出版社:300-302.

第2章　商业秘密与雇员知识技能冲突的基本范畴

第一,《专利法》第5条第2款❶和第25条❷规定的内容不能受到专利法的保护,但是可以作为商业秘密加以保护。例如,疾病诊断和治疗方法、动植物新品种等虽然符合专利的"三性",但是不符合《专利法》第25条的规定,不能授予专利,而疾病诊断和治疗方法、动植物新品种却可以授予商业秘密。

第二,《专利法》的保护对象仅限于产品生产方法、技术数据、技术改进方法等技术信息,而商业秘密不仅包括上述技术信息,还包括客户名单、销售计划、经营方法等经营信息。因此,大量根据法律规定不能授予专利的信息都可以成为商业秘密的保护对象。因为商业秘密的范围不像专利那样比较明确,所以商业秘密的边界也变得愈加模糊。

第三,世界各国关于商业秘密的概念大多采用概括式或者列举式的定义方式抑或两者并用进行定义,但概括式定义方式无法将商业秘密的范围作出明确的界定,这是不争的事实,例如我国《反不正当竞争法》第10条第3款对商业秘密所下的定义即属于概括式定义❸,到底哪些是商业秘密并没有作出明确的规定;而采用列举式的定义方式,主要以不完全列举,并多以"……等"的形式进行定义,例如美国《经济间谍法》❹《统一商业秘密法》❺等都是如此,这给商业秘密的范围扩张留下了空间。

第四,商业秘密的新颖性程度比专利要求低。商业秘密所要求的新颖

---

❶《专利法》第5条第5款:"对违反法律、行政法规的规定获取或者利用遗传资源,并依赖该遗传资源完成的发明创造,不授予专利权。"

❷《专利法》第25条:"对下列各项,不授予专利权:(一)科学发现;(二)智力活动的规则和方法;(三)疾病的诊断和治疗方法;(四)动物和植物品种;(五)用原子核变换方法获得的物质;(六)对平面印刷品的图案、色彩或者二者的结合作出的主要起标识作用的设计。"

❸《反不正当竞争法》第10条第3款:"本条所称的商业秘密,是指不为公众所知悉、能为权利人带来经济利益、具有实用性并经权利人采取保密措施的技术信息和经营信息。"

❹美国《经济间谍法》第1839条:"……(3)'商业秘密'是指所有形式和类型的财务、经营、科学、技术、经济或工程信息,包括样式、计划、编辑产品、程序装置、公式、设计、原型、方法、技术、工艺、流程或编码等……"

❺美国《统一商业秘密法》第1章第4条:"'商业秘密'意为特定信息,包括配方、样式、编辑产品、程序设计、方法、技术或工艺等……"

性并不同于专利对新颖性的要求，其实质是指具备法律所保护的、有劳动创造成分的信息，其创造程度要求较低，仅要求与公开信息具有不同性、非轻而易举获得性、非轻而易举被发现的特性[1]。

第五，商业秘密保密期限较长。在我国，由于专利权的生命周期为20年，因而那些技术价值高、生命周期较长的技术成果就不宜适用专利法对其加以保护。这些些技术价值高、生命周期长的技术成果，权利人可以使用商业秘密保护方式使其无限期的保持占有状态，实现技术成果应有的价值。离职雇员对原单位负有保密义务，即便雇佣双方未就保密期限作出明确的约定，只要商业秘密尚未公开，原单位仍采取了合理的保密措施，且该信息仍具有经济价值，该信息仍属于法律意义上的商业秘密，离职雇员不得使用或者披露。因此，商业秘密的保密义务期限直至商业秘密完全公开为止，具有较长的保密期限。这无疑对雇员知识技能的使用和人才的正常流动造成了不同程度的限制，特别对于那些知识经验丰富、技术水平较高的雇员更是一种无形的束缚，引起商业秘密与雇员知识技能两者运用中的冲突。

2.2.2　两者之间存在交叉融合

商业秘密与雇员知识技能之间存在一定的交叉融合，具体体现在：

第一，商业秘密与雇员知识技能都属于"信息"的范畴，只是它们保护模式不同而已。商业秘密是人们智慧的成果，源于人们凭借自己的知识技能，经过长期的学习、培训、研发、锻炼等获得的智力成果，从某种程度上，其也是个人知识技能的组成部分，只是其符合商业秘密的构成要件，而对其利用商业秘密手段加以保护而已。与此同时，雇员在长期的生产实践中获得的知识技能，内化于心，亦具有秘密性、价值性和保密性三要件，当然也可以成为商业秘密的保护对象。因此，在一定程度上来说，商业秘密与雇员知识技能之间存在交叉融合的现象，发生冲突在

---

[1] 吴汉东，宋晓明，2016.人民法院知识产权案例裁判要旨通纂[M].北京：北京大学出版社：861.

所难免。

第二，商业秘密与雇员知识技能都可因留存于雇员记忆中而难分难解。雇员知识技能的表现形式主要有显性知识技能和隐性知识技能之分。美国心理学家Sternberg（斯腾伯）格认为，隐性知识技能一般是存在于记忆中和特定情境下的一种难以言说、难以形式化、难以记录的知识技能。这就决定了隐性知识技能更多是经过知识积累和技能运用而形成的经验，而不是直接通过传授的方式获得的❶。这些知识技能的表现形式主要存在人们记忆里，有些可以用语言或者文字材料表现出来，更多的是难以言说、难以记录的。正是因为这些难以言说、难以记录的隐性知识技能的存在，经常会引起雇员知识技能与商业秘密运用过程出现交叉融合而发生冲突。

2.2.3 新经济增长理论的影响

20世纪80年代中期，以保罗·罗默（Paul M. Romer）和罗伯特·卢卡斯（Robert E. Lucas）为代表的美国经济学家提出"新经济增长理论"。保罗·罗默认为，许诺为保护财产信息提供激励机制，能够促进产品研发投资，然而，这并不意味着阻碍雇员自由流动，雇员自由流动带动信息外溢（information spillovers）必然引起经济增长❷。罗伯特·卢卡斯在阐述新经济增长理论过程中，提出人力资本产生内部效应❸和外部效应。其中，外部效应，是指具有知识技能的雇员可以将自己的知识技能从一个人传授给另一个人，从原公司成员传授给新公司成员，这种传授实现了社会产出的

---

❶ 杨文娇，2014.隐性知识的理论与实践[M].青岛：中国海洋大学出版社：18.

❷ HYDE A.The Wealth of shared information: silicon valley's high-velocity labor market, endogenous economic growth, and the law of trade secrets[EB/OL]. (2015-01-23)[2015-09-10].http://andromeda.rutgers.edu/~hyde/WEALTH3.htm.

❸ 所谓的内部效应，是指雇员的知识技能水平对其生产效率的提高具有积极的影响，不同知识技能水平雇员的劳动投入所获得产出存在差异性。

递增❶。因此，个体投资行为带来的"外部性"使整个经济社会作为一个整体的知识水平得以提高❷。

正是因为新经济增长理论强调知识外溢和人力资本外部效应在经济发展中的作用，先进知识、技术和人力资本在各企业之间的流动变得更为频繁，这必然给企业商业秘密造成潜在的威胁，商业秘密与雇员知识技能之间发生矛盾冲突也就在所难免。以美国硅谷为例，集成电路界重量级人物莱斯特·霍根（Lester Hogan）离开通用汽车公司不仅全身而退，而且给摩托罗拉公司带去了12名高级工程师，而后离开摩托罗拉公司时，几乎将公司所有高级技术人员带到仙童公司，摩托罗拉公司起诉仙童公司，但无果而终。硅谷的一些公司处于相互矛盾状态，既怕人才流失和商业秘密泄露，又极力想从其他公司获取商业情报和挖来高级技术人才❸。

2.2.4 产业政策理论的影响

技术开发是企业取得竞争优势的关键，然而，技术开发活动是一项高度不确定性的活动❹。企业所开发的技术产品一般具有公共物品的特征；技术开发伴随着技术和市场的双重风险，在新的开拓性的研究项目上，使用资源投入所得的产出事先往往是无法预料的，技术开发过程或者开发结果经常可能出现低收益或者负收益，这必将削弱企业技术投资的积极性和创造性。基于此情况，政府部门进行产业政策干预就成为保证技术不断进步的必要条件，于是产业政策理论成为直接主导政府重视知识产权制度的理论。产业政策作为国家干预经济"看得见的手"，是一国政府为了实现

---

❶ R E LUCAS,1988.On the mechanics of economic development[J].Journal of monetary economics: 22.

❷ 单晓光,许春明,2009.知识产权制度与经济增长:机制实证优化[M].北京:经济科学出版社: 15-17.

❸ FELDMAN Y, 2003. Experimental approach to the study of normative failures: divulging of trade secrets by silicon valley employees [J]. University of illinois journal of law, technology & policy, spring: 159-180.

❹ FREEMAN C. The economics of industrial innovation[M]. Pairs: frances printer,1982: 275.

预定的经济和社会目标而对产业的发展进行干预而形成的各种政策的总和。产业政策的实质是政府通过知识产权、税收等政策对经济活动进行的一种自觉干预,以实现经济振兴与赶超、结构调整与转换、保持经济领先地位与维持经济增长势头等。

以美国为例,受到产业政策理论影响,美国政府一贯重视国家干预产业发展,鼓励技术创新、支持技术研究和开发,保护本国技术,扩张自己的知识产权法律制度,进而主导国际知识产权法律规则的制定(如TPP协议),维护本国技术在国际上的领先地位。正如WIPO总干事卡米尔·依德里斯(Kamil Idris)所言:"知识产权是经济增长的有力工具,是经济、社会和文化发展的重要工具。❶"正是受到产业政策理论的影响,包括商业秘密在内的知识产权走上了扩张之路,一些技术型企业为了实现利益最大化,采用各种手段和方式变相地限制离职雇员知识技能的使用,雇员所应有的法定权利和人才流动的客观规律往往为企业所忽略。因此,在产业政策理论的影响下,商业秘密与雇员知识技能之间冲突即表现为:激励企业加大研发投入的产业政策与保证知识信息的最优化使用的新经济增长理论之间的冲突❷。

2.3 商业秘密与雇员知识技能冲突的表现形式

荀子言:"人生而有欲,欲而不得,则不能无求,求而无度量分界,则不能不争。争则乱,乱则穷。❸"权利边界不是具体的、物理性边界,而是一个抽象边界,是通过法律规定或者当事人约定而构造的制度产物❹。随着人权理论、人权观念的发展和现代人们日益增长的自觉意识、法治意

---

❶ KENNETH J,1962.Economic welfare and the allocation of resources for invention[J].Social science electronic publishing:609-626.

❷ Anon,1962.The rate and direction of inventive activity[C].New jersey:princeton university press:609.

❸ 参见:《荀子·礼论》。

❹ 盖斯旦,古博,法布赫-马南,2004.法国民法总论[M].陈鹏,译.北京:法律出版社:704-705.

识的增强,权利冲突成为一个越来越普遍化的社会现象而存在于社会生活的方方面面,权利冲突也就成为学者们关注的焦点问题[1]。在雇佣关系中,雇员既是秘密信息的接受者,也是秘密信息的产出者。在雇佣关系存续期间,雇员既可能学会并掌握赖以生存的知识技能,又可能接触或者获知雇主的商业秘密,有时两者交融在一起很难区分,就会出现雇主基于商业秘密保护,对雇员知识技能的运用进行必要的限制,抑或雇员离职后,借自由运用知识技能之名,肆意使用或者披露原雇主的商业秘密,这些都不可避免地造成了商业秘密与雇员知识技能的冲突。商业秘密与雇员知识技能的冲突表现,本书将其归纳为主体、客体、制度和内容四个方面。

2.3.1 主体:权利主体与义务主体之间的冲突

在雇佣关系中,雇员既是秘密信息的接受者,也是秘密信息的产出者,他们既可以从培训过程和生产操作中接触到企业商业秘密,也可以在生产和研发过程中发现有价值的、被雇主作为商业秘密加以保护的信息。商业秘密权利人与雇员之间基于诚实信任和忠实义务来维系商业秘密的安全。然而,商业秘密权利人与雇员之间常常为了维护自身的合法权益而产生冲突。

作为投资者的雇主,雇佣雇员为其从事创造性劳动,雇员从投资者那里获得工资、奖励等报酬,而其创造的知识产品(即商业秘密)为受雇单位和雇主所有。然而,有些学者认为,创造者与创造成果之间的紧密联系,而产生的知识产品所有权却为雇主所有,这不能体现知识产品商品化的结果,导致创造者与其所创造的商业秘密成果相分离,他们创造所谓的"商业秘密"的价值远远高于雇主给予的报酬或者奖励,这无形中挫伤了创造者产生从事创造的积极性和动力,也与知识产权制度激励

---

[1] 刘作翔,2014.权利冲突:案例、理论与解决机制[M].北京:社会科学文献出版社:1.

创造的初衷背道而驰❶。还有些学者认为，智力成果的利益不能被权利人独享，也应当照顾到该智力成果的研发人员❷。笔者认为上述两种观点值得商榷，这是因为：其一，赋予雇主以商业秘密权有充分的法律依据。各国法律普遍规定，职务发明创造成果由雇主方所有；其二，赋予雇主以商业秘密权，可以激励雇主将更多的资金投入到研发中，有助于推动社会技术进步。因此，保护雇主商业秘密理所当然，但是，也为了避免离职雇员因接触商业秘密而限制其使用自己的知识技能谋求职业。然而，在现实生活中，尽管竞业禁止协议、不可避免披露规则等限制性条款，使商业秘密得到有效保护，但是，这也不同程度地影响到雇员对自身知识技能的运用，造成商业秘密权利人与雇员之间的冲突。特别是对于经验丰富、技术水平高的雇员，商业秘密保护在不同程度上影响和牵绊着他们知识技能的运用。

2.3.2 客体：商业秘密保护的客体扩张引起冲突

随着科技和经济的发展，商业秘密保护的客体呈现出日益扩张的趋势，主要表现为技术秘密和经营秘密范围较以前有了进一步扩展。例如，具有一定经济价值的体育训练方法，属于商业秘密中的技术信息范围；含有高科技含量的情节构思、广告宣传上的精彩创意，亦可认定为商业秘密中的技术信息；又如，能带来经营上利益的某些创意，则可以认定为商业秘密中的经营信息❸。

我国立法和司法实践中认为，技术信息包括但不仅限于诸如数据、图纸、工艺、设计、配方等符合商业秘密构成要件的信息；经营信息主要包括客户名单，产销策略，货源情报，招标投标中的标底及标书内容，

---

❶ 达沃豪斯,布雷斯维特,2005.信息封建主义:知识经济谁主沉浮[M].刘雪涛,译.北京:知识产权出版社:15.
❷ 王渊,2011.现代知识产权与人权冲突问题研究[M].北京:中国社会科学出版社:53.
❸ 崔汪卫,2014.论体育训练方法的商业秘密法保护[J].武汉体育学院学报(10):30-33.

与经营者的投资、销售、财务、金融、采购、分配有关的信息,但也不仅限于上述信息。在日本司法实践中,除了传统意义上的技术信息和经营信息外,电话信号和大学入学试卷等也被视为商业秘密❶。因此,商业秘密范围的扩张是不争的事实。商业秘密和雇员知识技能都属于有用信息,从总体上而言,倘若有用信息的总量保持不变,雇主商业秘密范围的扩张,必然导致雇员知识技能范围逐渐变小,冲突的发生也就在所难免了。

2.3.3 制度:商业秘密权的限制手段弱化引起冲突

商业秘密权的限制较专利权为弱,法律对商业秘密权的保护较为宽松,只有出现某些特殊情况(反向工程❷、自行研发、合法受让、善意取得、社会公共利益等)才对商业秘密权的行使予以限制。商业秘密权的限制手段呈现弱化的趋势,具体表现为:

第一,创新性要求降低。商业秘密与专利虽然都涉及技术信息的保护,但是它们存在着明显的区别,其中,最大的区别是商业秘密对技术信息的创造性标准低于专利技术,许多无法通过专利保护的客体,可以成为商业秘密的保护对象。正是因为商业秘密对于创新性要求降低,导致商业秘密与雇员知识技能的边界变得较为模糊,无法厘清它们之间的原则边界,引起它们之间产生冲突;

第二,保护期限较长。专利权的生命周期为20年,生命周期较长的技术成果不宜适用专利法对其加以保护,对于那些技术价值高、生命周期长

---

❶ 电话信号和大学入学试卷等被视为商业秘密,这些信息虽然是商业秘密范围扩张的结果,但是,它们仍然可以归为经营秘密和技术秘密的范畴。参见:张玉瑞,1999.商业秘密法学[M].北京:中国法制出版社:74-76.

❷《最高人民法院关于审理不正当竞争民事案件应用法律若干问题的解释》(简称《不正当竞争法司法解释》)第10条第2款:"前款所称'反向工程',是指通过技术手段对从公开渠道取得的产品进行拆卸、测绘、分析等而获得该产品的有关技术信息。当事人以不正当手段知悉了他人的商业秘密之后,又以反向工程为由主张获取行为合法的,不予支持。"

的技术成果，权利人可以使用商业秘密保护方式使其无限期地保持占有状态。离职雇员对商业秘密的保密义务期限较长，只要商业秘密尚未完全公开，离职雇员在雇员知识技能使用上都有不同程度的限制，产生冲突就在所难免了。

强制限权是化解权利冲突的重要措施[1]。正是因为商业秘密权的限制手段弱化，才使得商业秘密与雇员知识技能之间的冲突得以凸显。因此，商业秘密限权手段弱化引起商业秘密范围有扩张化趋势，导致商业秘密与雇员知识技能发生冲突。

2.3.4　内容：财产权与劳动权之间的冲突

2.3.4.1　商业秘密权是财产权的一种重要形式

前文已述，学界对商业秘密的性质持有两种学说，即非财产权说和财产权说。（1）非财产权说认为，商业秘密不能理解为一种财产，理由是：倘若商业秘密具有财产属性，那么商业秘密权利人可以向不特定的主体主张此权利，并排除他人非法使用。但是，商业秘密一直处于保密状态，不特定的主体无法从合法途径知悉商业秘密的范围、内容等，从这一点上来说，它与著作权、商标权和专利权是不同的。（2）财产权说对商业秘密的性质存有两种理解：①商业秘密权是一种无形财产权。权利人享有占有、使用、受益和处分等权利，同时，这种无形财产权，又是一种特殊的知识产权[2]。②商业秘密是一种相对财产权。它主要针对不特定的主体主张，而且这种不特定的主体在主观上存在故意，客观上利用了非正当地手段侵犯该商业秘密。只有同时具备上述两要件才构成商业秘密侵权，从这个意义上说，商业秘密是一种相对财产权[3]。

---

[1] TOMKIS, JENCKEN, 2008. Compendium of the modern roman law[M]. Florida: Gaunt Inc, 1870: 40-41. 参见：张平华.私法视野里的权利冲突导论[M].北京：科学出版社：35.

[2] 王骏，2013.商业秘密权权利边界的廓清[J].知识产权(7)：76-82.

[3] 戴永盛，2005.商业秘密法比较研究[M].上海：华东师范大学出版社：91-94.

笔者认为，第一种观点从逻辑上行不通，这是因为只有承认商业秘密的财产性质，才能明确其保护范围，倘若因为其秘密性和保密性而将其排除于财产之外，不仅不利于智力成果的保护，也会挫伤研发人员的积极性，阻碍科技进步。因此，商业秘密是一种无形财产，具有无形财产权的属性。

2.3.4.2 雇员知识技能的运用是雇员行使劳动权的重要表现

劳动是人类社会存在的基础，是人类区别于其他动物的重要标志，正如恩格斯提出"劳动创造了人本身"的著名论断❶。由此可见，人类社会发展史就是一部劳动史，自人类认识到劳动存在以来，它长期处于被迫的、被强制的状态，无论是奴隶社会还是封建社会，被迫的强制劳动广泛存在，劳动被视为辛苦的体力付出，是下贱的差事。但是，直到英法古典政治经济学的出现，人们逐渐认识到劳动的真正价值，认识到劳动在实现公民财产权和人身权保障中的作用，从而使劳动从自在状态转变为自为形态❷。由此，劳动逐渐演变成为公民的基本权利，劳动不再是强迫劳动，而变成人们谋生的重要手段，实现劳动者作为公民应享有的天赋权利的手段，劳动者有权自由支配自己的劳动。此后，劳动权被视为公民的基本权利，得到国际条约和各国宪法的承认。雇员知识技能自由使用是行使其劳动权的重要表现，雇员知识技能是其从事职业必须具备的基本条件。

综上所述，商业秘密具有财产性质，受到《宪法》有关财产权条款的保护，雇员知识技能是雇员行使劳动权的重要载体，劳动权是《宪法》赋予公民的基本权利。商业秘密与雇员知识技能，在法律上应当得到同等的保护，不能保护其中一种权利，而忽视对另一种权利的保护。因此，从本质上来说，商业秘密与雇员知识技能的冲突，就是雇主财产权与雇员劳动权之间的对抗和冲突。

---

❶ 中央编译局,2003.马克思恩格斯全集:第21卷[M].北京:人民出版社:434.
❷ 赵宝华,2013.公民劳动权的法律保障[M].北京:人民出版社:2.

2.4 本章小结

商业秘密，是指在权利人所在领域内和行业内不为公众所知悉的，为权利人采取合理的措施保持秘密状态，并能为权利人带来商业价值的技术信息和经营信息，其具有相对秘密性、实用性和保密性三个基本特征。商业秘密的表现形式主要有经营信息和技术信息，随着创新驱动发展战略的实施和经济社会的发展，商业秘密表现形式有不断扩张之势，但是它们都属于经营信息和技术信息的范畴。同时，对于某一经营信息和技术信息是否是商业秘密，我们应当根据具体情况进行分析研判。雇员知识技能，主要包括知识和技能，它们是无可替代的，雇员同时具备相应的知识和技能是其胜任工作的重要条件。雇员知识技能是指雇员在生产实践中所掌握的知识和依附于个人的技术能力，这些知识技能是雇员进行谋生的重要手段，它具有相对可传播性、经济性、相对共享性、依附人身性四个基本特性。雇员知识技能表现形式主要有显性知识技能和隐性知识技能之分。

商业秘密与雇员知识技能冲突的原因主要表现在：（1）商业秘密的范围较宽，且边界较为模糊，许多无法通过专利保护的客体，可以成为商业秘密的保护对象；（2）商业秘密与雇员知识技能之间存在一定的交叉融合，它们都是"信息"的范畴，雇员知识技能和商业秘密都可以以记忆的形式留存于雇员记忆里，这就造成它们的边界难以厘清；（3）新经济增长理论强调知识外溢和人力资本外部效应在经济发展中的作用，先进知识、技术和人力资本在各企业之间的流动变得更为频繁，这必然给企业商业秘密造成潜在的威胁，造成商业秘密与雇员知识技能之间的冲突。

综上所述，"商业秘密"仅指信息，例如：TRIPS协议第39条以"未披露信息"涵盖传统的商业秘密和未披露过的药品实验数据或农用化工产品实验数据及其他数据。而雇员所掌握的知识也是信息，雇员的技能是依附个人的技术能力，其亦可以信息的形式表达出来。商业秘密与雇员知识技能一旦同时运用于生产经营过程中，不可避免地发生交叉融合而发生冲突。域外发达国家对商业秘密与雇员知识技能的界限划分进行了立法规定。例如，在德国，为了解决商业秘密与雇员知识技能的冲突，法律规定只要没有竞业禁止协议的约束，雇员可以自由使用诚实获得（honestly acquired）的信息[1]；澳大利亚法律规定，雇员工作期间发现与工作相关的创意或者发明，通常由雇主控制其所有权，即使个人的知识和技能包含其中[2]；法国《知识产权法典》第611-7条规定，法律对技术性发明（inventions of a technical nature）予以保护，对非技术性秘密（non-technical secrets）不受本法保护。对于雇员在原雇佣单位掌握的非技术性秘密，离职后可以自由使用[3]。美国司法实务中，通过大量的判例对商业秘密与雇员知识技能的界限划分问题进行了分析论证。这些都为下文通过利益平衡理论和案例分析论证商业秘密与雇员知识技能的边界划分提供了重要依据。

---

[1] MCGUIRE M R.Protection of trade secrets through IPR and unfair competition law：Germany[EB/OL].(2010-03-17)[2014-12-05].http：//aippi.org/committee/protection of trade secrets through ipr and unfair competition law.

[2] RODNEY DE BOOS,DAMON HENSHAW.Protection of trade secrets through IPR and unfair competition law：Australia[EB/OL].(2016-12-15)[2017-10-12].http：//aippi.org/wp—content/uploads/committees/215/GR215australia.pdf.

[3] JEAN-PIERRE STOULS, FRANCIS HAGEL.Protection of trade secrets through IPR and unfair competition law：France[EB/OL].(2015-10-09)[2017-10-12].http：//aippi.org/committee/protection-of-trade-secrets-through-ipr-and-unfair-competition-law/.

第3章　商业秘密与雇员知识技能冲突解决的理论基础

商业秘密与雇员知识技能的交叉融合而产生冲突，从本质上来说，是由于雇主财产权（商业秘密权）与雇员劳动权之间利益抗衡的结果。为了使商业秘密权利人与雇员的权益均能获得有效保障，立法机关和司法机关应当运用利益平衡理论，对两种权利进行利益平衡，作出合理的判断。例如，美国高科技中心硅谷（Silicon Valley）❶在处理商业秘密权与雇员劳动权中采用利益平衡理论来权衡，既考虑到雇员劳动和自由择业对经济增长的内生动力，也考虑到商业秘密保护对减少企业损失、激励企业创新的重要性，涉及公共利益保护的，一般以公共利益为先，但也并非绝对的❷。再如，Selox. v. Ford 案❸中，法院根据对商业秘密进行法律保护给雇员带来的损害远远超过给原雇主带来的利益，进而借助利益平衡理论作出不利于雇主的判决。竞业禁止和不可避免披露规则是利益平衡的重要手段，合理的

---

❶ HYDE A.The wealth of shared information：silicon valley's high-velocity labor market, endogenous economic growth, and the law of trade secrets[EB/OL]. (2015-10-25)[2017-10-12].http://andromeda.rutgers.edu/~hyde/WEALTH3.htm.

❷ The Silicon Valley story in particular, are that are that：(1)economic analysis ought to become a standard feature of trade secret litigation；(2)plaintiffs should be required to identify specific information claimed to be a trade secret；(3)the court should, in all cases of proposed trade secret, specifically consider the likely public interest in the diffusion of the information；and, finally, (4)trade secrets should be limited to information that plaintiff can demonstrate would not have been created but for the ability to keep itsecret. ……That does not mean that these public interests should automatically trump plaintiff's claim of trade secrets in every case.As discussed in the economics discussion of Part II, the economic literature on nonrivalrous information assumes that there is atrade-off between the gains in encouraging and diffusing such information, and the losses in diminished firm incentives to produce information.See：HYDE A.The wealth of shared information：silicon valley's high-velocity labor market, endogenous economic growth, and the law of trade secrets[EB/OL]. (2015-10-25)[2017-10-12]. http://andromeda. rutgers.edu/~hyde/WEALTH3.htm.

❸ Selox, Inc. v. Lucky J. Ford. 675 S. W. 2d 474；1984 Tenn. LEXIS 839.

竞业禁止协议和有效禁令的颁布，有助于商业秘密与雇员知识技能冲突的有效解决。为此，本章还将对竞业禁止和不可避免披露规则进行深入研究。

3.1 利益平衡理论

3.1.1 利益平衡理论的概念

利益平衡理论（balancing of interest）源于19世纪德国自由法学在批判概念法学基础上形成的利益法学方法论。作为一种司法上的方法，为19世纪末20世纪初美国实用主义法学家和法官所普遍运用，而作为一种价值判断的法律解释学，最早由日本学者加藤一郎和星野英一提出，并形成了体系化。20世纪90年代利益平衡理论经梁慧星教授介绍引入我国，成为我国学者研究法学问题的重要方法。利益平衡理论是一种价值判断，是指决策者对双方进行充分了解、考量后作出价值判断和选择[1]。利益平衡理论主张法律解释（特别是法官根据法律对各种利益主张的价值判断和解释）应更自由、更具动态性，根据文化创新需要、大众文化需求、科学技术发展、商业模式创新等因素进行具体考量。

3.1.2 利益平衡理论的合理性

3.1.2.1 利益平衡是协调冲突性利益的保障

在现实生活中，每一个领域、每一个角落都充斥着利益的冲突和不平衡。利益在本质上根源于一定社会的物质生产关系，而利益的实现都是在一定的有限资源条件下完成的，有限的社会资源在满足不同利益主体需求时的有限性和条件性，使相关利益主体由于追求的目标不同而产生利益纠纷和利益争夺的情形在所难免。正如法学家罗斯科·庞德所言，人的本性

---

[1] 崔汪卫,2015.上市公司信息披露与商业秘密保护之冲突解决机制:基于利益衡量的视角[J].西华师范大学学报:哲学社会科学版(2):74-79.

中的欲望和扩张性与社会本性具有矛盾,正是这一矛盾产生了利益冲突的根源❶。在这种多元化利益冲突的社会里,法律应当在对利益进行调整中彰显自身独到的价值。正如苏联法学家(E.B.帕苏卡尼斯)所言,法律是社会控制的工具,在不存在需要调整的相互冲突的个人利益的社会中,法律是多余的❷。美国法理学家E·B·Pashuknis Bodenheimer(博登海默)也曾指出,法律的主要作用之一是调整种种相互冲突的利益。只有用一套具有规范性质的规则指导,各种利益冲突才能得到有效地调整❸。利益平衡理论,是一种通过对各利益主体之间的利益冲突进行协调,寻求平衡点的制度设计发挥作用的理论,它成功地解决了传统法学难以解决的现实问题。

3.1.2.2 利益平衡理论具有哲学上的合理性

从哲学层面上而言,利益平衡理论坚持了两点论和重点论,避免了一点论的片面性,对各方利益进行全面和综合的考量。此理论具有后现代主义哲学的基础,它以否定和超越西方近现代主流文化的理论基础、思维方式和价值取向为特征,反以对中心论、整体性和体系性,主张视角的多元化,从不同角度来探讨世界❹。该思想认为,某一组织体的每个部分都包含了组织体其他部分的功能,通过各部分整合促进组织体的发展。以利益为例,利益主要包括国家利益、社会利益和个人利益等形式,它们并不是孤立的,而是有机联系、相互影响的。整个社会的利益总量是固定不变的,只是不同利益主体之间存在此消彼长的关系。而且,这些利益主体之间必然存在着各种各样的利益冲突,这些利益冲突在某种程度上引起社会

---

❶ 罗斯科 庞德,1984.通过法律的社会控制、法律的任务[M].沈宗灵,董世忠,译.北京:商务印书馆:89.

❷ 博登海默,2004.法理学:法律哲学与法律方法[M].邓正来,译.北京:中国政法大学出版社:89.

❸ 博登海默,2004.法理学:法律哲学与法律方法[M].邓正来,译.北京:中国政法大学出版社:413-414.

❹ 冯晓青,2006.知识产权法利益平衡理论[M].北京:中国政法大学出版社:20.

矛盾，影响到社会秩序、自由和公平价值的实现。因此，我们必须通过利益协调和均衡的途径来克服彼此间的利益冲突，这正是利益平衡理论在法律适用上的归属。

3.1.2.3 利益平衡理论符合我国国情

我国社会主义市场经济体制建立以后，市场主体利益呈现多元化趋势，市场主体以实现自身利益最大化为其价值追求。在此背景下，妥善处理好国家、集体、个人关系显得尤为重要。我们过分强调国家和社会公共利益，而忽视了对个人利益的保护，必然会对国家和社会公共利益产生不利影响，因为市场经济中个人利益的实现是国家和社会公共利益的基础[1]。同时，我们如果一味地追求个人利益最大化，片面强调个人利益至上，一则国家和公共利益将会难以得到保障；二则个体之间将引起更多的利益冲突。正因为如此，平衡好国家、社会、个人利益，使得各方各得其所，是避免利益冲突发生的捷径。因此，我们可以借助利益平衡理论对商业秘密与雇员知识技能的冲突进行利益权衡，使商业秘密权利人和雇员的利益切实得到应有保障。

3.1.3 利益平衡理论的价值分析

3.1.3.1 平衡与协调相关利益冲突

英国政治学家约翰·格雷曾经指出，从人的本性需要多样性导致的价值冲突出发，人们所主张的基本自由是冲突的，并且这种价值冲突是不可避免的[2]。当不同的利益主体发生冲突和对立的情况时，立法者和执法者的价值选择应当是兼顾各方利益，对现存的利益加以综合平衡，作出最优化选择。

就商业秘密与雇员知识技能冲突来说，利益平衡理论的运用，一方

---

[1] 冯晓青,2006.知识产权法利益平衡理论[M].北京:中国政法大学出版社:20.
[2] 约翰格雷,2002.自由主义的两张面孔[M].顾爱彬,李瑞华,译.南京:江苏人民出版社:2.

面，平衡与协调价值理念的冲突。离职雇员自由使用自身知识技能是基于宪法规定的"公民劳动权"理念，通过对知识技能的运用，实现知识技能的实际价值和人才资源的优化配置。商业秘密保护是基于"保密理念"，通过保护商业秘密维护公司的合法权益，促进企业的技术创新。这两种价值理念在某种程度上是对立统一的，有必要引入利益平衡理论对它们进行优化权衡，作出合理抉择；另一方面，平衡与协调法律原则的冲突。我国《宪法》《劳动法》都涉及公民劳动权的法律保护，劳动者可以自由流动并享有自主择业的权利，即"自由流动、自主择业"的原则。然而，根据商业秘密的财产权属性，凡是属于商业秘密的信息都应当给予合理、正当、全面的保护，即实行"合理、正当、全面保护"的原则。因此，从雇员知识技能和商业秘密保护的基本原则来看，利益平衡理论的运用，能够有效地平衡和协调商业秘密权利人与雇员之间的利益关系，进行适当的利益分配，实现"对相当多冲突利益的中和"❶。

3.1.3.2 追求平等和正义价值实现

追求平等和正义是法律存在的基本价值，知识产权法也不例外。知识产权法中的平等和正义，意味着知识产权法中当事人之间的权利和义务的对等，以及权利义务的分配符合正义原则，并且意味着公平、合理分享社会知识财富。在平等与正义的范围内，可以使多元化的知识产权利益的结构实现有序化。知识产权法在各种利益之间特别是知识产权人利益与社会公众利益之间求得平衡，需要引入平等和正义原则，以平等正义确定知识产权法中的各种利益归属，使利益主体各得其所，使利益分配达到各方都能够接受的程度。

利益平衡理论的运用，第一，体现了当事人之间的权利和义务对等。知识产权制度对知识资源正义分配与合理限制，是通过在知识产权法典中设定相应权利和义务来实现的，即立法者通过确定知识产权人和其他利益

---

❶ 谢晓尧,2002.论商业秘密的道德维度[J].法律科学(3):82-91.

相关者的权利义务来分配立法目的所追求的正义。在设定权利和义务方面，实现知识产权人与社会公众、其他个体之间的利益平衡，始终是立法者应当坚持的根本性指导原则。第二，保障从事智力创造者受到公平正义精神的保护。知识产权法是私法，在大多数情况下应当实行私人自治。从事智力创造性活动是宪法赋予每个公民的自由权利，这种自由权利同样应当得到知识产权法的保护。利益平衡理论的运用，将更为有效地区分商业秘密与雇员知识技能的原则界限，避免商业秘密权益与劳动权益产生冲突，使得法律公平正义精神得以彰显。第三，确保其他利益主体公平、合理分享社会知识财富。知识产权人在行使知识财产权利的过程中，不是没有任何边界、没有任何约束的，而应受到知识产权伦理的规范和约束。利益平衡理论的运用，使得商业秘密得到保护的同时，离职雇员运用知识技能自由择业也不受任何限制。

3.1.3.3 实现和保障社会公共利益

知识产权是一种具有很强的公共利益性质的私权，从个体层面而言，知识产权制度设立的初衷是保护知识产权人的合法权益，鼓励其发明创造。个人消耗大量的精力开发出来的智力成果，却被他人占有和使用，这是不公平的，必须通过一种制度来保护智力成果创造者的利益不受侵害，这种制度就是知识产权制度；从社会层面而言，知识产权制度设立的初衷更多的是促进社会技术进步，符合社会需要和社会总体利益的要求，这也是知识产权法的重要目标之一。以美国著作权法为例，1961年美国著作权登记报告指出："不仅仅是针对作者的个人权利，而且必须针对社会目标达成平衡。[1]"美国《宪法》规定著作权人的权利需要服务于社会公共利益[2]，这也正说明了著作权法具有公共利益的目的。从一特殊视角来看，

---

[1] Sheldon, W.Halpen, EtAl, Copyright: Case and Materials 2(1992).("国会定义著作权人的权利和公共的需要之间的平衡")。冯晓青,2006.知识产权法利益平衡理论[M].北京：中国政法大学出版社:41.

[2] Berne Convention Implementation of 1988, H.R.Rep., No.60, at100, Cong, 2d, 23(1988).

知识产权法的制定是对私权保护的合理限制，是无法规制而只能以兜底条款❶予以规制的在知识产权领域中的具体细化。

商业秘密的保护也是如此，一方面，肯定商业秘密持有人个人利益的合法性，以维护公平竞争的经济秩序，鼓励持有人从事发明创造和技术革新。另一方面，对商业秘密权进行必要的限制，防止其肆意扩张或者滥用对社会公共利益造成损害。例如，合理的竞业禁止是平衡雇主与雇员利益关系的重要保障。竞业禁止协议不得用于破坏公平竞争，不得限制正当贸易，不得限制离职雇员使用其工作中掌握的知识、经验和技能❷。因此，正确界定理应受到保护的商业秘密，将公知公用技术和雇员知识、经验、技能排除在保护范围之外，这是平衡雇主商业秘密权益和离职雇员劳动权益所必须的，也是从立法层面保护商业秘密目的的重要体现。

3.1.3.4　填补法律存在的一些漏洞

法律漏洞，是指以整个现行法律秩序为标准的法律秩序的"违反计划的不圆满性"❸。现代社会是一个动态的社会，生产力发展水平很高，生产关系变化迅速，整个社会"日新月异"，在这样一个纷繁复杂的社会中，法律适用发生了根本性变化，出现了许多新的特征，现有的法律难以满足社会变化人们对法律的需求，以至于有些学者认为，法律必然存在漏洞❹。

法律漏洞的出现，表明法律体系存在某一方面的缺陷，法律应有的作用无法得到正常发挥。要改变这种状况，最终当然要靠不断地完善现有的法律体系，做到于法有据。然而，日常生活中出现法律漏洞，不能一味地等待法律体系完善以后才来处理问题，这既不能及时解决现实问题，也不符合法不溯及既往的规则。这就要求法官在遵循法律基本原则的情况下，

---

❶ 兜底条款类似于我国《民法总则》第6条"民事主体从事民事活动,应当遵循公平原则,合理确定各方的权利和义务"、第7条"民事主体从事民事活动,应当遵循诚信原则,秉持诚实,恪守承诺"的规定.

❷ 冯晓青,2006.知识产权法利益平衡理论[M].北京:中国政法大学出版社:471.

❸ 伯恩　魏德士,2003.法理学[M].丁小春,吴越,译.北京:法律出版社:362.

❹ 卡尔　拉伦茨,2003.法学方法论[M].陈爱娥,译.北京:商务印书馆:246.

探究存在哪些利益和利益冲突的原因，并对利益冲突作出符合法理精神的价值判断。因此，利益平衡理论在填补法律存在的一些漏洞方面具有独特的价值功能，能够最大限度地实现公平正义。雇主商业秘密权益与雇员劳动权益发生冲突也是如此，由于我国这方面的立法尚不够健全完善，在无法厘清它们之间的界限的情况下，利益平衡理论就成为解决商业秘密与雇员知识技能冲突的重要方法。

3.1.4 利益平衡理论的运用原则

3.1.4.1 禁止权利滥用原则

禁止权利滥用原则，是指权利的行使应当符合法律的规定，不能超过法律规定的范围，否则，即构成权利滥用，应当承担相应责任。利益平衡理论的运用亦如此，应当符合平衡规则和法律规定，否则会构成权利滥用。利益平衡理论的滥用，使法律给人们的生活带来诸多的困难和不安，它不但与人们的最初预期相违背，也不能获得人们对它的普遍尊重，从而失去其应有的功能，使法律制度不堪重负。因此，我们应当采取措施防止利益平衡理论在处理雇主商业秘密权益与雇员劳动权益冲突中被滥用，使该理论失去公信力。

禁止权利滥用原则具体体现为：第一，"法外空间"不应进行利益平衡。"法外空间"，是指法律规范以外的领域。法律规范我们的现实生活，并不是所有的生活现象都受到法律的规范，"法外空间"的任何行为不受法律所规范。第二，在妥当的法律制度中进行利益平衡。在利益平衡时，应当考虑该案件对普遍社会观念的影响，如果某一判决给人们的生活带来太多的困惑与疑虑，那么，它将不能获得人们的普遍尊重。商业秘密与雇员知识技能冲突问题的利益平衡也是如此，如果商业秘密持有人所持有的某些信息不符合商业秘密构成要件，这就没有必要利用利益平衡理论对这一对矛盾进行平衡。第三，选择妥当的法律规范作为利益平衡的依据。利益平衡应当有充分妥当的法律依据，否则，将会直接影响法律对当事人的拘束，引发不必要的上诉等诉讼程序，造成司法资源的浪费，也会影响到法律的严肃性和人们对法律的尊重与信仰。例如，美国第七巡回上诉法院判决的PepsiCo, Inc. v. Redmond一案[1]确立"不可避免地披露"规则，然而，后来判决的Whyte v.Schlage Lock Co.案[2]和Lejeune v.Coin Acceptors, Inc.案[3]均否决了"不可避免地披露"规则。这一转变对于离职雇员自由择业无疑是有利的，然而，商业秘密的保护就可能面临着较大威胁。因此，确定一个妥当的法律规范对裁决同一类型的案件具有至关重要的意义。

3.1.4.2　合理限制原则

劳动权是宪法和法律赋予公民的一项基本权利。商业秘密权的保护涉及商业秘密权和雇员劳动权之间的利益平衡问题，商业秘密权的保护不能以牺牲雇员的劳动权和自由择业权为代价；雇员的劳动权和自由择业权的保护同样不能损害商业秘密权利人的利益。英美发达国家的一些公司，雇主一般与雇员签订含有保密协议的劳动合同或者保密合同，规定雇员离职后不得使用或者泄露原雇主的商业秘密。同时，雇员在原雇主工作期间获得的专门知识、经验和技能，这些不构成商业秘密，属于雇员个人拥有的无形财富，原雇主不得对此使用进行限制，因为工作期间积累的知识、经验和技能的运用直接关系到雇员的劳动权和自由择业权的实现。

这就要求运用利益平衡理论处理商业秘密与雇员知识技能冲突时，遵循合理限制原则。第一，合理竞业禁止是平衡雇主与雇员利益关系的重要保障[4]。为了力求雇主与雇员之间的利益平衡，必须对竞业禁止进行合理的限制。竞业禁止合理与否取决于商业秘密保护对其的需求程度，对于保护商业秘密没有必要进行竞业禁止，此时的竞业禁止就失去了适用条件，

---

[1] PepsiCo,Inc.v.Redmond,54F.3d1262(7thcir.1985).
[2] Whyte v.Schlage Lock Co.,125 Cal.Rptr.2d 277(Court of Appeal of Cal.,2002).
[3] Lejeune v.Coin Acceptors,Inc.,381Md.288(Md.2004).
[4] 冯晓青,2006.知识产权法利益平衡理论[M].北京:中国政法大学出版社:471.

倘若适用就是不合理的。第二，慎用禁令是平衡雇主与雇员利益关系的基本前提。在美国，为防止离职雇员带走原雇主的商业秘密在新的工作中不可避免泄露或者加以使用，创造性地提出不可避免泄露规则（Inevitable Disclosure Doctrine）。2016年5月11日美国生效的《保护商业秘密法》通过完善商业秘密制度来激励企业创新的同时，赋予雇员更多的就业机会❶，正基于此，该法提出了"衡平法上的救济"（equitable remedies）。美国联邦法院有颁布禁令的权利，但是禁令的颁布应当建立在有充分的证据证明实际或者潜在的商业秘密侵权行为存在的基础上❷。

3.1.4.3 说理论证原则

进行利益平衡时不能简单地作出利益上的取舍，应当注重说理论证。一方面，说理论证可以避免人为主观臆断，而是通过理性的论证分析，作出合理的判断，以得到公众的认可；另一方面，说理论证原则也是尊重各方利益的表现，虽然在利益平衡决定作出时会对多方利益有所取舍，但是在平衡过程中应当尊重各方利益，这也是利益平衡过程公平、公正的重要

---

❶ GRASSLEY.From the committee on the judiciary, submitted the following report: defend trade secrets act of 2016[R/OL]. (2016-03-07)[2016-07-11].https://www.congress.gov/114/crpt/srpt220/CRPT-114srpt220.pdf.

❷ (3)REMEDIES.—In a civil action brought under this subsection with respect to the misappropriation of a trade secret, a court may-(A)grant an injunction—(i)to prevent any actual or threatened misappropriation described in paragraph (1) on such terms as the court deems reasonable, provided the order does not-(I)prevent a person from entering into an employment relationship, and that conditions placed on such employment shall be based on evidence of threatened misappropriation and not merely on the information the person knows; or (II) otherwise conflict with an applicable State law prohibiting restraints on the practice of a lawful profession, trade, or business; (ii)if determined appropriate by the court, requiring affirmative actions to be taken to protect the trade secret; and (iii)in exceptional circumstances that render an injunction inequitable, that conditions future use of the trade secret upon payment of a reasonable royalty for no longer than the period of time for which such use could have been prohibited.See: GRASSLEY.From the committee on the judiciary, submitted the following report: defend trade secrets act of 2016[R/OL]. (2016-03-07)[2016-07-11].https://www.congress.gov/114/crpt/srpt220/CRPT-114srpt220.pdf.

体现❶。本书所论证的商业秘密与雇员知识技能出现交叉融合造成产权纠纷如何处理,这一原则同样适用。通过说理论证,在尊重各方应有利益的前提下,阐明作出利益取舍的理由,消释各方心存的疑虑,从而得到公众认可的合理判定。

3.1.4.4 个案平衡原则

除了禁止权利滥用、合理限制、说理论证原则以外,利益平衡过程中还要坚持个案平衡的原则。这是因为:第一,对于每一起案件有不同于其他案件的地方,不可能千篇一律地适用价值位阶原则即可得到圆满的解决;第二,在同一位阶上的法律价值之间发生冲突时,就不能再适用价值位阶原则来处理,而必须综合考量诸因素,兼顾各方利益,寻找两者的平衡点。如图1所示。

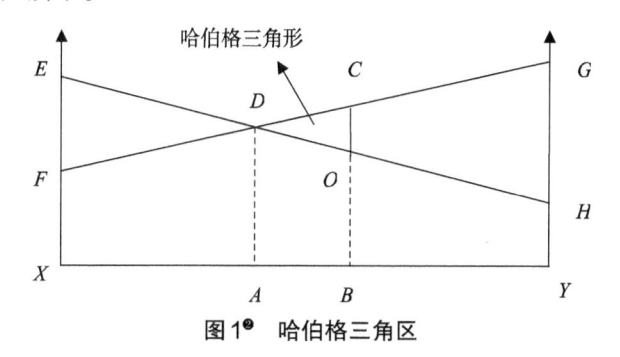

图1❷ 哈伯格三角区

其中,XY 表示社会既定的利益数量,FG 为甲方利益变动区间,EH 为乙方利益变动区间,O 点为维持两者公平的边界,OCD 为甲乙方配置为 B 时的净损失,$\triangle OCD$ 面积越小时,甲乙双方的利益越达到平衡,单纯的追

---

❶ 崔汪卫,2015.上市公司信息披露与商业秘密保护之冲突解决机制:基于利益衡量的视角[J].西华师范大学学报:哲学社会科学版(2):74-79.

❷ "哈伯格三角形"是由美国经济学家阿诺德·哈伯格提出的"哈伯格三角"理论,该理论在福利经济学中得到了广泛地使用。所谓"哈伯格三角形",是指在假定货币的边际效用不变的条件下,反映在图像上是需求曲线下方、价格线上方和价格轴围成的三角形的面积。参见:http://baike.baidu.com / link? url=ZTNM06cGtpls0UWw3ePSThGqhYUXm_RGaT. DZX5T0_WUbDHwDOGoRKseq489MD-lUEMrAixxsfY—imC7yk19xM—_.访问日期:2016年4月25日。

求 *FG* 或者 *EH* 值最大化都是"不经济的",而 D 点则为甲乙双方的均衡点,是我们从法经济学视角寻求个案平衡之最佳平衡点的依据,也是商业秘密与雇员知识技能发生交叉融合时进行决策的最佳路径。

3.2 竞业禁止是利益平衡的重要手段

3.2.1 竞业禁止的概念

竞业禁止(Non-competition),亦称竞业避让、竞业限制、竞业避止,是指按照法律的规定或者当事人的约定,义务人在一定的期限内不得从事与权利人具有竞争关系的相同或者类似的业务。我们可以从两个方面来解读竞业禁止的概念:其一,竞业禁止所禁止的是与特定营业具有竞争关系的特定行为,所限制的客体是特定行为,而不以特定的人为限制对象[1]。例如,商标法上的商标专用权、专利法上的专利权,就属于某个特定的权利主体所享有,禁止其他人擅自使用其商标或者专利。其二,竞业禁止所禁止的是具有特定关系的特定人从事与权利人具有竞争关系的营业活动。其特点是限制的客体也是特定行为,但是被限制的主体仅限于特定的人,且特定的人与权利人之间具有某种特定的法律关系[2]。前一种解释并非竞业禁止的本意,其所禁止和限制的行为是一种违法行为,商业秘密中的竞业禁止通常是指后一种解释,具体言之,雇员在职期间和离职后不得从事与雇主具有竞争关系的业务。

3.2.2 竞业禁止制度的国外考察

3.2.2.1 立法上的考察

我国竞业禁止制度立法处于起步阶段,还存在着立法缺陷。其体现在

---

[1] 孔祥俊,2005.反不正当竞争法原理[M].北京:知识产权出版社:418.
[2] 张仪新,2000.论竞业禁止[M]//徐国栋.罗马法与现代民法.北京:中国法制出版社:329.

两个方面：第一，规定过于原则化，缺乏可操作性。例如，竞业禁止补偿金问题，我国立法未明确规定具体的补偿数额，现实中缺乏可操作性；又如，我国竞业禁止对违反竞业禁止协议的法律责任未作出明确规定。第二，尚未明确规定司法禁令救济制度。禁令救济是域外发达国家普遍采用的一种商业秘密侵权救济方式，尽管我国在《反不正当竞争法》和《关于禁止侵犯商业秘密行为的若干规定》中都规定了较为原则性的行政禁令，但是到目前为止尚未出现司法禁令救济的立法。本节将对域外国家的立法和司法进行考察，希望对我国立法和司法有所借鉴。

1.德国

德国在竞业禁止立法上，雇员在职和离职后两个时间段有所不同。工作期间的竞业禁止义务主要集中于德国《商法典》和德国《股份公司法》。德国《商法典》第60条第1款指出，未经雇主同意，商业辅助人（即雇员）不得从事营业，也不得与自己或者为他人从事现雇主所营业范围的交易❶。德国《股份公司法》第88条第1款指出，董事会人员非经监事会同意，不得自主经营或者从事属于公司业务范围内的工作或者服务；非经监事会同意，不得担任其他公司的董事、业务执行人和无限责任的股东❷。德国《反不正当竞争法》第17条和第18条对负有竞业禁止义务的雇员或者学徒在雇佣关系存续期间为个人私利或者为竞争之目的或者为图利于第三人或者有意加害于雇主，而不正当使用或者披露雇主商业秘密的，将科以3年以下的自由刑或者罚金❸。可见，德国对于雇员在职期间竞业禁止规定的较为全面，不仅限于公司董事、经理等高管，而且将普通雇员包括在内。同时，为了保护商业秘密，德国《反不正当竞争法》还对违反竞业禁止义务的雇员处以刑罚。

---

❶ 德国《商法典》第60条第1款："不经业主的允许,商业辅助人既不得经营营业,也不得以自己或他人的计算进行属于业主的营业部类的交易。"

❷ 德国《股份公司法》第88条第1款："未经监事会许可,董事会成员既不允许经商,也不允许在公司业务部门中为本人或他人的利益从事商业活动。未经许可,他们也不得担任其他商业公司的董事会成员或者业务领导人或者无限责任股东。监事会的许可只能授予某些商业部门或商业公司或某种商业活动。"

❸ 参见：德国《反不正当竞争法》第17条、第18条。

德国《商法典》还对雇员离职后应当负担的竞业禁止义务作出了立法规定，其立法主要集中于该法第74条。其主要内容如下：（1）雇员离职负担竞业禁止义务，须雇佣双方签订有书面的协议，签订竞业禁止协议时雇员人为未成年人的，竞业禁止协议无效。（2）雇主应当向雇员支付补偿金。（3）竞业禁止协议应当合理、正当，必须为了保护雇主的正当利益，协议条款不得对雇员的日后发展构成不适当妨碍，否则竞业禁止协议无效。（4）离职原因不同，竞业禁止协议的效力也不尽相同。由于雇主违约而引起雇员终止雇佣关系的，雇员应当在作出终止雇员关系决定后1个月内以书面方式通知雇主，当雇员向雇主表明离职意愿后不再受竞业禁止协议的约束，此时竞业禁止协议就失去了对其的约束力。但是，雇主因特定事由，且该事由系雇员方面原因引起的，或者雇主在终止雇佣关系时表示愿意支付雇员离职后竞业期限的全额薪金，则竞业禁止协议有效；因雇员违约，雇主依法终止雇佣关系的，则竞业禁止协议有效，且雇员无权请求补偿金[1]。从上述法律规定来看，德国立法上对竞业禁止制度规定的较为详实周密，其内容涉及竞业禁止协议的生效条件、内容合理性判定、无效的情形、竞业禁止补偿金等方面。

2. 瑞士

雇员在职期间竞业禁止的规定主要集中于瑞士《债务法》，该法第321a条第3款规定，雇佣关系存续期间，雇员负有忠实义务，不得为其他

---

[1] 德国《商法典》第74条："（1）业主与商业辅助人之间有着雇佣关系终止后的期间在辅助人的营业活动方面对辅助人进行限制的协议（禁止竞业），其协议需要采取书面方式，并且需要向辅助人交付由业主签署并包含约定事项的证书。（2）只有在业主有义务在禁止期间支付赔偿，并且赔偿在每一个禁止年度至少达到商业辅助人在上一禁止年度所取得的约定给付的一半时，禁止竞业才有拘束力。"第74a条："（1）以禁止竞业不用于保护业主的正当营业利益为限，禁止竞业不具有约束力。此外，以禁止竞业从所给予的赔偿考虑，包括地点、时间或对象上不适当地妨碍辅助人发展的内容为限，禁止竞业不具有拘束力。自雇佣关系终止时起，禁止不得扩及于2年以上的期间。（2）辅助人享有的每年的约定给付不超过1500德国马克的金额的，禁止无效。辅助人在订约时未成年的，或业主让其以名誉或以类似保证向自己约定履行的，适用相同规定。有由第三人替代辅助人承担辅助人在雇佣关系终止后其营业活动方面将受限制这一义务的协议的，其协议为无效。（3）德国《民法典》第138条关于违背善良风俗的法律行为无效的规定，不因此而受影响。"参见：杜景林，卢谌，2000.德国商法典[M].北京：中国政法大学出版社：27-28.

第3章 商业秘密与雇员知识技能冲突解决的理论基础

单位从事有偿劳务，特别是不能为与雇主有竞争关系的单位从事有偿服务❶。对于公司高管的竞业禁止，该法第464条第1款规定，公司的经理人、营业代表人，未经雇佣单位同意，不得为自己或者为第三人，经营与雇佣单位同类之业务❷。

离职雇员的竞业禁止，瑞士《债务法》也作出了相应规定，该法第340条第1款规定，有行为能力的雇员，得与雇主签订书面协议，约定雇佣关系结束以后不得从事与雇主有竞争关系的任何行为。同时，瑞士《债务法》还对此条作出了限制性规定：（1）"有行为能力的雇员"仅限于知晓雇主客户圈的雇员和掌握公司经营秘密与技术秘密的雇员。（2）离职雇员使用或者泄露这些信息将会使得雇主遭受重大损失。（3）签订的书面协议内容应当合理，不得对离职雇员的生计造成严重威胁。（4）除特殊情形外，竞业期限不得超过3年。法官结合案件具体情况并根据情势变化，考量竞业禁止协议是否合理，进而法官据此对竞业期限予以限缩；与此同时，法官考量过程中还应当考虑限缩对雇主利益的影响。第340条第2款规定，雇员违反竞业协议造成原雇主损失的，应当对此进行赔偿。在没有相关约定的情况下，离职雇员对违反竞业协议作出相应赔偿后，不再受竞业协议约束。但是，违反协议给原雇主造成的损害超过作出赔偿的部分时，离职雇员仍然应当承担赔偿责任。在有书面特别约定的情形下，雇主所受损失和离职雇员的行为表明有排除竞业行为之必要，雇主可以请求违约金和损害赔偿，并可依特别约定请求离职雇员停止使用或者泄露商业秘密的行为。第340条第3款规定，竞业禁止协议对于雇主不再具有显著的利益时，竞业禁止协议将失去约束力；雇主终止雇佣关系而不予说明理由的，或者离职雇员有可归责于雇主的正当理由而终止雇佣关系的，竞业禁

---

❶ Art.321a: "…3.For the duration of the employment relationship the employee must notperform any paid work for third parties in breach of his duty of loyalty, in particular if such work is in competition with his employer…"See: Federal Act on the Amendment of the Swiss Civil Code. (Part Five: The Code of Obligations.)

❷ 戴永盛,2005.商业秘密法比较研究[M].上海:华东师范大学出版社:113.

止协议不再具有约束力❶。

从上述德国和瑞士竞业禁止立法，我们可以看出，域外大多数国家对竞业禁止的规定持肯定而谨慎的态度，对竞业禁止的适用进行了严格限制：第一，竞业禁止协议必须以保护雇主的合法利益为目的，不得影响离职雇员的劳动权和个人生计，不得妨害自由竞争等社会公共利益。第二，竞业禁止的义务主体仅限于部分雇员。通常情况下，竞业禁止的对象主要是企业经营管理人员、技术研发人员、一般技术人员和技术工人、销售人员、财务和文秘人员等，这些人员接触商业秘密的机会多，知悉商业秘密的可能性较大，有必要进行竞业限制。第三，竞业禁止协议应当以书面形式签订，明确雇佣双方的权利义务，避免出现纠纷后无法及时解决。第四，竞业禁止协议约定的竞业期限、地域范围、职业范围等应当合理，并给予雇员合理的补偿，否则，竞业禁止协议无效。

3.2.2.2 司法上的考察

1.美国

从美国司法判例来看，美国司法机关对于竞业禁止效力，没有简单地认定其有效或者无效，而是看竞业禁止是否超出商业秘密的保护范围或者离职雇员是否因竞业禁止而造成的利益损害超过雇主因商业秘密保护所得的利益。因此，美国有些法院认为，商业秘密与雇员知识技能之间的边界划分可以由雇佣双方通过签订竞业禁止协议加以明确约定。如果雇佣合同中规定某信息属于商业秘密，那么雇员离职后不得将该类信息作为知识技能的一部分在新的工作中使用或者披露。例如，Firstenergy Solutions Corp. v. Paul Flerick 案❷、Thompson. v. Impaxx 案❸、Telex Corp. v. IBM❹等案例，

---

❶ 戴永盛,2005.商业秘密法比较研究[M].上海:华东师范大学出版社:114.

❷ Firstenergy Solutions Corp.v.Paul Flerick,521 Fed.Appx.251(6th Cir.,2013.)

❸ Thompsonv.Impaxx,Inc.113 Cal.App.4th 1425,7 Cal.Rptr.3d 427 Cal.App.2 Dist.,2003.http://law.justia.com/cases/california/court-of-appeal/2003/b164006.html,访问日期:2015年12月16日.

❹ Telex Corp.v. IBM, 367 F.Supp. 258; 1973 U.S. Dist. LEXIS 11888; 179 U.S.P.Q.(BNA)777; 1973-2 Trade Cas.(CCH)P74,774.

第3章　商业秘密与雇员知识技能冲突解决的理论基础

都是根据雇佣双方签订竞业限制协议约定的内容来确定某信息是否是商业秘密，对于协议没有明确约定的，不构成商业秘密，离职雇员可以视为自己的知识技能使用。这些案例将在第五章5.1.4节中作出了具体分析，在此将不作赘述。

然而，不是所有的竞业禁止协议约定都是有效的。例如，美国加州原则对此类协议的效力存在异议，认为竞业禁止协议的运用对雇员知识技能的运用产生了负面影响，限制了雇员的劳动权和自由择业权，也限制了雇员自由流动和人才合理配置。因此，肯定竞业协议效力的各州，对协议的生效附加了种种限制性规定，主要有：

第一，竞业禁止协议的签订，必须是雇主为保护其商业秘密、维护其竞争地位所必须，即不超过保护雇主之合法权益的范围。(1)美国司法实务中判断协议是否超出保护雇主合法权益之范畴，美国法院主要看：竞业协议条款与维护雇主商业秘密是否一致，如果具有一致性，那么雇主的诉讼主张必定得到法院的支持。(2)美国司法机关对竞业禁止协议作出限定性解释，将其效力限定在维护雇主合法利益的范围❶。综合美国各州和地方法院的做法，在考察竞业禁止协议的效力时通常考虑以下两个因素：其一，行业的特性。不同行业秘密信息的更新速度是不同的，这就直接影响到竞业禁止期限的长短。例如，Gary Van Zeeland Talent, Inc. v. Sandas案中，雇主要求雇员离职后不得使用或者向他人披露自己开发出来的客户名单，且在竞业禁止协议中并未就竞业期限作出明确的规定。法院审理认为，因行业发展较快，原告的客户名单仅具有暂时的经济价值，而雇员离职后未满3年，这些客户名单基本丧失所存在的经济价值。法院由此认定，此竞业禁止协议超过了保护雇主的合法权益的范围，是无效的❷。其二，雇员的工作性质。商业秘密若要得到保护，除了雇主必须存在商业

---

❶ 李明德,2014.美国知识产权法[M].北京:法律出版社:202.
❷ Gary Van Zeeland Talent,Inc.v.Sandas,84Wis.2d202；267N.W.2d242；1978Wisc.LEXIS1080.

秘密,而且要求竞业对象有接触或者掌握商业秘密的机会。从这个意义上说,雇员工作性质直接决定雇主对雇员的竞业限制是否具有可保护的利益。例如,Samuel Stores, Inc. v. Abrams案中,雇员Abrams(阿布勒姆斯)系一服装店Samuel Stores(塞缪尔服装店)的经理,其提供的服务没有什么特殊性,Abrams在该服装店从业期间还没有接触和掌握商业秘密的机会,更谈不上获得商业秘密了。法院认为,Samuel Stores禁止Abrams 5年内不得从事服装行业的竞业禁止协议超出了商业秘密的实际保护范围,因而该竞业禁止协议不具有法律效力[1]。

第二,竞业禁止协议的内容必须合理。竞业禁止协议的内容是否合理,直接决定其是否具有法律上的效力。竞业禁止协议的内容是否合理,美国司法实践中通常考虑以下两个方面:(1)竞业禁止的时间、地域和限制竞业的范围应当适当合理。例如,Weber v. Tillman案中,内科医生的雇主与一名职业医生签订了竞业禁止协议,根据协议约定,职业医生在其离职后2年内不得在原雇主经营领地30英里范围内开设诊所。堪萨斯州最高法院认为,此竞业禁止协议是合理有效的[2]。又如,West Group Broadcasting, Ltd. v. Bell案中,密苏里州上诉法院即认定雇佣双方签订的"雇员离

---

[1] Samuel Stores,Inc.v.Abrams,94Conn.248;108A.541;1919Conn.LEXIS94;9A.L.R.1450.

[2] The employee signed a noncompetition covenant, which prohibited him from practicing dermatology within 30 miles of his former employer for a two year period or required him to pay liquidated damages. After he set up a practice within that radius, the employer sought an injunction, which was granted by the district court.The employee argued that the noncompetition covenant violated public policy.The court heldthat(1)the time and territorial limitations contained in the covenant were reasonable, (2)the covenant didnot place an undue burden on the employee's right to practice medicine, (3)the employer had a legitimatebusiness interest in the covenant's enforcement, and(4)the public would not be injured by enforcement of the covenant.The court distinguished cases that refused to uphold similar agreements because those cases concerned the shortage of physicians whose specialties were medically necessary.The court noted that the liquidated damages clause of the contract was ambiguous, but agreed with the construction by the district-court that damages were to be based on the last six months of employment. See: Weber v.Tillman, 259 Kan.457;913 P.2d 84;1996 Kan.LEXIS 36;11 I.E.R.Cas.(BNA)837.

第3章　商业秘密与雇员知识技能冲突解决的理论基础

职后的180天内不得在原雇主105英里范围内经营与其具有竞争类的业务"协议不合理而无效❶。(2)竞业禁止不能给离职雇员生活造成过度的困难。美国司法部门对竞业禁止协议进行必要的审查,是因为竞业禁止协议可能是不平等商谈能力(unequal bargaining power)的产物。法院对于那些给离职雇员生活上造成过度的困难(undue hardship)的竞业禁止协议,倾向于认定其为无效协议❷。法院经常从多角度来审查竞业禁止协议是否给离职雇员的生活带来过度的困难,例如,雇主因竞业限制所获得的利益与离职雇员因竞业限制所受到的损失的对比、离职雇员受到的限制是否过宽、雇员离职后寻找其他工作的机会,等等❸。Selox, Inc. v. Ford案中,被告Ford是原告Selox公司的雇员,主要从事质量控制、车间管理等工作,知悉原告公司的产品定价、客户名单、公司计划等信息,雇佣双方签订竞业禁止协议。由于原告公司对被告减少薪金,被告为此向原告提出辞职,并进入与原告存在竞争关系的公司,原告遂向当地法院提起诉讼,请求法院颁布禁令禁止被告为具有竞争关系公司提供服务,同时,原告向法院提交了竞业协议。法院查明,被告Ford并不知晓原告Selox公司的商业秘密,也不知晓原告所主张的信息是具有重要价值的秘密信息。法院认为,在原告公司

---

❶ The court reversed, stating that the determination of reasonableness of a covenant not to compete depended upon the employer's need to protect legitimate business interests, such as trade secrets and customer lists. The granting of equitable protection in enforcing covenants not to compete was limited to customer contacts and trade secrets. Respondent failed to present any substantial evidence that it had a legitimate protectible interest in preventing appellant from working for the other radio station, and appellant acquired no trade secrets from respondent. See: West Group Broadcasting, Ltd. v. Bell, 942 S.W.2d 934(Mo.App.1997).

❷ "Post-employment restraints are scrutinized with particular care because they are often the product of unequal bargaining power and because the employee is likely to give scant attention to the hardship he may later suffer through the loss of his livelihood." See: Gary Van Zeeland Talent, Inc. v. Sandas, 84 Wis.2d 202; 267 N.W.2d 242; 1978 Wisc.LEXIS 1080.

❸ 李嫒,2011.商业秘密领域中离职后竞业禁止合理范围的界定:以美国判例为视角[J].知识产权法研究(2):47-65.

工作期间所知悉的产品定价、客户名单、公司计划等信息从公开途径都可以获取。同时，如果执行该协议将会给被告造成的损害远远超过给原告所带来的利益，故认定竞业禁止协议无效❶。（3）竞业禁止不得社会公共利益。竞业禁止范围过宽损害公共利益。例如，危害市场竞争秩序、限制公众选择交易对象、妨害技术进步、影响社会公众生活等情形的，竞业禁止协议无效。New Haven Tobacco Co. v. Perrelli 一案，原告 New Haven Tobacco 公司与被告 Perrelli 签有竞业禁止协议，约定被告在离职后2年内不得向在原告单位工作期间曾经交易过的客户或者原告单位的潜在客户销售产品。康涅狄格州法院审查认为，此竞业协议不仅限制了被告自由经营行为，同时也限制了公众自由选择交易对象。据此，该法院认为，此竞业协议对社会公共利益作出了限制，如果执行协议，限制了公众自由选择交易对象，故此协议不具有约束力。同时，康涅狄格州法院还指出竞业禁止协议是否合理，应当从以下五个方面来判断，任何一个方面不合理都会使竞业禁止协议无效：①期限长短的限制；②地域范围的限制；③促成契约达成方当事人给予的保护程度；④雇员追求其职业能力的限制；⑤公共利益的影响程度❷。

2. 英国

竞业禁止在英国亦称为交易限制，司法实践中英国法院不太支持雇佣

---

❶ The Chancellor, therefore, concluded that the hardship to Ford if the covenant were enforced against him far outweighed any benefit to Selox which might result from enforcement.He found that the employer, Selox, did not need the protection of the non-competitive agreement and thus that failure to enforce that agreement would not result in any harm to Selox.See: Selox, Inc.v.Ford, 675 S.W.2d 474; 1984 Tenn. LEXIS 839.

❷ A covenant that restricted the activities of a former employee was valid so long as it was reasonable. Five factors were used to evaluate the reasonableness of such covenants: (1)the length of time the restriction was in effect; (2)the geographic area covered by the restriction; (3)the degree of protection afforded to the party in whose favor the covenant was made; (4)the restrictions on the employee's ability to pursue his occupation;and(5)the extent of interference with the public's interests.See: New Haven Tobacco Co.v.Perrelli, 18 Conn.App.531; 559 A.2d 715; 1989 Conn.App.LEXIS 177.

第3章 商业秘密与雇员知识技能冲突解决的理论基础

双方签订竞业禁止协议,除非协议的目的仅限于保护雇主一方的利益所必需。例如,Nordenfelt. v. Maxim Nordenfelt Guns and Ammunition Co.一案中,法院对竞业禁止协议作出详细的表述:每个人都有交易自由,并使得社会公众因此而受益。对交易自由进行的干涉和限制,如果不存在违背公共利益或者政策的,这些干涉和限制都是无效的。唯有特殊情况下,干涉和限制交易自由被充分证明具有合理性,这时竞业禁止协议才有可能被法院认可。这里所谓的合理,是指协议对雇佣双方利益而言是合理的,对社会公共利益来说也是合理的[1]。又如,Faccenda Chicken. v. Fowler一案中,一审法院法官古尔丁(Goulding J.)认为,雇员在其工作过程中所获得的信息有三类:第一类是雇员在工作期间或者离职后,对于公众很容易获得的信息,雇员可以自由地将此信息传授给任何人;第二类是雇员在工作期间或者离职后,不得违反对其雇主忠诚义务,不能使用或者披露机密资料,但是,在没有明确限制性契约的情况下,雇员在离职后可以自由使用;第三类是雇员在工作期间或者离职后不得使用或者披露特别的商业秘密。通过上述分类,古尔丁法官认为销售信息是上述所言的第二类信息,因此,在雇用限制其使用的合同中没有明确的术语,雇员们可以自由使用,并在与原告的竞争中披露其与原告的竞争。古尔丁法官因此驳回了原告的诉讼和反诉。[2]上诉法院法官尼尔(Neill L.J.)提出了不同于古尔丁的意见,他指

---

[1] Nordenfelt v Maxim Nordenfelt Guns and Ammunition Co Ltd[1894] AC 535.

[2] Goulding J.held that information gained by an employee in the course of his employment fell into three classes: information which was so easily accessible to the public that an employee was at liberty to impart it to anyone during his employment or afterwards, confidential information which he could not use or disclose during his employment without breaching his duty of fidelity to his employer, but which, in the absence of an express restrictive covenant, he was at liberty to use thereafter; and specific trade secrets which he was not entitled to use either during or after his employment. He held that the sales information came within the second category of confidential information and that, accordingly, there being no express term in the contracts of employment restraining its use, the employees were at liberty to use and disclose it in competition with the plaintiffs once they had left their employment. He accordingly dismissed the plaintiffs' action and counterclaim. See: Faccenda Chicken Ltd v Fowler and others; Fowler v Faccenda Chicken Ltd, [1987] 1 Ch 117, [1986] 1 All ER 617, [1986] 3 WLR 288, [1986] ICR 297, [1986] IRLR 69, [1986] FSR 291.

出，即使雇佣双方签订了竞业限制协议，上述的第二类信息也得不到保护，离职雇员在雇佣合同终止后在新雇主或者自营业务中可以自由运用在原单位掌握和积累的知识技能，这是非常重要的。如果对此进行限制，可能会违背公共利益或者政策。

企业商业秘密通过签订竞业禁止协议进行保护，保护期限、地域范围等方面不能限制得过宽，达到商业秘密保护与雇员和公共利益的协调一致。然而，雇员的知识技能与商业秘密的边界划分非常困难。因此，涉及竞业禁止协议的商业秘密案件中，商业秘密认定就显得尤为重要，法院应当根据公共利益或者政策对竞业限制条款进行权衡❶。

3. 日本

日本法律对离职雇员的竞业禁止义务缺乏明确规定，竞业禁止协议的合法性主要由法院在案件审理中作出全面认定。在日本司法实务中，竞业禁止协议是否合理，主要考虑竞业禁止协议对离职雇员的限制范围是否合理。具体来说，主要考虑以下因素：协议约定离职雇员恪守的义务，对保护雇主合法正当利益是否具有存在必要；作出的协议约定是否是雇佣双方真实意思表示；竞业禁止的期限与地域范围；竞业禁止是否给离职雇员带来不利益或者生计受到影响；竞业禁止是否给整个社会产生不利影响；等等。在法院考量上述因素，如果竞业禁止给离职雇员和社会等带来的不利益超过保护商业秘密给雇主带来的利益，就可能认定竞业禁止无效，反之则认定有效❷。

例如，日本奥野案，奥野等两名雇员在英日合资企业从事金属铸造辅料生产和销售工作，雇佣双方签有竞业禁止协议，约定奥野等人离职后2年内不得自主经营或者为他人经营与金属铸造辅料相同或者相类似的业务。1969年奥野等雇员向公司提出辞职并独自成立阿波罗公司，生产和销

---

❶ Faccenda Chicken v.Fowler,[1987] Ch 117,HEARING-DATES:21,22,23,October 5 December 1985.

❷ 谢铭洋,古清华,丁中原,等,1996.营业秘密法解读[M].台北:月旦出版社股份有限公司:245.

第3章　商业秘密与雇员知识技能冲突解决的理论基础

售与原公司相同的产品。原公司认为以奥野等人违反竞业协议,侵犯了公司的商业秘密,遂向当地法院提起诉讼。法院认为,奥野等人成立的阿波罗公司生产和销售的产品与合资企业的产品完全相同,这些产品的生产工艺和方法属于该合资企业的商业秘密,且奥野等人在合资企业期间确实直接接触到该企业极为重要的商业秘密。奥野等人辩称竞业禁止协议危及其生存权和社会公共利益的主张不成立。法院分析指出:其一,竞业禁止协议规定的期间为2年,属于合理期间;其二,竞业禁止协议没有地域限制,这主要决定于该商业秘密的使用范围可能很大而不得已而为之,不构成不正当限制;其三,竞业禁止的范围合理,仅限于奥野等人直接接触的原告公司极为重要的商业秘密;其四,竞业禁止约定条款系双方自愿,且不影响离职雇员自由择业,也不会给离职雇员的生活造成极度困难;其五,尽管在竞业禁止协议没有约定离职后的竞业补偿金,但是,奥野等人任职期间工资很高,可以认为这些工资包含有竞业禁止致雇员损失的补偿费用,故认定竞业禁止协议有效。最终法院判决被告奥野等人赔偿合资企业100万日元,且2年内不得从事竞业禁止协议约定的业务[1]。又如,原田案,该案原告原田公司系一家妇女服装面料公司,被告为该公司的一批女售货员,双方约定离职后该公司的售货员不得在其他同类公司从事服装面料销售工作,1956年双方解除劳动合同,这批女售货员为了自己的生活而集体就职于中田公司,原告认为被告抢夺其客户并给自己造成了重大损失,遂向法院提起诉讼。一审法院认为售货员的职位不需要特别的技术和信息,是一种较为普通的职业,其社会地位不高,如果离职后还对其就业加以限制,势必给其生活造成极度困难,违反择业自由的原则,故法院对原告的诉讼请求不予支持。原告不服一审法院判决,向上诉法院提起上诉,上诉法院亦以同样的理由驳回其上诉请求[2]。

---

[1] 陶鑫良,1995.商业秘密保护中的合理竞业禁止[M]//中国高校知识产权研究会.知识产权研究:中国高校知识产权研究会第七届年会论文集.西安:西安交通大学出版社:235-236.

[2] 郑成思,1995.知识产权保护实务全书[M].北京:中国言实出版社:842.

3.2.3 国外竞业禁止制度对我国的启示

《劳动法》《公司法》等立法对竞业禁止制度作出了立法规定，然而，对约定竞业禁止立法略显不足。按照契约自由原则，法律应当允许雇佣双方当事人就离职后竞业禁止条款进行约定，但是必须对其效力进行必要规制。因为约定竞业禁止的限制范围较法定竞业禁止为宽，涉及的竞业对象更多。竞业禁止协议的效力认定直接关系雇佣双方权益的保护，是竞业禁止制度法律规制的重要环节。因此，我们应当借鉴国外立法和司法有益经验，对竞业禁止协议的效力进行科学认定。

3.2.3.1 竞业禁止协议的生效条件

1.竞业禁止协议是否以保护雇主合法利益为目的

此处合法利益是指商业秘密，即竞业禁止协议的签订应当以保护雇主商业秘密为必要条件。美国、德国、瑞士、日本等国家立法或者司法判例都认为雇主要求雇员签订竞业禁止协议，必须为了保护其合法利益和商业秘密。因此，竞业禁止协议的签订应当以商业秘密的存在为前提，并以保护商业秘密为目的，不能以妨碍和限制自由竞争为目的，并不得因竞业限制导致离职雇员劳动权无法行使而影响到其生活造成困难。美国对于"不得竞业契约"有一项要求，即契约内容必须可执行，不得有碍于公共健康或者安全保障，否则竞业禁止契约将因无法执行而无效。此观点应当为我国立法和司法所借鉴。同时，竞业禁止协议以合法利益存在为有效要件，即使商业秘密持有人发生变更，只要合法利益既存，竞业禁止协议不受影响，例如，企业发生合并、分立、让与等情形时，竞业禁止协议仍然有效。

2.竞业禁止协议的限制是否正当合理

竞业禁止协议对竞业对象、竞业范围和竞业期限是否合理直接决定着该协议的效力。具体来说：

第一，竞业对象仅限于部分雇员。并非任何雇员离职后都将受到竞业禁止协议的约束，其离职后是否负有竞业禁止义务，应当看雇员在雇主单

第3章 商业秘密与雇员知识技能冲突解决的理论基础

位所从事的职务。对于那些掌握和知悉公司重要商业秘密，且离职后可能给原公司造成重大损害的雇员，客观上使其负担竞业禁止义务是必要的。纵观各国立法和司法，竞业对象大多是离职后的竞业行为可能会给原雇主权益造成损害的雇员。具体而言，雇主只能与下列雇员约定竞业禁止事项：①经营管理人员和高级研发人员。这些雇员掌握或者知悉公司重要经营秘密和技术秘密，格外受到同行其他竞争对手的注意，甚至一些竞争对手会不择手段从该公司"挖走"这些雇员，使得该公司蒙受巨大的经济损失，丧失竞争优势。②关键岗位的技术工人。这类雇员因工作需要接触到某些重要的商业秘密，尽管他们不全面了解公司所有重要的商业秘密，但是他们接触到的某些重要商业秘密如果在离职后使用或者泄露，也将会给原雇佣单位造成巨大的经济损失。③销售人员。销售人员直接与消费者、经销商等打交道，不可避免地掌握公司的一些重要客户名单、销售计划、销售范围和销售策略等经营秘密。④财务人员和文秘人员。财务人员掌握和知悉公司的财务状况等秘密信息，签订竞业禁止协议时这些人员却往往被企业所忽视；文秘人员职责主要负责会议记录、文件管理和客户接待等工作，其接触商业秘密的机会很多，有知悉和掌握公司商业秘密的可能性。

第二，竞业期限应当合理。大陆法系各国大多对竞业期限作出明文规定，例如，意大利《民法典》第2125条第2款规定，公司与高级技工约定竞业期限不得超过5年，普通雇员不得超过3年[1]。德国《商法典》第74条第1款规定，雇佣双方约定的竞业期限不得超过2年。瑞士《债务法》规定，除有特别规定的以外，竞业禁止协议约定的期限不得超过3年。英美法系国家的竞业禁止期限长短由法官根据案件具体情况作出判断。例如，美国大量的司法案例表明，竞业禁止最长期限一般不超过5年[2]。英国对于客户名单等经营信息，竞业禁止期限的，不超过5年为合理，不设立与原单位具有竞争关系企业的雇员竞业禁止期限不超过1年为合理。我国竞业

---

[1] 意大利《民法典》第1751条附加条规定，关于代办商竞业禁止，其约定的最长期限不得超过2年。

[2] 谢铭洋,古清华,丁中原,等,1996.营业秘密法解读[M].台北:月旦出版社股份有限公司:94.

禁止期限散见于《劳动合同法》、部门规章和地方性法规，它们规定的期限为不得超过1年、2年、3年、5年不等❶。尽管各类立法作出不同的规定，笔者认为，依据下位法不能违反上位法的规则，我国竞业禁止期限按照《劳动合同法》的规定，一般不得超过2年。我国学界有学者认为，竞业禁止期限一般情况下不得超过3年❷。也有学者认为，竞业禁止期限不宜作出硬性规定，应当由雇佣双方自行约定，这样有利于交易习惯的形成❸。笔者认为，竞业禁止是保护雇主商业秘密，维持其市场竞争优势的重要手段之一，当然，竞业禁止期限越长可能对其权益保护越有利。然而，竞业禁止限制了离职雇员自由择业权的行使，这一限制给离职雇员在经济和生活上带来了不同程度的影响，同时也对社会经济发展和人才合理流动造成一定的障碍，因此，竞业禁止期限应当作出合理的限制，不宜将竞业禁止期限的长短交由雇佣双方自行约定。根据上述国家立法和司法实践，笔者认为，竞业禁止期限最长不得超过3年，确实需要超过3年的，应当在雇佣双方自愿约定的基础报有关部门审批。不得超过3年不意味着在不超过3年约定期限内竞业禁止协议均为有效，竞业禁止期限应当视某一商业秘密的特性、具体行业的性质等情况而定。

---

❶《劳动合同法》第24条第2款："在解除或者终止劳动合同后，前款规定的人员到与本单位生产或者经营同类产品、从事同类业务的有竞争关系的其他用人单位，或者自己开业生产或者经营同类产品、从事同类业务的竞业限制期限，不得超过2年。"原国家科委《关于加强科技人员流动中技术秘密管理的若干意见》规定，竞业禁止期限最长不得超过3年；原劳动部《关于企业职工流动若干问题的通知》也规定最长不得超过3年。原国家建材局科技司《关于国家重点科技攻关项目成果知识产权保护的通知》第五条：离休、退休、停薪留职、辞职或调离人员，在离原单位1年内不得从事与攻关项目内容相关的技术工作。《深圳经济特区企业技术秘密保护条例》第23条："竞业限制的期限最长不得超过解除或者终止劳动合同后2年，超过2年的，超过部分无效。"《珠海经济特区企业技术秘密保护条例》第20条："竞业限制的期限根据员工涉及的技术秘密的密级、所处保密岗位或者受到的特殊训练等情况而定，一般为2至5年；超过5年的，应当经市科学技术行政部门批准。竞业限制协议中没有约定的，竞业限制的期限为2年。"

❷ 程宗璋在《浅论商业秘密保护中的竞业禁止协议》、方龙华在《商业秘密竞业禁止若干问题研讨》中都持此种观点。

❸ 张玉瑞,1999.商业秘密法学[M].北京:中国法制出版社:435.

第3章 商业秘密与雇员知识技能冲突解决的理论基础

第三，竞业禁止范围应当合理。竞业禁止范围主要分为地域范围和业务范围。对于竞业禁止的地域范围，有学者认为，竞业禁止的地域范围以雇主经营所覆盖消费群体的地域范围为限，超出此范围限制离职雇员自由择业的竞业禁止协议无效❶。也有学者指出，竞业禁止的地域范围以雇主经营所覆盖消费群体的地域范围为基础，并根据离职雇员所从事的职业或者经营的业务是否会对原雇主的营业造成危险来确定竞业禁止的地域范围❷。还有观点认为，竞业禁止的地域范围应当以是否给离职雇员生活上造成极度困难为限来确定❸。笔者认为，竞业禁止的地域范围应当以雇员离职之时雇主营业所影响到的地域范围为限，且此地域范围不能对离职雇员的未来发展造成障碍，否则，竞业禁止协议就会因地域范围不合理而无效。对于竞业禁止的业务范围，较为普遍的观点认为，离职雇员不得从事与原雇主业务相同或者相类似的经营活动，也有观点认为，离职雇员不得从事与原雇主有竞争关系的业务或者工作。笔者认为，竞业禁止的业务范围如何确定，主要应当从竞业禁止协议签订之目的来考量，竞业禁止协议的目的是为了防止雇员离职后从事的业务或者工作对原雇主的合法利益造成损害，导致商业秘密流失和竞争优势丧失。由此可见，竞业禁止的业务范围是那些使原雇主竞争优势丧失或者竞争力受到影响，造成其合法利益受损的营业或者工作。具体而言，雇员离职后所应受到限制的业务范围主要考虑以下因素：雇员离职前所从事的工作或者业务；雇佣关系存续期间知悉或者掌握商业秘密情况；雇员离职后所从事的工作或者业务与原雇主是否存在竞争关系。

---

❶ 谢铭洋,古清华,丁中原,等,1996.营业秘密法解读[M].台北:月旦出版社股份有限公司:94.
❷ 徐玉玲,1993.营业秘密的保护[M].台北:三民书店:149.
❸ 例如,德国《商法典》第74条第1款规定,竞业禁止之约定有可能对商业辅助人日后发展构成不适当妨碍者,则竞业禁止之约定不具有拘束力;瑞士《债法》第340条之一规定,对竞业禁止之地域、期间及营业种类,应有合理限制,以免导致竞业禁止之约定不正当妨碍受雇人之生计。参见:戴永盛,2005.商业秘密法比较研究[M].上海:华东师范大学出版社:131.

3.补偿金是否公平合理

根据权利义务平衡的基本原则,雇主通过竞业禁止协议对离职雇员的劳动权、自由择业权进行一定的限制,应当对此限制造成离职雇员的经济损失进行补偿。倘若不支付或者支付过低,竞业禁止协议无效。因此,补偿金是否公平合理直接关系到竞业禁止协议的效力。具体如下:

第一,从立法上应当对补偿金的下限作出明确的规定。我国《劳动合同法》第23条❶对补偿金作出了明确规定,然而,对于补偿金的支付标准,法律并未作出明确规定。我国仅有地方性法律对补偿金标准作出了规定,例如,《深圳经济特区企业技术秘密保护条例》规定补偿金不少于雇员离职前一年报酬总额的2/3;《珠海市企业技术秘密保护条例》规定补偿金为雇员离职前一年报酬总额的1/2;《江苏省劳动合同条例》规定补偿金为雇员离职前一年报酬总额的1/3。在国外,有些国家对补偿金的标准作出了明确规定,例如,德国《商法典》第74条规定,竞业禁止期间,雇主每年必须支付不少于雇员离职前一年收入的1/2。美国和英国立法和司法判例上也持此观点❷。从国外和我国一些地方性法规来看,均对补偿金下限作出了规定,笔者认为,最低不能低于离职雇员前一年收入的1/2,且雇佣双方还应当考虑商业秘密的重要性、离职雇员的知识能力水平、竞业对离职雇员的影响程度等因素。对于知悉企业重要商业秘密的雇员或者具有经济效益较好的企业,甚至可以支付给离职雇员前一年收入全额的补偿金,以更好地维护自己的商业秘密不被泄露。

第二,雇主应当及时向前雇员支付补偿金。在司法实践中,有些企业在雇员离职后并未及时向其支付补偿金,甚至雇佣双方并没有就补偿金问题进行约定。雇主通常以离职雇员违反竞业禁止义务,企业有权拒付补偿

---

❶ 参见《劳动合同法》第23条:"用人单位与劳动者可以在劳动合同中约定保守用人单位的商业秘密和与知识产权相关的保密事项。对负有保密义务的劳动者,用人单位可以在劳动合同或者保密协议中与劳动者约定竞业限制条款,并约定在解除或者终止劳动合同后,在竞业限制期限内按月给予劳动者经济补偿。劳动者违反竞业限制约定的,应当按照约定向用人单位支付违约金。"

❷ 徐玉玲,1993.营业秘密的保护[M].台北:三民书店:149.

金为由，拖延补偿金的支付。笔者认为，从弥补竞业禁止协议给予前雇员带来的经济损失的角度来看，除双方有明确约定以外，雇主支付补偿金均为先履行义务，在雇主未履行先履行义务的情况下，竞业禁止协议无效，竞业限制条款对前雇员不产生效力。这既是对雇员经济损失的一种补偿，保障其生存权，也能实现雇主与雇员之间的利益平衡。

第三，不得以奖金、配股、分红等形式替代支付竞业补偿金。有些企业以给予离职雇员奖金、配股、分红等形式，替代该由其支付给雇员的竞业补偿金，或者竞业禁止协议中约定"工作期间的工资中已包含了竞业补偿金"等条款，不再给雇员支付竞业补偿金。这种做法是错误的。以给予雇员配股为例，股票所得的收益具有一定的风险性，不能将此种行为视为给予雇员竞业补偿金。笔者认为，竞业补偿金应当明确在协议中加以约定并予以实际支付，雇员能够对补偿金的数额产生确实的预期❶。否则，约定不明，双方就补偿金问题产生争议时，一般认定雇主未尽支付补偿金义务，竞业禁止协议不产生效力。

3.2.3.2 离职原因对竞业禁止协议效力的影响

雇员离职的原因有多种多样，有些情况下竞业禁止协议不因雇员离职而无效，例如，雇佣合同约定的期限届满而离职、雇佣合同约定的期限未届满经双方合意提前终止合同而离职，竞业禁止协议的效力不受任何影响，雇佣双方应当按照竞业禁止协议的约定履行各自应尽的义务。但是，因一方的原因导致雇佣关系终止，雇员因此而离职的，竞业禁止协议的效力，我国可以借鉴德国《商法典》和瑞士《债务法》的做法，具体作出如下规定：

第一，雇员因雇主违约行为而终止雇佣关系的，或者雇员的离职是由于雇主方面的原因引起的，例如雇主的行为明显对雇员不利，竞业禁止协议对雇员没有约束力。

---

❶ 孔祥俊,2012.商业秘密司法保护实务[M].北京:中国法制出版社:247.

第二，雇主提前终止雇佣关系的，竞业禁止协议无效❶。但是，雇主提前终止雇佣关系时表示，其在竞业禁止期限内愿意支付全额薪金的，竞业禁止协议有效。瑞士《债务法》在规定雇主终止雇佣关系而引起竞业禁止协议无效问题上还附加了一个条件，即雇主不予说明正当理由的，才会引起竞业禁止协议无效。笔者对此并不认同，即便雇主说明了正当理由，毕竟雇员的离职是因雇主的行为所引起，雇主应当承担其行为的不利后果方显公平。

第三，雇主因雇员违约行为或者其他重大过失或者故意行为而终止雇佣关系，竞业禁止协议有效，且雇员离职后雇主无须向其支付竞业禁止补偿金，离职雇员也无权请求支付竞业禁止补偿金。但是，竞业禁止协议继续生效可能对离职雇员生活极为不利，则由法院评估其后果再作出竞业禁止协议是否有效的判定。戴永盛教授在《商业秘密法比较研究》一书中认为，因雇员违约或者其他重大故意或者过失行为，雇主终止雇佣关系的，必须向雇员支付全额薪金的，竞业禁止协议才能继续有效❷。笔者对此并不苟同，这是因为雇员无须对其违约或者故意和过失行为承担责任，相反雇佣关系终止后还可以得到全额薪金，显然对雇主方有失公平。

3.2.3.3 竞业禁止条款部分无效对整体效力的影响

当竞业禁止协议中出现部分竞业禁止无效时，是认定竞业禁止协议整体无效，还是作出部分条款无效的认定呢？这是值得注意的问题。美国司法实务和判例中主要存在三种处置方式：（1）全有或者全无原则（all or nothing approach）即禁止协议的"全部"条款都被认定是合理的，法院才认可竞业禁止协议的效力，任何一部分被判定为不合理，都意味着竞业禁

---

❶ 我国地方性法规也有类似规定，如《深圳经济特区企业技术秘密保护条例》第19条第3款规定，企业违反劳动合同，提前解雇员工的，竞业限制协议自行终止。但是因为此类规定在我国不具有普遍性，因此笔者认为应当在地方性法规的基础上，借鉴德国和瑞士的做法，将其上升为全国各地普遍适用的标准显得尤为必要。

❷ 戴永盛,2005.商业秘密法比较研究[M].上海：华东师范大学出版社:133.

止协议的"全部"条款无效。(2)蓝铅笔原则(blue pencil rule),即当竞业禁止协议的"合理"与"不合理"条款能够被法院区分开来时,美国有些州法院采用蓝铅笔原则,承认"合理"条款的效力,"不合理"条款当然无效,犹如蓝铅笔将竞业禁止协议的效力一分为二。当然,这一原则的适用是建立在竞业禁止协议的"合理"与"不合理"条款可以区分的情况下,若它们无法分割,法院只能判定竞业禁止协议整体无效。(3)合理化原则(rule of reasonableness),即当一份竞业禁止协议被判定为部分不合理或者全部不合理,法院可以在其认为协议"合理"限度内赋予其执行效力❶。

笔者认为,竞业禁止条款部分无效对整体效力的影响主要从无效条款的内容方面考虑。第一,竞业禁止协议未约定竞业禁止补偿金,或者企业无法证明其商业秘密的存在,或者雇员工作期间无法接触到企业商业秘密的,出现竞业禁止条款部分无效情形的,应当认定整个竞业禁止协议无效。因为上述内容属于竞业禁止协议的核心条款,缺乏这些内容,竞业禁止协议丧失了存在的法律基础,应当认定无效。第二,竞业禁止协议约定的期限和范围不合理的,法院可以在认清事实的情况下,划定出合理的期限和范围,竞业禁止协议在合理的期限和范围内承认其效力。例如,竞业禁止协议中约定的竞业禁止期限为2年,雇员离职1年后即从事与雇主具有竞争关系的工作。法院审查过程中基于该企业商业秘密特性和雇员岗位的性质等考虑,竞业禁止期限为1年较为合理,从而认定雇员离职1年后从事的工作合理,其行为不构成违约。再如,雇员入职某酒店企业时与该企业签订竞业禁止协议约定"雇员离职后不得从事本企业目前经营的酒店行业,也不得从事本企业将来涉足的房地产行业",就存在此协议约定的范围过宽,不能认定其全部效力。如果雇员离职后在竞业禁止期限内从事酒店行业,则构成违约,但是该雇员离职后从事房地产行业,则不构成违约。

---

❶ 孙月蓉,2007.中外竞业禁止制度之比较[J].太原师范学院学报(5):56-58.

3.3 不可避免披露规则是利益平衡的另一手段

3.3.1 不可避免披露规则的概念

不可避免披露规则（Inevitable Disclosure Theory），是指法院根据原雇主申请，禁止掌握原企业商业秘密的雇员离职后为原雇主的竞争对手工作或者提供服务。不可避免披露规则，是一种事前救济方式，通过提起事前救济申请，有效防止原雇主损失的发生或者扩大。

有学者认为，不可避免披露规则是竞业禁止制度的组成部分。笔者认为此观点值得商榷。这是因为竞业禁止制度的核心是雇佣双方签订竞业禁止协议，但是不可避免披露规则并不以竞业禁止协议的存在为前提。美国司法实践对不可避免披露规则的认识，由起初的以签订竞业禁止协议为前提，转变为无竞业禁止协议同样可以适用不可避免披露规则。例如，1992年明尼苏达州地方法院在 International Business Machines v.Seagate Technology 一案[1]中以雇佣双方没有签订竞业禁止协议驳回原告申请禁令的请求，1995年伊利诺伊州法院在 Pepsi Co, Inc. v. Redmond 案中，在雇佣双方没有签订竞业禁止协议的情形下，仍适用了不可避免披露规则。因此，竞业禁止协议不是适用不可避免披露规则的必备条件。

由于不可避免披露规则渊源于美国，下文将对此规则在美国的适用进行详细论证，以为我国立法和司法提供有益借鉴。

3.3.2 不可避免披露规则在美国的适用

3.3.2.1 不可避免披露规则的发展

不可避免披露规则源于1919年美国纽约州法院审理的 Eastman Kodak

---

[1] International Business Machines v.Seagate Technology.962 F.2d 12；1992 U.S.App.LEXIS 19849.

第3章　商业秘密与雇员知识技能冲突解决的理论基础

Co. v. Harry A. Warren案❶，该案被告 Warren 系原告 Kodak 公司的员工，辞职后前往与 Kodak 公司具有竞争关系的 Power Film 公司。被告在原告单位工作期间，与原告签订有保密协议和竞业限制协议，被告在原告工作过程中不可避免地接触和掌握原告的商业秘密，遂原告向法院申请禁止令，禁止被告为 Power Film 公司提供服务。法院审理认为，被告掌握了原告大量的商业秘密，其离职到竞争对手公司就职不可避免地披露原告的商业秘密，给原告带来不可估量的损失。因此，法院颁布禁止令禁止被告为 Power Film 公司提供服务。

Eastman Kodak Co. v. Warren 一案判决以后，不可避免披露规则并未被广泛地适用于司法实践之中，直到1964年 E. I. Dupont De Nemours & Co. v. Am. Potash & Chem. Corp. and Donald E. Hirsch 一案❷，法院判决书中才出现"不可避免披露"一词。该案原告杜邦公司是一家化工公司，其独家研发出利用特殊的氯化工艺制作 TiO（氧化钛）的先进技术，该技术并未被美国其他化工企业所掌握。1962年，与杜邦公司有竞争关系的 Potash（波塔什）公司为了研发与杜邦公司相同的技术而招聘技术人员，被告 Hirsch（赫希）从原告杜邦公司辞职，应聘 Potash 公司的技术人员。原告杜邦公司得知被告 Hirsch 即将为其竞争对手服务后，遂向法院申请禁止令。法院审理认为，原告应当提供其商业秘密遭受披露的损害威胁（an imminence of harm）的证据，原告提供了被告在其工作期间从事工作岗位、接触到商业秘密的机会等证据，法院认定被告潜在披露的威胁（a threat of disclosure implicit），最后颁布禁令禁止被告 Hirsch 在 Potash 公司从事技术研发工作。

1995年 Pepsi Co., Inc. v. Redmond 案❸，标志着不可避免披露规则被美国各州法院认可并广泛适用。此案被告 Redmond 是原告 Pepsi Co. 公司的员

---

❶ Eastman Kodak Co.v.Warren,108 Misc.680；178 N.Y.S.14；1919 N.Y. Misc. LEXIS 1121.

❷ E.I.Dupont De Nemours & Co.v.Am.Potash & Chem.Corp.and Donald E.Hirsch,41 Del.Ch.533；200 A.2d 428；1964 Del.Ch.LEXIS 61；141 U.S.P.Q.(BNA)447.

❸ Pepsico,Inc.,v.William E.Redmond,Jr.,et al.,1995 U.S.Dist.Lexis 19437.

工,其离职后前往原告竞争对手Quaker公司就职,原告向法院申请禁止令。法院审理认为,Redmond在原告Pepsi Co.公司工作期间接触原告商业秘密的程度较高,且前后两份工作的职责相同,尽管双方没有签订竞业禁止协议,为防止商业秘密遭受披露的潜在威胁,法院支持原告Pepsi Co.的禁止令请求,颁布禁令禁止被告从事任何与原告有竞争关系企业的、与在原告工作期间职责相同的工作。该案对确立不可避免披露规则具有里程碑意义:其一,扩大了不可避免披露规则的适用范围。Pepsi Co., Inc. v. Redmond案之前,不可避免披露规则适用局限于技术信息,本案将经营信息纳入规则适用的范围。其二,确立了不可避免披露规则的适用标准。法院在审理此案时指出,不可避免披露规则的适用标准是:(1)有商业秘密的存在;(2)雇员存在知悉商业秘密的事实;(3)雇员新旧工作性质相同或者类似性程度;(4)雇员主观上是否存有恶意❶。随后,美国法院适用不可避免披露规则的案例逐渐增多,究其原因主要有二:其一,随着科技发展,传统的竞业限制方式已经起不到应有的作用,不可避免披露规则为商业秘密的保护提供了新的手段;其二,美国《统一商业秘密法》已被大多数州所参考或者采用,这使各州商业秘密法趋向一致,《统一商业秘密法》中的"披露潜在威胁"的规定为不可避免披露规则的适用提供了依据。

3.3.2.2 不可避免披露规则适用的争议

尽管不可避免披露规则在美国得到了广泛的适用,但是,各州法院对规则的适用仍然存有较大争议。主要存在三种不同的态度:

第一,支持不可避免披露规则适用的州认为:商业秘密权利人发现商业秘密有被雇员披露的可能(即潜在威胁),主动向法院申请禁令禁止雇员从事与其有竞争关系企业的相同或者类似工作,从而避免或者减少商业秘密被披露的风险。同时,不可避免披露规则的适用,还有利于鼓励和促

---

❶ Jonathan O,2000.The doctrine of inevitable disclosure:a proposal to balance employer and employee interests[J].78 Wash.U.L.Q.325.

第3章 商业秘密与雇员知识技能冲突解决的理论基础

进技术创新、维护公平竞争的市场秩序。支持不可避免披露规则适用的法院还对规则的适用条件作出了明确的要求，大多数法院要求：前雇员知悉商业秘密；雇员离职前后两份工作高度相似，在后一份工作中不得不披露原雇主的商业秘密。有些法院在此要求的基础上还提出了其他要求，例如，明尼苏达州法院认为，除了具备上述要求外，还要求原雇主证明其商业秘密存在潜在的威胁❶。康涅狄格州法院则认为，即便原雇员正直诚实，不存有主观上披露商业秘密的恶意，但是原雇主只要证明前雇员有可能向他人披露商业秘密的可能，即可向法院申请禁止令❷。

第二，反对不可避免披露规则适用的州认为，该规则的适用对于商业秘密权利人无疑是有利的，但是忽视了对雇员劳动权的保护。每个人都可以根据自己的意愿选择职业，虽然雇员离职时不得带走雇主的商业秘密，但是雇员有权使用自己掌握的知识技能，不可避免披露规则的适用，无疑剥夺了雇员劳动的权利。例如，马里兰州、加利福尼亚州、佛罗里达州等，都对不可避免披露规则持否定的态度，法院审理商业秘密案件亦拒绝适用此规则。例如，2002年加利福尼亚州上诉法院审理的 Whyte. v. Schlage Lock Co.案❸，原告 Schlage Lock Co.是一家制锁公司，上诉中提出本案的事实与 Pepsi Co., Inc. v. Redmond 案相似，要求上诉法院适用不可避免披露规则。上诉法院审查认为，不可避免披露规则形同"事后的竞业禁止协议"，严重地限制了雇员的自由流动，违背了加州法律和政策的规定，故法院驳回了适用不可避免披露规则的申请。又如，2004年马里兰州上诉法院审理的 Lejeune. v. Coin Acceptors, Inc.案❹，原告 Coin Acceptors, Inc.是一家硬币兑换机生产商，被告 Lejeune 是原告公司的产品代理人，2003年被告离职后与原告竞争对手 Mars 公司签订了雇佣合同。离职前，被

---

❶ International Business Machinesv.Seagate Technology.962 F.2d 12;1992 U.S. App. LEXIS 19849.

❷ Aetna Retirement Services,Inc.et al.v.Mark A.Hug et al.1997 Conn.Super.LEXIS 1781.

❸ Whyte v.Schlage Lock Co.,125 Cal.Rptr.2d 277(Court of Appeal of Cal.,2002).

❹ William Lejeunev.Coin Acceptors,Inc.,381 Md.288;849 A.2d 451;2004 Md.LEXIS 251;21 I.E.R.Cas.(BNA)385.

告复制了原告公司计算机中大量的秘密信息。原告发现此窃取商业秘密行为后，向地方法院提起诉讼，一审法院审理认为，依据不可避免泄露规则对被告窃取商业秘密的行为下达了禁止令。被告不服，向马里兰州上诉法院提出上诉，上诉法院一方面肯定一审法院的判决，另一方面指出不可避免披露规则适用不当。法院指出，在 Lejeune 与 Coin Acceptors 公司没有签订竞业禁止协议和保密协议的情形下，如果适用不可避免披露规则，可能造成法院仅依据雇员接触过商业秘密，即可对雇员提出的禁令予以支持。这势必会对雇员择业造成不公平。因此，马里兰州上诉法院认为不可避免披露规则不能作为原告申请禁令救济的依据。

第三，不可避免披露规则有条件的适用。此种观点认为，适用不可避免披露规则时应当维护各方的利益平衡，对雇佣双方造成不良影响的原因应当归结于没有正确地适用不可避免泄露规则，而不是该规则本身的问题。法院应综合考虑相关因素，作出是否适用不可避免披露规则：其一，有充分的证据证明雇主商业秘密的披露将不可避免时方可适用此规则；其二，商业秘密对于原雇主的重要程度、披露商业秘密给原雇主带来的损害程度、前雇员是否存在欺诈行为等，也是适用不可避免披露规则适用必须考虑的重要因素。通过权衡上述因素，平衡雇佣双方的利益。例如，纽约州地方法院审理的 Lumex Inc. v. Highsmith 案[1]，尽管法院认为被告 Highsmith 为人正直、忠诚，但是其加入原告 Lumex Inc. 竞争对手处，为原告竞争对手服务，不可避免地披露其所知悉原告单位的商业秘密，因此法院仍适用了不可避免披露规则。International Paper Co. v. Suwyn 一案[2]中，法院认为适用不可避免披露规则时，除了考虑适用的"通用标准"[3]外，还应

---

[1] Lumex,Inc.v.Highsmith.919 F.Supp.624,627(E.D.N.Y.1996).

[2] International Paper Co.v.Suwyn.996 F.Supp.246(E.D.N.Y.1997).

[3] "通用标准"，是指 Pepsi Co, Inc.v.Redmond 案所确立的适用标准：(1)有商业秘密的存在；(2)雇员存在知悉商业秘密的事实；(3)雇员新旧工作性质相同或者类似性程度；(4)雇员主观上是否存有恶意。参见：Jonathan O,2000.The doctrine of inevitable disclosure: a proposal to balance employer and employee interests[J].78 Wash.U.L.Q.325.

当将"不可弥补的损害"(irreparable harm)作为不可避免披露规则适用的必备条件。又如,Bimbo. v. Botticella 一案,被告 Botticella 是原告 Bimbo 公司(美国四大烘焙公司之一)加州分公司的副总裁,知悉原告公司的配方、工艺参数等重要商业秘密。2009 年 9 月,被告 Botticella 接到原告竞争对手 Interstate Brands 公司的邀请,2010 年 1 月被告辞职并加入 Interstate Brands 公司,原告遂向法院申请禁止令。法院认为,被告 Botticella 从接到原告竞争对手邀请到辞职期间,仍参与原告单位多次重要会议,知悉原告诸多重要的商业秘密,这是一种"刻意欺骗"(illintended deceit),被告加入原告竞争对手处,将不可避免披露原告公司的商业秘密。因此,法院核准了原告的禁止令,禁止被告为原告竞争提供服务或者工作。

笔者认为,第三种观点较为合理,此种观点贯彻了利益平衡理论的思想。这是因为:它一方面保障了企业投入大量人力、财力和时间研发的商业秘密不因雇员离职而遭受披露,另一方面考虑到对雇员自由流动和自主择业权益的充分保障。因此,"不可避免披露规则有条件的适用"的观点更为切合实际。

3.3.3 美国"不可避免披露规则"对我国的启示

3.3.3.1 对拒绝适用不可避免披露规则的批判

不可避免披露规则的适用在美国司法实践中遭受到不少学界和实务界人士的质疑和批评:(1)有观点认为,不可避免披露规则的适用在不同程度上侵害了雇员的自由流动权[1]。笔者对此并不认同,任何一种规则若运用的恰当,都将会促进冲突问题的彻底解决,运用是否得当都会产生负面影响。不可避免披露规则亦如此,有必须制定科学的适用标准,有效地平衡商业秘密与雇员知识技能的冲突。(2)有学者认为,美国不可避免披露规则由 1995 年 Pepsi co., Inc. v. William E. Redmond 案所确立,然而,随后

---

[1] 聂鑫,2016.商业秘密不可避免披露原则的制度发展与移植设想[J].知识产权(9):66-71.

的 Whyte. v. Schlage Lock Co. 案和 Le Jeune v. Coin Acceptors, Inc.❶案等判例否定了不可避免披露规则的适用，并重申雇员自由流动的原则。由此得出，美国商业秘密保护的司法实践中，支持雇员自由流动，限制适用不可避免披露规则，成为一个基本倾向❷。笔者认为此观点值得商榷，这是因为：①在美国，不可避免披露规则适用由原来标准较宽松转变为较严谨，由对商业秘密的过度保护转变为商业秘密与雇员自由流动的同等保护，这充分体现了利益平衡理论的基本理念，也是使得此类诉讼没有大幅度增长的真正原因❸；②任何一种法律制度从诞生到成熟都是一个不断认识、提高的过程，不可避免披露规则也是如此，不可避免披露规则适用由原来得到广泛的使用到后来使用范围逐步缩小，也是一个不断成熟、完善的过程。

有人指出，不可避免泄露规则是美国特有的商业秘密法律规则，其他国家都不存在对此规则的应用❹。笔者对此种说法并不认同，不可避免披露规则移植到我国是可行的。这是因为：第一，不可避免披露规则符合我国《侵权责任法》第21条❺关于预防性侵权责任的规定，这为此规则移植到我国预设了立法空间。第二，《中华人民共和国著作权法》（以下简称《著作权法》）《中华人民共和国专利法》（以下简称《专利法》）《中华人民共和国商标法》（以下简称《商标法》）已经确立了类似于不可避免泄露规则的原则。例如，我国《著作权法》《专利法》《商标法》等知识产权

---

❶ Le Jeune v.Coin Acceptors, Inc., 381Md.288(Md.2004).

❷ 李明德,2014.美国知识产权法[M].北京:法律出版社:210.

❸ PAUL GOLDSTEIN, 2008.Copy, trademark and related state doctrines[M].Foundation Press:117-118.

❹ SONYA P, 2012.Compensated injunctions: a more equitable solution to the problem of inevitable disclosure[J].Berkeley technology law journal: annual review of law and technology(27):927-940.参见:阮开欣.美国商业秘密法中不可避免泄露规则的新发展及其解读[J].伯克利技术法杂志2013(4):51-56。

❺ 参见:《侵权责任法》第21条:"侵权行为危及他人人身、财产安全的，被侵权人可以请求侵权人承担停止侵害、排除妨碍、消除危险等侵权责任。"

法律法规都有诉前禁令和财产保全的规定❶。这一制度设置的目的与美国法院实行的不可避免泄露规则从根本上来说是一致性的，只是在我国商业秘密立法领域尚未作出明确规定而已，这不代表商业秘密案件不能适用诉前禁令和财产保全。商业秘密作为知识产权的重要组成部分，其他形态的知识产权适用的制度，商业秘密领域也可以借鉴。第三，我国《民事诉讼法》第九章有关于诉前保全制度的条款❷，法院可以根据商业秘密案件的具体情况作出是否适用诉前保全的措施。

不可避免披露规则的适用，可以促使雇主事先防范雇员因离职造成的商业秘密泄露，这既解决我国当前商业秘密保护滞后的问题，将商业秘密侵权行为扼杀于摇篮，使其无所遁形，也可以从理论上解决商业秘密保护与雇员知识技能运用之间的冲突。因此，此规则有引入我国立法和司法实践之必要。

3.3.3.2 不可避免披露规则的适用条件

不可避免披露规则在我国适用是可行的，但是，此规则并不是可以随意适用的。我们适用不可避免披露规则时应当进行充分的利益权衡，防止此规则的适用对离职雇员的合法权益造成以下不利影响：（1）限制雇员自由运用知识技能自主择业，阻碍离职雇员自由流动；（2）阻碍技术信息的传播，

---

❶ 2000年8月25日修订并于2001年7月1日起施行的中国《专利法》第61条在中国首次建立了诉前禁令制度，同时进一步明确了专利案件的诉前财产保全制度。2001年10月27日修订并于同年12月1日起施行的《商标法》和2001年10月27日修订并于同日起施行的《著作权法》重述了《专利法》第61条规定的诉前禁令和诉前财产保全制度（《商标法》第57条、《著作权法》第49条），同时首次在中国明确建立了诉前证据保全制度（《商标法》第58条、《著作权法》第50条），2001年10月1日起施行的《集成电路布图设计保护条例》规定了诉前禁令与诉前财产保全制度。

❷《民事诉讼法》第100条："人民法院对于可能因当事人一方的行为或者其他原因，使判决难以执行或者造成当事人其他损害的案件，根据对方当事人的申请，可以裁定对其财产进行保全、责令其作出一定行为或者禁止其作出一定行为；……"第一百零一条："利害关系人因情况紧急，不立即申请保全将会使其合法权益受到难以弥补的损害的，可以在提起诉讼或者申请仲裁前向被保全财产所在地、被申请人住所地或者对案件有管辖权的人民法院申请采取保全措施。申请人应当提供担保，不提供担保的，裁定驳回申请。……"

减损了整个社会技术开发能力，影响到社会技术水平的提高；（3）过于偏向对雇主利益的保护，使得雇佣双方没有签订保密协议的情况下，仍然可以申请禁令救济❶。因此，确立适用不可避免披露规则的标准，防止不可避免披露规则的滥用，就显得尤为重要。我们主要从以下四个方面考量是否适用此规则：

第一，雇员对商业秘密的熟悉程度和价值认知程度。知晓雇主商业秘密是雇员泄露商业秘密的首要前提，这就要求雇主证明商业秘密的存在、雇员所从事的工作接触商业秘密的机会和商业秘密存在的重大经济价值或者对于雇主的重要程度。

第二，雇员新旧职位的相似性。如果有接触商业秘密机会的雇员从事的新工作与在雇主单位从事的工作相同或者具有高度的相似性，这就造成了离职雇员工作过程中将不可避免地披露原雇主的商业秘密，适用不可避免披露规则尤为必要。

第三，离职雇员所使用的信息和技术与雇主商业秘密存在实质的"功能"和"效果"上的相似性。如果离职雇员曾经在雇主单位接触过商业秘密，其离职后使用的信息和技术将会产生与雇主商业秘密相同或者相似的"功能"或"效果"，此类信息和技术即有侵犯雇主商业秘密的嫌疑，这是适用不可避免披露规则应当考虑的重要因素之一。

第四，新旧单位之间是否存在竞争关系。商业秘密的"价值"核心是其给持有人带来竞争优势或者比较优势，如果新旧单位之间不存在竞争关系，就没有适用不可避免披露规则的必要；如果新旧单位之间存在竞争关系，离职雇员服务于新单位将造成前单位竞争优势的丧失，那么就有适用不可避免披露规则的可能。因此，在适用不可避免披露规则时，原雇主应当证明前雇员所服务的新单位与自己存在竞争关系。

---

❶ 黄武双,2007.美国商业秘密保护法的不可避免泄露规则及对我国的启示[J].法学(8):144-152.

第3章 商业秘密与雇员知识技能冲突解决的理论基础

为了更加合理地适用不可避免披露规则，我们还应当考虑以下因素：适用不可避免披露规则给离职雇员合法利益造成的损失；不适用不可避免披露规则给雇主合法利益造成的损失；离职雇员的主观意图❶；披露商业秘密是否会给原雇主带来不可弥补的损失；对公共利益的损害，等等。

有些学者将签订保密协议作为适用不可避免披露规则的前提条件❷。笔者对此观点并不认同。保密协议不是援引不可避免披露规则的硬性要求，只能作为适用不可避免披露规则应当考虑的因素。例如，宾州最高法院在审理Pressed Steel Car Co. v. Standard Steel Car Co.案❸时指出，一扇没有上锁的门，不是邀请过路人或者雇员的请柬（……an unlocked door is not an invitation to the passer-by or to the servant of the household to……）。该案法官认为，不论雇佣关系双方当事人是否签订书面保密协议，只要雇员知悉雇主所保密的信息是商业秘密，就负有保密义务。又如，Double Click Inc. v. Henderson案❹雇佣双方在没有签订书面保密协议的情况下，法院适用不可避免披露规则颁布了初步禁令。

3.4　成本收益分析在冲突解决中的运用

商业秘密保护的核心问题是如何在信息的最优创造和最优利用之间实现最优权衡。一方面通过赋予信息以产权激励信息供给，另一方面又要对

---

❶ 离职雇员的行为表现出恶意欺诈、私下交易等非诚信意图，则会增加离职雇员到新雇主处任职披露原雇主商业秘密的可能性。主观意图在适用不可避免披露规则过程中并非决定性因素，但是应当考虑。参见：彭学龙，2004.不可避免披露原则再论：美国法对商业秘密潜在侵占的救济[J].知识产权(5):37。

❷ RANDALL E KAHNKE, KERRY L BUNDY, KENNETH A.Liebman, doctrine of inevitable disclosure[M].Faegre & Benson LLP,2008:11；黄武双教授在《美国商业秘密保护法的不可避免泄露规则及对我国的启示》中也指出："从禁令措施的激烈性角度考虑，美国各法院仍应要求以签订保密协议为前提。"据笔者查阅的一些美国案例，有将保密协议作为适用不可避免泄露规则考虑的因素之一，但不是必备要素。参见：黄武双，2007.美国商业秘密保护法的不可避免泄露规则及对我国的启示[J].法学(8):144-152。

❸ Pressed Steel Car Co.v.Standard Steel Car Co.210 Pa.464;60 A.4;1904 Pa.LEXIS 908.

❹ Double Click Inc.v.Henderson,902 F.2d 34;1990 U.S.App.LEXIS 7218.

其进行各种限制，防止出现信息非最优利用而损害离职雇员的合法权益。因此，商业秘密保护与雇员知识技能运用之间应当构建一个平衡机制。雇员知识技能的运用能够有效地降低人力资源成本，使整个资本市场的资源得到合理配置。但是离职雇员自由流动也需要支付一定的成本，竞争对手一旦得到公司商业秘密，例如重大的投资计划、重要客户名单等，往往会造成原公司的销售收入下降、市场份额流失等后果，公司在市场上将失去竞争优势，甚至导致公司破产。因此，我们应当利用成本收益的方法来对这两者进行利益平衡。

3.4.1 雇员知识技能运用的成本收益分析

假设雇员知识技能运用的成本为Y，雇员知识技能运用的收益为Z：

雇员知识技能运用的成本（Y）包括直接成本Y1和间接成本Y2，其中：

直接成本Y1：雇员知识技能运用直接支付的成本（包括雇主为其工作支付的工资、"五险一金"等）。

间接成本Y2：主要是因雇员离职而引起原雇佣单位、管理机构、离职雇员、中介机构、现雇佣单位等所引发的成本，见表3-1。

表3-1 雇员知识技能运用的间接成本分析

引发成本的对象	成本组成
原雇佣单位	Y201：因雇员辞职而造成原单位收益减少的收益
	Y202：雇员职业技能培训所支出的费用
	Y203：因雇员离职而使原单位的竞争对手获得高于其以前正常收益的那一部分收益
	Y204：因离职雇员可能造成商业秘密泄露所引起的损失
管理机构	Y205：人力资源部门的监管成本
离职雇员	Y206：寻找更合适的职位所需支付的成本
	Y207：侵犯原单位商业秘密所付出的代价（罚款、警告、禁令、刑罚等）
现雇佣单位	Y208：招聘雇员过程中所支出的费用
	Y209：对招聘的雇员进行技能培训所支出的费用

续表

引发成本的对象	成本组成
	Y210：为招聘的人员配备必要的研发设施、办公经费等支出
	Y211：侵犯原单位商业秘密所付出的代价（罚款、警告、禁令，等等）
中介机构等	Y212：人才中介机构为人才流动运营所支出的成本
	Y213：对诚实守信方所造成的"劣币驱逐良币"效应等等（假设存在不守市场规则方情况下所产生的成本）

上表可以看出，离职雇员知识技能运用所应支付的稳定成本为 $C1=Y201+Y202+Y203+Y205+Y206+Y208+Y209+Y210+Y212$，假设雇员和现雇主因不诚信等原因被社会公众察觉和管理机构查处的概率为 ω，雇员和现雇主因不诚信等原因被社会公众察觉和管理机构查处的成本 $C2=Y204+Y207+Y211+Y213$，信息披露的间接总成本 $Y2=C1+(C2\times\omega)$。

离职雇员知识技能运用的收益 Z 主要有：

$Z1$：降低了人力资源市场配置的不对称性，引导人才向能发挥其应有作用的企业流动，使资源得到合理配置（市场收益）；

$Z2$：离职雇员因得到自己满意岗位，实现自身所应有的价值（个人收益）；

$Z3$：现用人单位因引进离职雇员所获得的收益（单位收益）。

离职雇员知识技能运用的净收益 $X=(Z1+Z2+Z3)-(Y1+Y2)$。

3.4.2 商业秘密保护的成本收益分析

假设商业秘密保护成本为 A（包括直接成本 A1，间接成本 A2），商业秘密保护收益为 B，那么：

直接成本 A1：为保护商业秘密采取保护措施所支付的直接费用。

间接成本 A2：为保护商业秘密所付出的间接成本（机会成本）。比如，为保护商业秘密而忽略离职雇员自身价值、其为社会创造的价值、人力资源无法合理配置等而引起的成本。

商业秘密保护收益B：商业秘密保护给企业带来经济利益和竞争优势。

从经济学的角度来看，如果原用人单位以商业秘密的形式拥有具有较高市场价值的某种知识或产品信息，那么该公司可能由此拥有在某个领域或者市场的竞争优势，见图3-1。

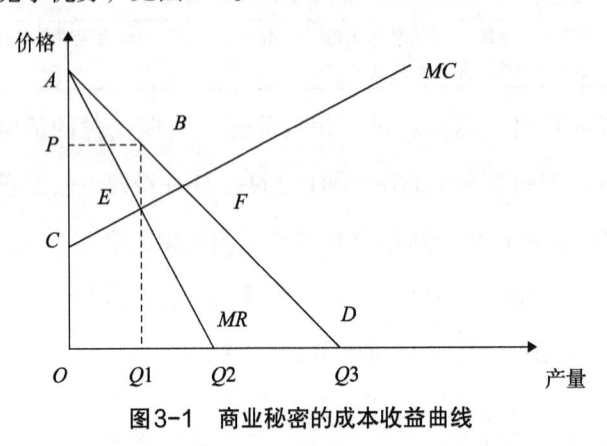

图3-1 商业秘密的成本收益曲线

如图2所示，D为该离职雇员需求曲线，MR为原用人单位占有该商业秘密所取得的边际收益曲线，MC为该原用人单位为保持其商业秘密的边际成本曲线。公司在边际收益等于边际成本的产量水平$Q1$上进行公司的经营活动，均衡点为E，相应的价格为OP。在这种情况下，离职雇员的剩余为PBA，原用人单位剩余为$CEBP$，离职雇员与原用人单位剩余之和为$CEBA$，而由商业秘密引起的福利损失为EFB。从原用人单位的角度而言，$CEBP$比重越大，其收益就越大；对于离职雇员而言，PBA比重越大，其回报收益就越大。雇员收益PBA可以分为因商业秘密保护给其带来的收益α和因商业秘密泄露给其带来的负面收益β。在进行成本收益分析时也要考虑商业秘密保护给社会福利造成损失FEB和因商业秘密泄露带来的负面收益β，如果造成的损失$(PBA+\beta) > (CEBP-\beta)$时，商业秘密就失去了保护的价值。

3.4.3 分析结论

根据上列分析，离职雇员知识技能运用的净收益 X=（Z1+Z2+Z3）-（Y1+Y2），商业秘密保护的净收益 C=B-（A1+A2）。我们将其列为表3-2。

表3-2 成本收益表

	成本	收益	净收益
知识技能运用	Y	Z	Z-Y
商业秘密保护	A	B	B-A

当商业秘密与雇员知识技能发生融合无法划清彼此间的界限时，我们就需要借助利益平衡理论来权衡双方的利益，作出合理的判断。如表3-2所示，如果某一信息为雇员使用所带来的净收益（Z-Y）要大于将其作为商业秘密加以保护所产生的净收益（B-A），则此信息就不宜作为商业秘密进行保护，法院应当允许离职雇员将此信息作为自己的知识技能，在今后的职业中自由使用，实现社会利益和雇员利益的保护，实现信息利用的最大化、最优化；反之，如果某一信息为雇员自由使用所得到的收益要小于商业秘密保护所带来的收益，那么应当认定该信息构成商业秘密，不宜将其作为雇员知识技能的组成部分，否则将会挫伤企业自主创新积极性。

3.4.4 成本收益分析之实证分析

国外司法机关在处理商业秘密与雇员知识技能冲突案例中通常蕴含着成本收益之思想。例如，美国Eu Pont de Nemours & Co. v. Christoper一案[1]，法院认为，通过盗窃、挪用等不正当手段使用雇主商业秘密，不仅使得雇主的自我保护花费大，且对实施侵权行为的雇员和竞争对手来说，也将是负值——真正的资源被消耗在用来盗窃、挪用等行为的那些措施上。商业秘密持有者必须预先采取合理的保密措施防止其秘密被人发现，否则，没

---

[1] Eu Pont de Nemours & Co. v. Christoper, 431 F 2d 1012, 1066 U.S.P.Q.(BNA)421(5th Cir 1970), cert.denied 400 U.S.1024(1971), reh.denied 401.U.S.967(1971).

有人知道此信息是秘密的、非公开信息。本案中，Eu Pont de Nemours & Co.未在生产场所加盖顶棚，这并意味着生产场所的任何技术和经营信息都是公开信息。一份有利于被告Christoper的判决，必将使得原告花费大量的资金用于建设加盖顶棚。同时，被告Christoper为了盗窃、挪用Eu Pont de Nemours & Co.的商业秘密，需要花费大量资源来租用飞机和飞行员。加之，被告Christoper为窃取商业秘密而需承担责任，必然阻却其支出这样大量的费用，同时也会降低原告Eu Pont de Nemours & Co.加盖顶棚所花费的成本，这亦符合成本收益分析法的初衷❶。又如，Kewanee Oil Co. v. Bicron Co.案，法院判决书指出，法律只对于成本最高的揭示秘密的方法予以禁止，以此在商业秘密领域内使这些相互矛盾的想法（即每个信息持有者既想接触其竞争对手的秘密信息，又想保护好自己所拥有的秘密信息）找到了折中方案，这些方法的大部分是成本高昂的，因为它们刺激了防御性策略❷。

在美国，有一项比较著名的研究，对位于马萨诸塞州波士顿市外128号公路沿线企业与位于加利福尼亚州硅谷类似的企业进行比较分析，马州对竞业禁止协议予以强制执行，加州对此协议持否定态度。研究表明，位于加州的硅谷有更多的雇员在企业之间自由流动，毫无疑问他们通常会从原雇主处带走某些商业秘密，与更为有效保护商业秘密机制导致新技术思想更大的内部化（the greater internalization）而言，硅谷雇主并没有使用更严于竞业禁止协议的方法取代该州法律禁止执行的竞业禁止协议，因为知识联合（pooling of knowledge）可能对技术进步的贡献更大❸。因此，硅谷对商业秘密的保护态度融入了成本收益分析的思想。

---

❶ William M.Landes, Richard A.Posner.The economic structure of tort law[M].Cambridge: Harvard University Press, 1987:480-490.See: Eu Pont de Nemours & Co.v.Christoper, 431 F 2d 1012, 1066 U.S.P.Q.(BNA)421(5th Cir 1970), cert.denied 400 U.S.1024(1971), reh.denied 401.U.S.967(1971).

❷ Kewanee Oil Co.v.Bicron Co., 416 U.S.470(1974).

❸ ANNALEE SAXENIAN, 1996.Regional advantage: culture and competition in silicon valley and route 128[M]. Cambridge: Harvard University Press. 参见：兰德斯，波斯纳，2006.知识产权法的经济结构[M].金海军,译.北京：北京大学出版社：463.

3.5 本章小结

商业秘密与雇员知识技能之间出现交叉融合，不是在任何时候都能够很好地划分它们的边界，这就需要运用利益平衡理论加以利益权衡，作出合理的判定。利益平衡理论是解决法律适用冲突的重要方法，不仅仅局限适用于法官审理案件时作出何种价值判断，而且可以广泛地适用于利用法律处理各种利益冲突。它在平衡与协调相关利益冲突、追求平等与正义价值实现、实现和保障社会公共利益、填补法律存在的一些漏洞等方面都发挥着重要作用。从域外立法经验和司法实践来看，利益平衡理论在处理商业秘密与雇员知识技能冲突过程中发挥着越来越重要的作用。运用利益平衡理论划分商业秘密与雇员知识技能界限时，应当遵循禁止权利滥用、符合权利位阶、说理论证、个案利益平衡四个原则。

竞业禁止是利益平衡重要手段。从伦理学、法理学和经济学的视角而言，竞业禁止都具有其存在的理论基础，这也为该制度在商业秘密保护中的运用提供了合法依据。然而，竞业禁止制度不同程度地影响到雇员的劳动权和择业权，造成人才流动方面的障碍。正是因为竞业禁止协议的存在与离职雇员劳动权和择业权、人才流动的社会利益等存在冲突，必须对其加以法律规制，科学地判定竞业禁止协议的效力，实现商业秘密保护和雇员利益保护的统一。竞业禁止协议的生效标准可以从三个方面进行考量：是否以保护雇主合法利益为目的，即雇主是否存在值得保护的商业秘密；竞业禁止协议约定的对象、范围、期限是否正当合理；补偿金是否公平合理。离职原因对竞业禁止协议效力的影响主要从以下三方面考虑：雇员因雇主违约行为而终止雇佣关系的，或者雇员的离职是由于雇主方面的原因引起的，竞业禁止协议对雇员没有约束力；雇主提前终止雇佣关系的，竞业禁止协议无效；雇主因雇员违约行为或者其他重大过失或者故意行为而终止雇佣关系，竞业禁止协议有效，且雇员离职后雇主无须向其支付竞业禁止补偿金，离职雇员也无权请求支付竞业禁止补偿金。竞业禁止条款部分无效对整体效力的影响，美国司法实务和判例中主要存在三种处置方式，即全有或者全无原则（all or nothing approach）、蓝铅笔原则（blue pencil rule）、合理化原则（rule of reasonableness）。笔者认为，竞业禁止条款部分无效对整体效力的影响主要从无效条款的内容方面考虑。其一，竞业禁止协议未约定竞业禁止补偿金，或者企业无法证明其商业秘密的存在，或者雇员工作期间无法接触到企业商业秘密的，出现竞业禁止条款部分无效情形的，应当认定整个竞业禁止协议无效。因为上述内容属于竞业禁止协议的核心条款，缺乏这些内容竞业禁止协议丧失了存在的法律基础，应当认定无效。其二，竞业禁止协议约定的期限和范围不合理的，法院可以在认清事实的情况下，划定处合理的期限和范围，在合理的期限和范围内承认竞业禁止协议的效力。

不可避免披露规则是利益平衡的另一手段。不可避免披露规则源于美国，是一种事前救济方式，通过提起事前救济申请，有效防止原雇主损失的发生或者扩大。此规则在美国得到了广泛的适用，同时在美国各州也存有较大争议。我国有必要借鉴美国不可避免披露规则，并制定严格地适用标准，以规范此规则适用。不可避免披露规则的适用标准主要考虑：雇员对商业秘密的熟悉程度和价值认知程度、原雇员新旧职位的相似性、离职雇员所使用的信息和技术与原雇主商业秘密存在实质的"功能"和"效果"上的相似性、新旧单位之间是否存在竞争关系、适用不可避免披露规则给离职雇员合法利益造成的损失、不适用不可避免披露规则给原雇主合法利益造成的损失、离职雇员的主观意图、披露商业秘密是否会给原雇主带来不可弥补的损失、对公共利益的损害等。竞业禁止协议和保密协议不是适用不可避免披露规则的硬性条件，只能作为适用此规则考虑的因素之一。

第4章 技术秘密与雇员知识技能的边界划分

确定技术秘密与雇员知识技能之间的边界划分标准,是有效处理技术秘密与雇员知识技能冲突的关键所在。我国仅在部门规章、国家政策和司法文件中有所涉及,但是可操作性不强,无法厘清它们之间的界限划分。本章分析了我国和国外在技术秘密与雇员知识技能界限划分上的立法现状,结合国外司法实践中的经典案例,对技术秘密与雇员知识技能司法上的界限划分进行实证分析。本章还对雇员记忆中的秘密信息、消极信息等属性的认定进行深入探讨,归纳总结出其他国家在处理商业秘密与雇员知识技能冲突问题上的有益经验和启示,为我国解决此类冲突提供基本路径。

4.1 技术秘密与雇员知识技能边界立法上的规定

4.1.1 我国立法对技术秘密与雇员知识技能界限划分的规定

商业秘密与雇员知识技能界限划分的立法,主要集中于部门规章、国家政策和司法政策,法律和行政法规对此尚未涉及。商业秘密与雇员知识技能冲突的部门规章,可以追溯至1990年人事部颁布的《全民所有制事业单位专业技术人员和管理人员辞职暂行规定》,该规定指出,专业技术人员和管理人员辞职不得带走属于单位的科研成果、设备器材和内部资料等。1996年人事部又出台了《人才市场管理暂行规定》,该规定在肯定鼓励人才自由流动和自由择业或业余兼职的同时,明确指出,人才离职后不得私自带走原单位的科研成果和技术资料,不准泄露商业秘密。

从国家政策层面来看，关于如何处理和划分商业秘密与雇员知识技能的界限，中央政府相继出台一些指导性文件。例如，1986年国务院发出《关于促进科技人员合理流动的通知》规定，科技人员离职时不得带走原单位的技术秘密，不得泄露国家机密或者侵犯原单位技术权益；2008年国务院印发《国家知识产权战略纲要》，该纲要明确指出要处理好商业秘密保护与自由择业、人才合理流动的关系；2015年发布的《中共中央、国务院关于深化体制机制改革加快实施创新驱动发展战略的若干意见》指出，要促进人才合理流动，同时强调，完善商业秘密保护法律制度，明确商业秘密和侵权行为界定；同年，国务院颁布的《关于大力推进大众创业万众创新若干政策措施的意见》明确了加强创业知识产权保护和破除人才流动的制度障碍。

在司法政策层面来看，2009年《最高人民法院关于贯彻实施国家知识产权战略若干问题的意见》（法发〔2009〕16号）指出，要妥善处理保护商业秘密与自由择业、涉密者竞业限制与人才合理流动的关系，维护职工合法权益。同年出台的《最高人民法院关于当前经济形势下知识产权审判服务大局若干问题的意见》（法发〔2009〕23号）指出，要处理好商业秘密与自由择业、竞业禁止与人才流动的关系，保护劳动者就业权、创业权。2011年出台的《最高人民法院关于充分发挥知识产权审判职能作用推动社会主义文化大发展大繁荣和促进经济自主协调发展若干问题的意见》（法发〔2011〕18号）指出，雇员在工作中掌握和积累的知识技能，除属于单位商业秘密的情形外，是人格的组成部分，离职后可以自主使用。在不违反竞业禁止义务和不侵犯商业秘密的情况下，劳动者使用在原单位学习的知识、经验和技能为与原单位有竞争关系的单位服务的，不宜简单地认定为不正当竞争行为。

上述部门规章、国家政策和司法政策都涉及商业秘密保护与雇员知识技能运用冲突问题，但可操作性不强，没有真正划清它们之间的原则边界。例如，法发〔2011〕18号的规定，以"除属于单位商业秘密的情形外"进行笼统性表述，到底如何划分它们之间的原则边界并没有得到很好解决。与此同时，我国商业秘密与雇员知识技能的界限到底如何划分，法律法规上更是尚未涉及，这就使得执法部门和司法部门在划分商业秘密与雇员知识技能的边界时，没有形成统一的做法，仅凭执法人员或者法官个人直觉和主观认知作出判定，这极有可能造成执法和司法处理不公。

4.1.2 国外立法对技术秘密与雇员知识技能边界划分的规定

4.1.2.1 英美法系国家

1.美国

美国是最早对商业秘密提供立法保护的国家之一，1939年美国法律学会出版的《侵权行为法重述》第一次以成文法的形式对商业秘密保护作出了三条规定，第二次修订时将其全部删除❶。1979年美国统一州法全国委员会起草制定了《统一商业秘密法》（Uniform Trade Secret Act，简称UTSA），并建议各州使用。此外，美国还以《经济间谍法》（Economic Espionage Act，简称EEA）、《反不正当竞争法》（Anti Unfair Competition Law，简称AUCL）和《保护商业秘密法案2016》（Defend Trade Secrets Act of 2016）从不同的角度出发对商业秘密进行了成文性立法规定。

《统一商业秘密法》第1章就对商业秘密的相关概念和范围作出了界定，对于已尽合理保密努力，未能从公知途径且未能用正当手段可以获取的，具有实际或者潜在经济价值的信息都构成商业秘密。《反不正当竞争法重述》第40条b（4）款规定，"未采取合理保密措施"不能构成商业秘密；第41条和第43条对侵占商业秘密行为作出了规定，"不正当"手段获得他人商业秘密的行为属于侵权行为，"自主开发""分析公知信息获得的

---

❶《侵权行为法第二次重述》删除了关于商业秘密保护三条规定的原因不是因为这部分内容不再需要，而是出于法律体系上的考虑，其规定的商业秘密的定义和有关条款，仍为各州所采纳，在实务中仍具有参考价值。参见：陶鑫良，杨惠基，1995.我国和若干国家的商业秘密法制保护[C]//中国高校知识产权研究会.知识产权研究中国高校知识产权研究会第七届年会论文集.西安：西安交通大学出版社；戴永盛，2005.商业秘密法比较研究[M].上海：华东师范大学出版社：8.

产品或信息"，即不构成"不正当"手段。因此，在立法上，商业秘密权利人对占有和使用商业秘密信息没有排他权，保护仅限于禁止违法获取、使用或者披露商业秘密。雇员在工作期间，只要通过合理方式取得的商业秘密，离职后都属于自己的知识技能的范畴。第42条规定："雇员或离职雇员违反保密义务，使用或者泄露雇主或原雇主商业秘密的，适用第40条规定侵占商业秘密的责任。"此条表明，签订有明示或者默示合同的雇员或离职雇员，对商业秘密负有保密的义务，不能将工作期间合同规定为商业秘密的信息在其离职后作为个人知识技能使用或者泄露给他人。《经济间谍法》第1839条也对商业秘密的范围和构成作出了规定，内容与《统一商业秘密法》大相径庭，在此不再赘述。

  从上述示范法和国会立法来看，相关法律对商业秘密范围的认定并没有太大的出入，只是对作为商业秘密的信息是否"应被连续使用"存在一些分歧。《侵权行为法重述》认为，对于认定的信息应被连续使用，《统一商业秘密法》和《反不正当竞争法》都否认这种观点，UTSA评论认为，商业秘密应当延伸至那些尚未有机会或者尚未具备手段使用的秘密信息，《反不正当竞争法》也同样不要求把商业秘密限定为可连续运用于经营的信息。❶对于符合上述规定商业秘密认定条件的信息，均可以被离职雇员当作自己的知识、技能使用，企业不得加以限制。

  2.英国

  英国立法上没有给商业秘密作出概念性解释，商业秘密在司法实践中当作一种"机密信息"（Confidential Information）加以保护，最早认为是英格兰和威尔士信任关系法一部分可以追溯到 Prince Albert. v. Strange 案❷，从此英国开始运用信任关系理论来实现对商业秘密的保护。基于信任关系理论在保护商业秘密中运用日益成熟，英国有将信任关系理论成文化的意

---

❶ 由于美国《统一商业秘密法》只是联邦示范法，不具有强制力，只有经过州议会的批准，才能成为州的法律。对于一些尚未批准《统一商业秘密法》的州，仍有不少法院将秘密信息是否连续运用于经营作为衡量是否构成商业秘密的因素。

❷ Prince Albert v.Strange(1849)41 ER 1171.

向，1981年英国国会法律委员会提出《关于违反保密义务的法律草案》（简称《草案》），将违反保密义务，侵犯他人商业秘密的行为纳入成文法规制的轨道❶。

《草案》第1章第2节第1条和第2条对商业秘密即"未处于公共领域之信息"保护的范围作出了合理的界定，指出，仅对未处于公共领域之信息，方可依本法产生保密义务。处于公共领域之信息包括公众知识或者公众可以获得的知识（无论这种获得是否需要付出费用或者接受其他限制），但是基于本法宗旨，可从公共领域中分离的信息（无论是文件、产品、工艺或其他客体），仅当这种分离需要重要劳动、技术或者资金投入时，其方不处于公共领域❷。《草案》第2章第7节中的"在工作中仅为增长个人技能等获得信息无保密义务"对雇员获得知识技能不属于商业秘密作出了明确的规定，该节指出，下述任何信息，雇员没有保密的义务：a.有关信息在工作中获得（无论是合同制受雇者或者独立的合同签约人抑或其他人），并且b.该信息属于这种性质，即其获得不过是为增长个人知识、技能、经验以从事其职业❸。

3.加拿大

加拿大关于商业秘密保护尚未被法典化，全国性法律也没有对商业秘密相关概念作出立法性规定，各省（区）按照加拿大知识产权局提供的解释❹将其写入地方商业秘密立法当中。例如，新斯科舍省《信息自由与隐私保护法案》（Nova Scotia Freedom of Information and Protection of Privacy Act）第3（1）节规定，商业秘密包括配方、模式、编译、程序、设备、

---

❶ ROBERT ANDERSON.Protection of trade secrets through IPR and unfair competition law：United Kingdom.[EB/OL].（2017-10-12）[2015-10-06].http：//aippi.org/committee/protection-of-trade-secrets-through-ipr-and-unfair-competition-law/.

❷ 参见：英国国会法律委员会《关于违反保密义务的法律草案》第1章第2节第1条、第2条。

❸ 参见：英国国会法律委员会《关于违反保密义务的法律草案》第2章第7节。

❹ The Canadian Intellectual Property Office considers trade secrets as being 'usually formulas, patterns, compilations, devices, processes, codes, data that are specific to its owner, give him or her a business advantage over a competitor and are kept secret or confidential.' This definition was inspired by case law.

产品、方法、技术和过程，同时，应当满足下列条件：a.生产经营或者保持竞争优势而被使用或者可能被使用；b.具有独立实际或者潜在的经济价值，不为公众所知的或者其他人泄露或者使用这些信息将会带来经济价值；c.尽合理努力防止其被公众知晓；d.披露将会导致损害或者不当利益。

对于商业秘密与雇员知识技能的划分方面的规定，主要体现在加拿大《刑事法典》《统一商业秘密法草案》当中。加拿大《刑事法典》增加的条款草案第301节第3条款第（4）款也有关于雇员知识技能保护的规定，该条指出，任何人如果通过以下两种方式获得、披露或者使用商业秘密的行为不构成犯罪：a.独立开发商业秘密或仅因反向工程得到商业秘密，或b.在个人工作中获得有关信息，且该信息具有这样的性质，即该获得仅为增长个人的知识、经验或技能。❶加拿大《统一商业秘密法草案》第5条规定，如果有关信息具有这样的性质，即其获得仅限于增长个人的知识、技能或经验，本法中任何内容均无意对任何个人工作过程中有关信息的获得、披露或者使用或者强加责任❷。

4.墨西哥

在墨西哥，商业秘密法律保护最早始于《联邦刑法典》（Federal Criminal Code），1991年颁布的《工业产权法典》（Industrial Property Law）将商业秘密纳入其保护的范围，同时，也将先前刑法典规定的内容包括在其中，并不像有些国家通过《反不正当竞争法》条款对商业秘密加以保护❸。《工业产权法典》第82条规定，自然人或者法人持有的，且在经济活动中占有竞争性或者经济上的优势，自然人或者法人采取足够手段以保护其机密，并限制第三人访问的信息，应当被视为商业秘密。对于公共领域的、该领域技术人员很容易发现的和因法律处置（legal disposition）或者裁决

---

❶ 参见：《加拿大刑事法典》第301节第4条第4款。
❷ 参见：《加拿大统一商业秘密法草案》第5条。
❸ MIKE MARGAIN.Protection of trade secrets through IPR and unfair competition law：Mexico[EB/OL].（2016-10-07）[2017-10-12].http://aippi.org/committee/protection-of-trade-secrets-through-ipr-and-unfair-competition-law/.

令（judicial order）而披露的，均不构成商业秘密❶。第85条规定，如果雇主控制雇员在生产或者研发过程中所创造的所有信息，必须签订相应的合同，且合同应当包括保密协议和禁用商业及工业信息协议等内容❷。由此可见，在墨西哥，雇主主要通过合同约定的形式来实现对商业秘密的保护，且保护范围为雇员工作期间可能涵盖雇员知识、技能等在内的所有信息。没有合同约定的情况下，商业秘密就很难获得应有的保护，离职雇员可以自由使用。

4.1.2.2 大陆法系国家

1.德国

在德国，《反不正当竞争法》《民法典》对商业秘密保护作出了具体规定。《反不正当竞争法》第17条第1款规定，企业中的任何人，出于竞争目的、个人私利、他人利益或者意图给雇主造成损害，而在工作存续期间，基于工作关系将其了解或知悉的商业秘密擅自披露给他人的，处以一定的罚金或者3年以上有期徒刑。❸据此规定，雇员构成侵犯商业秘密罪，应当符合以下条件：有泄露的行为；泄露行为发生于劳动关系存续期间；必须是故意并且有法定的动机。从这一规定来看，雇员在劳动关系存续期间不能泄露商业秘密，在雇佣关系结束后，泄露或者使用其劳动期间合法获得或者了解的商业秘密，不是犯罪，不受刑事追责。❹德国立法机关对商业秘密与雇员知识技能区分不够明确，1985年试图通过德国《反不正当竞争法草案》将商业秘密刑法保护延续到雇佣关系结束后2年，而非雇佣关系结束后劳动期间合法获得或知道的商业秘密不受刑事追责。但是因为存在争议而没有获得通过。Nastelsi认为，为了更好地利用刑法保护商业秘

---

❶ 参见：《墨西哥工业产权法典》第82条。
❷ 参见：《墨西哥工业产权法典》第85条。
❸ 参见：德国《反不正当竞争法》第17条第1款。
❹ 刘晓海，2006.离职员工和商业秘密保护：对德国法的实证研究[J].科技与法律(2)：35-40.

密，雇员的保密义务应当延续到雇佣关系结束后的一段时间[1]。但是反对他的学者认为，延续一段时间的做法是以牺牲雇员利益为代价的，侵害了雇员自由择业权。2004年颁布的新《反不正当竞争法》对上述内容没有作出实质性的修改。除了《反不正当竞争法》对商业秘密的界限作出划分以外，德国《有限责任公司法》《企业基本法》《股份法》等也对特定人作出了刑法特别规定。例如，《企业基本法》第120条，对于企业委员会成员或者候补成员擅自泄露雇主明确要求保密的商业秘密，可能会被处以刑罚。但这只是针对特定人员的规定，不适用对所有雇员[2]。

在商业秘密的民法保护方面，德国没有作出专门的立法规定，一般援引《民法典》第611条、第823条、第826条和《反不正当竞争法》的有关规定，但是都没有对雇员离职后泄露或者使用原雇主处合法获知的商业秘密是否构成侵权的规定。1977年的《劳动法典（草案）》第80条第1款和第3款曾试图对此作出规定，即雇员的沉默义务在离职后继续保持，但是以离职雇员职业生涯发展不受限制为前提，非竞争性协议（a non-competition-agreement）有约定的除外[3]。但是，基于各方利益考虑，这一草案被搁置至今尚未颁布，这一立法意图在其他法律、法规中没有被采纳。综上所述，在德国，只要是原企业"合法掌握"（honestly acquired）的秘密，雇员离职后都自己自由使用，被视为其知识技能的一部分，都不属于商业秘密的范畴[4]。

2.法国

从立法上看，法国商业秘密和雇员知识技能的边界划定在工作期间和离职后是不同的。法国《知识产权法典》第611-7条规定了雇员工作期间

---

[1] Nastelsi, Der Schutz des Betriebsgeheimnisses.GRUR.1957:3.
[2] 参见：德国《企业基本法》第120条。
[3] Schaub, Arbeitsrecht-Handbuch, Muechen.1996:384-385.
[4] MCGUIRE M R. Protection of trade secrets through IPR and unfair competition law: Germany[EB/OL].(2010-03-17)[2014-12-05].http://aippi.org/committee/protection of trade secrets through ipr and unfair competition law.

第4章 技术秘密与雇员知识技能的边界划分

的专利发明所有权,要区分工作相关的发明和不相关的发明,并赋予雇主对与工作相关的发明决定采取商业秘密或者专利哪种方式对发明进行保护。同时规定,工作期间雇员与工作相关的发明成果,主要通过侵权责任和义务基本法来认定和保护商业秘密。商业秘密涉及观测数据、贸易和金融信息、组织方法、营销理念等所有值得保护的领域。法国《商法典》第225-54-1条规定,一个自然人不能在法国境内的股份有限公司担任一个以上的总经理职务❶。然而,过去十几年里,出现商业秘密的案例较少,如果例外定罪的话,仅限于施加适度的惩罚性赔偿,禁止他人使用很罕见。鉴于智力资本和国家安全的考虑,法国议会建议对商业秘密进行刑事立法保护更为有效。

在法国立法中仅有一则针对商业秘密保护的条款——制造类秘密(secret de fabrication)的法律保护,即法国《知识产权法典》第621-1条提及到《劳动法典》第1227-1条的规定,"任何公司的董事或者雇员公开或者试图公开制造类秘密将面临2年有期徒刑和30000欧元罚金的刑事处罚。"从2008年5月1日至今,法国涉及"商业秘密"字眼的规定均被"制造类秘密"所代替。从上述规定来看,法国对于商业秘密作出三个方面的限定:一是法典保护的商业秘密仅限于制造类未被泄露的商业秘密,而非符合商业秘密构成要件的任何信息;二是侵犯商业秘密的主体是雇员(董事)和离职雇员,而不是任何披露秘密或者机密信息的人;三是法律只是起诉公开或者企图公开的行为,使用行为不在此列。因此,从事新的工作可以自由使用他在前公司获得的专有技术,只要他不使用或者泄露任何制造类秘密。Jean-Pierre Stouls等专家认为,在法国商业秘密的范围涉及诸如观测数据、商业和金融信息、组织方法、营销理念等所有值得保护的各种信息,因为它们都具有价值。但是,法国法律规定的商业秘密仅指任一

---

❶ 在法国,法律规定的例外允许该自然人在其任总经理职位的公司所属控股子公司内兼任一个总经理职位的则不在此限,前提是该被控股公司的证券没有在法定证券市场上市交易。

制造类秘密（any manufacturing secrets）[1]。因此，在法国，只要不属于制造类秘密，均不是商业秘密，这些有价值的信息都可以。

3.瑞士

瑞士商业秘密与雇员知识技能认定的法律主要有《债务法典》（Swiss Code of Obligations）和《反不正当竞争法》（Unfair Competition Act）等。在瑞士，要理解雇佣关系中商业秘密的范围，最关键的必须是知道瑞士《债务法典》中的劳动合同条款。该法第321a（3）条规定，雇员在雇佣期间承担忠实雇主的核心义务，不得从事与他的雇主有竞争关系的同类业务，也不得为有竞争关系的第三人从事有偿职业。第321a（4）条规定，雇员不得泄露或者使用他在雇佣期间知悉来自于雇主方的商业秘密。即使雇员离职后也不得传播那些关系雇主利益的商业秘密。而且，第321b（2）条规定，雇员不得带走工作期间雇主的一切资料，即便是生产阶段的有形物体仅停留在脑里，包括技术信息，特别是有形形式如计划或者手册。雇员甚至不能保留他提出的生产产品的复制品。第332条规定，雇员在工作期间的发明和新型设计属于雇主，无论他们是否满足专利和新型设计的保护条件。如果雇员所作出的发明不在其工作范围内，这一发明属于雇员。同时，该条认为不同的雇员所保守商业秘密的范围不同，主要从雇员从事的工作领域、雇员在工作期间的发展、雇员在工作期间的贡献、雇员利用已有的知识与雇主共同努力合作等方面来认定商业秘密的范围。然而，该条和《版权法》第17条规定，知识产权属于创造者个人的基本规则也有例外，这些例外需要做侠义解释，它不能扩展到没有发明或者新型设计的商

---

[1] Case law admits that in a new job, the former employee of a company is free to use the know-how which he acquired in his former company, so long as he does not misappropriate any manufacturing secrets. See: JEAN-PIERRE STOULS, FRANCIS HAGEL.Protection of trade secrets through IPR and unfair competition law:France[EB/OL].(2015-10-09)[2017-10-12].http://aippi.org/committee/protection-of-trade-secrets-through-ipr-and-unfair-competition-law/.

业秘密。因此，非技术性商业秘密不能自动归属于雇主所有[1]。《债务法典》第464-1条对经理人、营业代表人不得从事业余兼职作出了具体规定。从上述立法规定来看，瑞士《债务法典》更侧重于对技术秘密的保护，技术秘密不因竞业禁止协议等约定与否，都属于雇主所有，非技术秘密的归属由雇佣双方协议约定。因此，在瑞士，除非基于法律强制性规定、公序良俗、限制人身自由的以外，实行契约自由的原则。

瑞士对于离职后雇员运用的知识技能与使用或者泄露雇主的商业秘密的不同作出相应规定。《债务法典》第340条规定，竞业禁止仅限于劳动关系中知悉雇佣人之客户圈、技术秘密或者交易秘密之雇员，并于雇员使用这些秘密给雇主造成重大损失，方对雇员具有拘束力。第340（1）条指出，根据竞业禁止的地域、期间和竞业行业等应作出合理的限制，这些限制以不妨害雇员生活为前提条件。至于哪些属于商业秘密或者允许雇员运用的知识技能由法官综合衡量后考虑，尽量降低对雇员造成之不利益。第340（2）条规定，雇员违背竞业禁止协议的约定，应当赔偿雇主因商业秘密受到侵犯所造成损失。因违反竞业禁止协议，雇员超越个人知识技能的范围侵害商业秘密时，应当支付违约金；支付违约金后不再受到竞业禁止协议约束，但是对于造成雇主损害超过违约金的部分也应当负赔偿责任。第340（3）条规定，在商业秘密对于雇主不再具有竞争优势或者带来经济价值的情况下，雇员可以自由使用；雇主毫无理由解雇雇员，或者雇员因雇主的原因辞职的，竞业禁止协议无效。因此，雇员离职后商业秘密范围的认定，首先考虑雇员的利益，在不妨害雇员生活的前提下，考虑保护商业秘密持有人的利益。

4.埃及

雇主和雇员之间处理专利所有权和控制权的规则在埃及《知识产权法》第一部分"处理专利和实用新型"做了明确的规定，根据该法第7条

---

[1] BECK B.Protection of trade secrets through IPR and unfair competition law：Switzerland[EB/OL].（2015-10-10）[2016-12-15].http://aippi.org/committee/ protection-of-trade-secrets-through-ipr-and-unfair-competition-law/.

规定，雇主有权享有工人或者雇员在工作关系存续期间或者雇佣期间产生的发明，只要发明属于劳动合同或者工作职务的范围。在所有的情况下，发明创新应当归属于发明者，即工人或者雇员。没有达成酬金协议的，工人或者雇员有权利从雇主那里获得公平的补偿。第57条规定，个人合法控制的未公开的信息必须采取预防措施来保护机密信息，防止机密信息泄露给第三方。知晓机密信息的人应当为任何违反机密义务承担法律责任，除非其能证明尽了合理努力以保持信息的秘密性❶。

埃及《民法典》第688条也对雇佣关系中发明创造的所有权或者控制权作出了规定，该条规定当雇员在为雇主服务期间有了新发明创造，雇主对这一发明创造没有所有权，哪怕是雇员在完成工作过程中所做的发明创造。然而，如果雇员承诺他在工作期间只专心从事发明创造或者雇佣关系存续期间有合同明文规定的，雇主对雇员的发明创造享有所有权。在这种情况下，基于平等的原则，雇员可以要求一笔特殊的报酬，报酬的多少应当考虑到雇主提供的援助程度和雇员使用雇主的设备等因素进行综合评估。对于合作开发而获取的商业秘密，埃及《知识产权法》第三部分对此保持沉默，我们只能依据埃及《民法典》第825条规定，当两个或者多个人对无法分开的同一事物拥有所有权，在没有其他证据的情况下，他们享有平等的权利❷。埃及《民法典》第685（d）条规定，雇员负有保护在雇佣关系中工业或者商业秘密的义务，即便在劳动合同终止以后也是如此。第686-1条禁止雇员在离职后从事与雇主有竞争关系或者去原雇主有竞争关系的用人单位工作。2003年颁布的埃及《劳动法》第56条明确要求，如果雇员认识到某一信息的秘密性或者根据雇主的书面指示，雇员负有保护商业秘密的义务。第57条规定，在合同有效期内，禁止雇员去第三方单位

---

❶ 参见：《埃及知识产权保护法（专利部分）》第7条和第57条。参见：十二国专利和翻译组，2013.十二国专利法[M].十二国专利法翻译组,译.北京:清华大学出版社:3,7.

❷ HAMZA S, HEBA EI TOUKHY.Protection of trade secrets through IPR and unfair competition law：Egypt[EB/OL].(2015-10-10)[2017-10-12].http://aippi.org/committee/protection-of-trade-secrets-through-ipr-and-unfair-competition-law/.

工作，帮助第三方知道他雇主的商业秘密或者与他的雇主有竞争关系；禁止开展或者参与类似于雇主的活动；禁止他作为第三方单位的合作伙伴或者成为第三方单位的雇员。1978年埃及《国家文职人员法》（第47号）也作出了类似规定，除非经部门领导同意外，职员不得通过报纸或者其他方式泄露与其工作有关的信息，即使在雇员离职后仍然有效。1960年的第35号法律亦如此规定。

从埃及有关商业秘密立法的规定来看，雇员在工作期间不得泄露雇主现有的商业秘密，也不得从事与雇主有竞争关系的工作或者去与雇主有竞争关系的企业工作。雇员在工作期间通过知识技能积累而产生的商业秘密，在没有约定的情况，属于雇员自己所有；在有约定的情况，商业秘密属于雇主所有，但是雇主对于雇员研发商业秘密支付一定的报酬。

4.2 技术秘密与雇员知识技能边界司法上的认定

我国司法机关在处理技术秘密与雇员知识技能冲突问题时，主要侧重从商业秘密构成要件方面来认定双方争议的信息是否构成商业秘密，进而处理技术秘密保护与雇员知识技能运用之间发生的冲突。但是，在商业秘密与雇员知识技能出现融合时，应当持什么样的划分标准分清商业秘密与雇员知识技能的界限，司法实践中没有作出合理的判定。例如，山东省食品进出口公司等诉马某、青岛圣某贸易有限公司不正当竞争纠纷案，法院审理认为，山东省食品进出口公司等没有把出口海带贸易的机会视为商业秘密，马某获得此贸易机会不涉及对商业秘密的侵害，离职后使用这一贸易机会，属于马某在职期间积累的贸易经验，该案判决书中并没有提及商业秘密与雇员知识技能如何划分。❶本章拟结合国外一些经典案例，分析

---

❶ 参见：(2008)鲁民三终字第83号。该案裁判要旨："在既没有违反竞业禁止义务,又没有侵犯商业秘密的情况下,行为人运用自己在原单位学习的知识、技能为其他与原单位存在竞争关系的单位服务的,不属于不正当竞争。"参见：孔祥俊,王岚涛,2015.知识产权经典案例评析[M].北京：中国法制出版社:174.

商业秘密与雇员知识技能司法上的界限划分，希望对我国司法机关今后处理此类问题有所裨益。

4.2.1 涉密技术信息的性质

为实现对商业秘密的保护，并保证雇员离职后在新的工作中可以自由运用自己掌握的知识技能的目标，域外国家有些法院将雇员在工作期间掌握和获知信息分为两类，即一般性信息和特殊性信息。商业秘密属于特殊性信息，雇员离职后均不得使用或者披露，否则就构成商业秘密侵权行为；除特殊性信息以外的一般性信息属于雇员知识技能，雇员离职后可以自由使用和披露[1]。这种划分方法是在美国 Sarkes Tarzian Inc. v. Audio Devices Inc. 一案[2]中所确立的。

在 Sarkes Tarzian Inc. v. Audio Devices Inc. 一案中，原告 Sarkes Tarzian 是一家生产硅整流器（silicon rectifiers）的公司，该公司的一名雇员在终止与其雇佣关系后，为与原告公司经营同类业务 Audio Devices 公司服务，在原工作单位期间，该雇员系公司的技术研发人员，对原告公司的生产技术和方法等商业秘密有所了解。原告认为，雇员和 Audio Devices 公司通过不正当手段使用产品的生产技术和使用方法等技术秘密，使其失去了相对于竞争对手的优势，遂依据《美国法典》（United States Code）第1332条关于

---

[1] 根据信息的性质来划分商业秘密与雇员知识技能的界限，不仅仅局限于技术信息，经营信息同样适用。例如，本节中讨论的 Sarkes Tarzian Inc.v.Audio Devices Inc. 一案中，提到客户名单信息属性时，也视这一经营信息是一般性信息还是特殊性信息，对于雇主来说具有重要意义的特殊性信息，构成商业秘密，一般性信息则属于雇员的知识技能。(参见：Unless otherwise agreed, after the termination of the agency, an agent has no duty not to compete with the principal and is subject to a duty to the principal not to use or disclose to third persons, on his own account or on account of others, in competition with the principal or to his injury, trade secrets, written lists of names, or other similar confidential matters given to him only for the principal's use or acquired by the agent in violation of duty.The agent may use general information concerning the method of business of the principal and the names of the customers retained in his memory, if not acquired in violation of his duty as agent. See: Sarkes Tarzian Inc.v.Audio Devices Inc.,283 F.2d 695;1960 U.S.App.;127 U.S.P.Q.(BNA)410.)本书将根据信息的性质来划分商业秘密与雇员知识技能界限的问题放在本节论述，在"经营秘密与雇员知识技能的边界划分"一章将不再赘述。

[2] Sarkes Tarzian Inc.v.Audio Devices Inc.,283 F.2d 695;1960 U.S.App.;127 U.S.P.Q.(BNA)410.

第4章 技术秘密与雇员知识技能的边界划分

不正当竞争和商业秘密侵权的规定，以雇员和Audio Devices公司涉嫌侵犯硅整流器生产方法的商业秘密为由向法院提起诉讼。法院审理查明：

被告在与原告终止雇佣关系以后，利用在原告单位工作期间获得实践知识和经营方法从事新的业务。但是，原告所掌握的材料配置比例和使用方法是同行业所知晓的，并在出版物、讲座和物理检测报告中都有出现，这些技术不是秘密技术信息。被告在与原告终止雇佣关系后没有不正当竞争行为，没有违背忠实义务，没有实施侵犯商业秘密行为，他从事的业务没有挪用或者使用任何原告的商业秘密或者其他财产，故驳回原告上诉的诉讼请求❶。

法院在此案说理部分指出："只有从事特殊的商业经营并在长期雇佣关系中发展而来的特殊信息，才构成雇主的商业秘密，而在雇佣关系中获得的实践经验、知识、技能和操作指令等雇主都不得排除离职雇员在今后的工作中使用，这些都属于雇员知识技能的范畴❷。"

随着此划分标准的确立，美国司法机关参照此判例确立标准作出类似

---

❶ The court dismissed plaintiff's complaint, finding no violations of trust and no illegal urging by defendant to engage its employees in trade secret violations; defendant's process for the manufacture of silicon rectifiers did not constitute an appropriation or use of any trade secret or other property of the plaintiff. See: Sarkes Tarzian Inc. v. Audio Devices Inc., 283 F.2d 695; 1960 U.S. App.; 127 U.S.P.Q. (BNA) 410.

❷ While an employer, under a proper restrictive agreement, can prevent a former employee from using his trade or business secrets, and other confidential knowledge gained in the course of the employment, and from enticing away old customers, he has no right to unnecessarily interfere with the employee's following any trade or calling for which he is fitted and from which he may earn his livelihood and he cannot preclude him from exercising the skill and general knowledge he has acquired, or even instructions while in the employment. Public policy prohibits such undue restrictions upon an employee's liberty of action in his trade or calling. See: Sarkes Tarzian Inc. v. Audio Devices Inc., 283 F.2d 695; 1960 U.S. App.; 127 U.S.P.Q. (BNA) 410. 参见：孔祥俊, 1999. 商业秘密保护法原理[M]. 北京：中国法制出版社：176. 戴永盛, 2005. 商业秘密法比较研究[M]. 上海：华东师范大学出版社：103. 这两本书中都提到：将信息分为一般性信息和特殊性信息，并将特殊性信息作为商业秘密来保护，而一般性信息在雇员离职可以当作知识技能来使用。张玉瑞提出，离职雇员的"一般技能、知识、训练、经验"应当包括相当部分的保密信息。参见：张玉瑞, 2005. 商业秘密 商业贿赂：法律风险与对策[M]. 北京：法律出版社：117. 他还指出，在没有明示合同的情况下，离职雇员对原单位一般的保密信息不负任何义务，只对原单位重要的商业秘密，才负有默示的保护义务。参见：张玉瑞, 2005. 商业秘密 商业贿赂：法律风险与对策[M]. 北京：法律出版社：115. 这些观点的提出都不同程度受到Sarkes Tarzian Inc. v. Audio Devices Inc. 一案的影响，此案也被他们作为划分商业秘密与雇员知识技能标准的示范性案例在专著中都有所论述。

判决的案件逐渐增多。例如，D &W Diesel, Inc.v. Patrick McIntosh一案❶，离职前Patrick McIntosh是D &W Diesel, Inc.的区域销售经理，离职后在一家与前公司具有竞争关系的公司做区域经理，从事液压软管相关业务。作为原告的关系雇主向法院提交了初步禁令，主张雇员违背竞业禁止协议。卡尤加地方法院准许雇主提出的初步禁令申请，原雇员向纽约州高等法院提出上诉。在上诉中，法院审查认为：

双方签订的竞业禁止协议限制付出的代价比原雇主受保护的合法利益还要大，因为雇员虽然系公司的高级管理人员，但是他的销售职位不需要技术秘密和经营秘密，而且，该雇员使用的信息只是一般的，并非独特的或者异乎寻常的技术信息。同时，原雇主未能证明该信息将会促使他凭借这些信息优势获得成功的可能性，没有申请临时禁令的必要。故本法院依法撤销卡尤加地方法院的判决，驳回原雇主的初步禁令申请。

同时法院指出："雇员在原单位掌握的一般性信息不构成商业秘密，雇员离职后可以当作自己的知识技能自由使用。"

在日本，也存在以此标准来划分商业秘密与雇员知识技能边界的案例。例如，阿波罗化工案❷，X公司与其职工Y之间，就公司重要的技术秘密签订了禁止泄露秘密和退出公司后2年之内的竞业禁止合同。但是，Y退出X公司后，出任同X公司有竞争关系公司的董事，为此，X公司向法院提起诉讼。法院认为：

雇员在雇佣关系中学习总结到的知识、技能，构成职工的一种人格财产，对雇员在雇佣关系终止后最大限度地灵活运用，不得加以限制。但是，当仅为公司所有的"特殊知识"，与一般的知识技能完全不同，在这种情况下签订的竞业限制条款具有充分的合理性。

在进行上述分析后，法院对原告提出的诉讼请求予以支持。该案就是认定原告主张的技术信息是"特殊知识"，构成商业秘密，不能认定为雇

---

❶ D &W Diesel,Inc.v.Patrick McIntosh.307 A.D.2d 750；762 N.Y.S.2d 851.
❷ 新企业法务研究会,1997.详解商业秘密管理[M].张玉瑞，译.北京：金城出版社：67.

第4章 技术秘密与雇员知识技能的边界划分

员知识技能。

又如，东京地裁平成17年（2005年）2月23日的判决书中指出：

雇员在职务中所得到的一般性的与业务相关的知识、经验及技能等信息，不能作为竞业回避的对象。由于在职期间所获得的一般性业务常识、经验技能中的经验与技能缺乏人格上的独立性，所以不能作为商业秘密。对于企业里的一般性业务常识，难以说明是使用者自己所生产的信息，即便是一部分内容是使用者自己所生产的，但不能区分与现有技术知识的不同处。商业秘密只能属于信息生产的风险承担者，与现有信息不能够加以区分的信息，不符合"主体生产"原则，所以，一般性知识不属于商业秘密保护范围之内[1]。

4.2.2 雇员知识水平与研发能力

域外司法机关在审理关于技术秘密与雇员知识技能之间界限划分的判例中，有不少案例是根据雇员是否有足够的知识、经验和技能自行开发某秘密信息为标准来划分商业秘密与雇员知识技能之间的原则边界。对于那些具有较高知识技能水平的雇员，他们凭借自身知识技能可以独立开发出来的信息，哪怕这些信息在其他雇员看来是无法独立开发完成的，这些信息对于具有较高知识技能水平的雇员来说，依然属于他的知识技能，而普通雇员无法凭借自己知识技能独立研发出来的信息，对于普通雇员来说，这些信息则构成商业秘密，不能归为他的知识技能的范畴。以此标准划分商业秘密与雇员知识技能的界限的案例主要有美国Levine. v. E. A. Johnson案[2]、Junker. v. Plummer案[3]、Fairchild Engine & Airplane Corp. v. Cox案[4]，等等。

---

[1] 陈爱华,2012.日本关于商业秘密构成要件的认定[J].知识产权(12):91-98.

[2] Levine v.E.A.Johnson，107 Cal.App.2d 322；237 P.2d 309；1951 Cal.App.LEXIS 1905.

[3] Junker v.Plummer，320 Mass.76；67 N.E.2d 667；1946 Mass.LEXIS 679；165 A.L.R.1449；70 U.S. P.Q.(BNA)332.

[4] Fairchild Engine & Airplane Corp.v.Cox，62 U.S.P.Q.98.(N.Y.Sup.Ct.1944,Collins J).

在 Levine v. E. A. Johnson 一案中，原告是生产制造有限公司的分支机构 Santa Fe 的有限合伙人，主要从事建造冷却塔（a cooling tower）和其他工业用材等业务，Santa Fe 公司在弗农设有受人关注的大型工厂，在全美各大中城市设有分支机构，该公司从事生产经营已有40余年的历史。被告 Johnson 是 Santa Fe 公司的一名技术人员，在该公司工作大约35年，在原告单位工作期间里他主要从事工程技术管理工作，在其职权管理范围内能够全面接触和掌握公司的设计图（blueprints）和其他工程数据。1943年10月，Johnson 终止了与原告的雇佣合同，与其儿子 Edward 合作经营他自己所关注的领域。原告认为，被告正在经营与自己有竞争关系的企业，使用被告在自己公司期间获得建造冷却塔方面的技术信息，侵犯了自己的商业秘密，遂向法院申请临时禁令。诉讼开始阶段法院同意并作出临时禁令，但是随着诉讼判决呈现出向有利于被告的方向发展，先前颁布的临时禁令被法院取消。法院审理认为：

Johnson 作为该行业领域的技术专家，有过多年建造各式各样冷却塔的经历，在冷却塔制造领域具有较高的知识技能水平，没有必要窃取原告有关技术图纸等信息，他完全有足够的能力独立开发出原告所主张的商业秘密，原告不能阻止被告离职后从事新工作时使用或者披露这些秘密信息。

因此，该案判决书指出，Santa Fe 公司所主张的信息对于普通人来说，开发起来复杂、困难，确实构成商业秘密，但是对于作为具有丰富知识技能工程师的被告来说，他完全具备自行研发出这些信息的能力，故法院驳回原告的诉讼请求，将这些信息视为被告 Johnson 的个人知识技能[1]。

---

[1] We heartily endorse the observations of the trial judge, to wit, that while appellants introduced substantial evidence to show that the business of constructing towers is extremely complicated and difficult and is dependent upon formulas developed by technically skilled engineers through long periods of trial and error, yet Eskil's knowledge was of a highly practical nature and by reason of his 40 years of daily experience he was able to design his own plans which he utilized in constructing his towers. See: Levine v.E.A.Johnson, 107 Cal.App.2d 322; 237 P.2d 309; 1951 Cal.App.LEXIS 1905.

第4章 技术秘密与雇员知识技能的边界划分

Junker v. Plummer一案，原告Junker系一家化合性鞋布公司，1941年独立研发出一台黏合机并投入到化合性鞋布的生产，被告Plummer、Conti和Alcorn是该公司的雇员，熟知原告公司的技术秘密。1945年4月，被告Plummer辞职，2个月后独立从事化合性鞋布业务，为了顺利地进入鞋布生产领域，他利用在原告公司掌握的技术秘密设计了一台与原告相同型号的黏合机。在此之前的1944年11月和1945年1月被告Conti和Alcorn也分别离开了Junker公司，独立从事化合性鞋布业务领域，并使用的机器类似于原告机器。1946年初，Junker公司发现三被告使用自己技术秘密，使用相同的黏合机和黏合剂，认为三被告侵犯了自己的技术秘密，遂向法院提起诉讼。法院审理查明，原告自1918年就从事鞋布行业，经过多年的研发和摸索，他获得了制造鞋布过程中的机械、材料和工艺等方面所必需的知识和经验，并成功研制出独具特色的黏合机。同时，原告所发明的黏合剂等材料所花费的成本仅300美元，而同行业所使用的同类动力驱动产品成本不低于3000美元。这些都足以表明，其符合商业秘密的构成要件，应受到商业秘密法的保护。三被告在进入原告公司之前，他们不具有制造此类机器所需要的知识、技能和经验，法院承认他们离职后可以使用在原告工作期间所掌握的基本知识技能，但是他们不得使用或者披露原告技术秘密和发明创造，即原告所独立研发的机械设备、化合材料和制作工艺。法官斯伯丁（Spalding）在分析此案例时指出：

雇员在原告公司工作前没有掌握与原告相同技术秘密方面的知识技能，而且凭自己具备的知识技能无法开发出与原告商业秘密相同的技术，被告离职后当然不能以知识技能为由在今后的工作中运用原告的商业秘密[1]。即便是具备大量专业知识的专家，如果利用不正当手段从原雇主

---

[1] At the time that the defendants entered the employ of the plaintiff they "did not possess the knowledge, skill and experience required to think of, or build, a machine anything like the plaintiff's, or one that would accomplish its purpose. They have appropriated the plaintiff's special knowledge, skill and brain child." See: Junker v.Plummer, 320 Mass.76; 67 N.E.2d 667; 1946 Mass.LEXIS 679; 165 A.L.R.1449; 70 U.S.P.Q.(BNA)332.

商业秘密计划中获得利益，而不是自己独立的努力，不能认定为其知识技能❶。

在 Fairchild Engine & Airplane Corp. v. Cox 案❷，该案被告（Cox）在原告公司担任董事兼经理，负责产品流程的开发和授权使用业务，虽然被告接受过良好的教育，且毕业于耶鲁大学，但是他没有实务经验，不具有工程师资格，凭自己的知识技能无法开发出原告所研发的技术秘密，因此，法院认定该产品程式构成原告的商业秘密，不属于被告的知识技能，故作出有利于原告的判决。又如，Affiliate Hospital Prods., Inc. v. Baldwin 案中，法院认为："虽然被告具备较高的技术水平和研发能力，但是他所获得与原告相同的设计图纸不是通过自己独立努力研发获得的，而是窃取原告的商业秘密，法院因而认定该设计图纸不是他的知识技能❸。"

从上述案例来看，以雇员知识技能水平和研发能力为标准划分商业秘密时，应当要把握以下三点：其一，雇员凭借自己的知识水平和研发能力，能够独立开发出来的技术秘密，对于该雇员来说不构成商业秘密，这不代表这些技术秘密对于普通雇员来说不构成商业秘密；其二，即便雇员具备独立开发某技术秘密的知识水平和研发能力，但是如果使用不正当手段从前用人单位获取技术秘密的，应当认定为商业秘密侵权行为，而不能认定为是他的知识技能；其三，以此标准划分商业秘密与雇员知识技能界限时，应当注重从雇员知识水平和研发能力两个方面考量，对于具备知识水平，但实务经验欠缺、研发能力差的雇员，其离职后不可能独立研发出前用人单位所掌握的技术秘密，因而也不能认定这些技术秘密属于他们知识技能的范畴。

---

❶ Plaintiff's former president, although having substantial expertise, nonetheless preliminarily enjoined where it appear that in fact he had benefited from improper use of plaintiff's trade secret plans and designs rather than his own independent efforts. See: Junkerv.Plummer, 320 Mass.76; 67 N.E.2d 667; 1946 Mass.LEXIS 679; 165 A.L.R.1449; 70 U.S.P.Q.(BNA)332.

❷ Fairchild Engine & Airplane Corp.v.Cox, 62 U.S.P.Q.98.(N.Y.Sup.Ct.1944, Collins J).

❸ Affiliated Hospital Prods., Inc.v.Baldwin, 57 Ill.App.3d 800, 373 N.E.2d 1000, 1001, 1005–1006, 15 Ill.Dec.528, 202 U.S.P.Q.575(1st Dist.1978).

4.2.3 是否妨害公共利益与雇员自由择业

任何知识产权都应当受到相应的限制，商业秘密权也是如此。据此，有些司法机关将商业秘密与雇员知识技能的划分标准确立为商业秘密保护是否危及雇员自由择业和社会公共利益。如果把某信息作为商业秘密来保护将会危及雇员自由择业和妨害社会公共利益，那么，该信息将得不到商业秘密法律保护，自然划归雇员知识技能的范畴。例如，美国司法实务中，竞业禁止协议在一些州得不到法院的支持，正是因为这一协议的执行不符合人才流动和市场经济的基本规律，阻碍社会进步和个人发展，即是否妨害公共利益和雇员自由择业。此划分标准最具典型代表性的案例有美国 Wexler v. Greenburg 案❶、Whyte. v. Schlage Lock Co. 案❷，等等。

在 Wexler. v. Greenburg 案中，原告是一家保洁化工产品公司，被告是这家公司的工程师，负责化工产品的研发和化工原料的配制。被告辞职后去同该公司具有竞争关系的另一家公司，继续从事原来同样的工作。原告以他侵犯了公司商业秘密为由起诉至法院。一审法院认为，化工产品研发流程和化工原料的配制属于商业秘密，被告离职后继续使用原公司配方的行为侵犯了原告的商业秘密。被告不服一审法院判决，向宾夕法尼亚州提起上诉。上诉法院认为，该案中被告是一名化学家，他先后毕业于宾夕法尼亚大学分析化学专业、约翰霍普金斯大学有机化学专业，然后从事化工产品的研发和化工原料的配制工作，并在多家化学用品公司从事过研发工作，具有较高的知识技能，这是毋庸置疑的。进入原告单位以后，他从事实验室分析竞争对手的产品，研发出各种不同的配方。法院审查认为，这些配方中有四种涉及原告的商业秘密，离职雇员违反了在职期间与雇主之间存在的保密义务，将这四种配方应用于新工作当中，故法院颁布禁止令，要求被告永远不得泄露配方、研发过程或者实质上类似的配方，并禁

---

❶ Wexlerv.Greenberg, Appellant.the Supreme Court Of Pennsylvania.399 Pa.569；125 U.S.P.Q.471（1960）.

❷ Whyte. v.Schlage Lock Co., 125 Cal.Rptr.2d 277（Court of Appeal of Cal., 2002）.

止被告利用这些配方制造和生产化工产品和原料[1]。上诉法院在判决中指出：

在一般的商业秘密诉讼中，雇主向雇员披露了其存在的商业秘密，以便雇员将这些商业秘密运用于生产产品和研发创新，因而雇员对此商业秘密负有保密的义务。但是，本案中雇员具有较高的知识技能，雇主应当对商业秘密的存在和其与雇员之间存在的保密关系承担举证责任，便于法院确定所争议的信息是属于商业秘密还是雇员知识技能。一方面，雇主的商业秘密应当得到应有的保护，另一方面，雇员的知识、经验和技能显然不属于雇主的财产，雇员有权使用和扩张自己的知识、经验和技能。

在当今电子、化学、原子技术发展的时代，许多技术精湛的专业人员正从事潜在的商业秘密研发，人才竞争异常激烈，人才流动已变得相当频繁，法律如何调整竞争政策以平衡雇主商业秘密保护不受不正当侵害和个人不受限制谋取合适自己的职业和追求个人生活方式的权利就成为日益凸显的社会问题。

可见，上诉法院更为留意的是，本案判决可能对人才流动和科技发展所带来的负面影响，也即本书所说的对"公共利益和雇员利益"所造成的负面影响，判决既不能过度限制雇员自主择业，侵犯他们的劳动权，也不能妨碍科学技术的进步，造成社会公共利益的损害。因此，判决书中要求雇主应当完成举证责任，即自己确属拥有商业秘密、被告与自己存在信任关系并由此负有保密义务等承担举证责任。举证责任归属的确定，既确保了雇主对自己的商业秘密享有制止不正当竞争的权利，防止离职雇员和竞争对手通过不正当手段获取自己的商业秘密，也保障了离职雇员享有自由

---

[1] After holding lengthy hearings, the chancellor concluded that the four formulas involved are trade secrets which appellant Greenberg disclosed in contravention of his duty of nondisclosure arising from his confidential relationship with Buckingham. He decreed that appellants, jointly and severally, be enjoined permanently from disclosing the formulas or processes or any substantially similar formulas and from making or selling the resulting products. See: Wexler v. Greenberg, 399 Pa.569; 160 A.2d 430; 1960 Pa.LEXIS 491; 125 U.S.P.Q.(BNA)471.

第4章 技术秘密与雇员知识技能的边界划分

择业权，他有权运用自己知识技能选择适合自己的职业并由此获得应有的经济利益，促进社会技术发展进步。就前者来说，如果雇主商业秘密在雇佣关系终止后得不到保障，雇主将不会投入资本进行产品研发或者现有技术改进，而且，现代经济的快速发展已经不再是传统意义上的"一人公司（one-man firm）"，雇主必须将技术秘密托付给值得自己信任的雇员使用以获得利润。与此同时，这种托付带来的更多是商业秘密泄密的风险。如果不能有效地防止违约而发生的泄密，将会使雇主的商业秘密得不到应有的保护，挫伤雇主投资产品研发和技术改进的积极性。就后者来说，限制离职雇员的自由流动，当然有效地保护了雇主的商业秘密，但是限制和削弱了雇员在职场上的择业机会，使他们在原来工作中增加的知识、经验和技能难以发挥应有的作用，更别说在能发挥自己特长的工作中知识技能获得新的提升。同时，对于社会来说，这种抑制雇员创意、工艺和方法等传播，不仅使得产业竞争力下降，而且社会经济的发展受到损害。上诉法院进行充分论证后，得出以下结论："案件中的焦点在于，确定倾向于限制雇员流动以保护雇主，还是倾向于保护雇员不受限制的自由择业，维持生计，司法天平往往向后者倾斜❶。"

就本案而言，雇员从事化工产品的研发和化工原料的配制，如果是对公有领域的化工产品配方加以改变或者变化并投入生产的，这些信息属于雇员的知识技能，而不构成雇主的商业秘密。只有在违反信任或者保密义务的情况下，泄露雇主商业秘密的，才构成商业秘密侵权行为，不能以属于雇员知识技能进行抗辩。因此，宾夕法尼亚州上诉法院作出如下裁定：

上诉人离职后披露或者使用自己开发或者他指导开发的配方，没有违反信任关系或者保密义务的，其受雇于被上诉人工作期间开发或者指导开发

---

❶ Were we to measure the sentiment of the law by the weight of both English and American decisions in order to determine whether it favors protecting a businessman from certain forms of competition or protecting an individual in his unrestricted pursuit of a livelihood, the balance would heavily favor the latter. See: Wexler v. Greenberg, Appellant. the Supreme Court Of Pennsylvania. 399 Pa. 569; 125 U.S.P.Q. 471 (1960).

的信息，属于自己掌握知识技能的组成部分，雇员离职后可以自由使用。

又如，Whyte. v. Schlage Lock Co.一案，原告Schlage Lock Co.是一家制锁公司，被告Whyte是原告公司的销售副总，与原告签订有保守商业秘密协议。Kwikset（科赛特）公司与原告公司存在竞争关系，为了吸引被告进入自己的公司，科赛特公司提出了丰厚的待遇。2000年6月3日，被告接受了科赛特公司的邀请，但直到6月14日被告才向原告公司提出了辞职请求。在此期间，被告参加了原告与客户举行的秘密会议，6月25日被告担任与其在原告公司相同的职位，于是原告向加州法院提出诉讼，要求法院禁止被告担任科赛特公司的该职位。一审法院作出有利于被告的裁定，原告不服提起上诉。在上诉过程中，原告要求法院依据不可避免披露规则，禁止被告担任科赛特公司副总职位。上诉法院认为：

不可避免地披露规则，允许雇主在没有证明雇员真实使用商业秘密或者潜在有威胁商业秘密的情况下，推断出该雇员在新职位上将不可避免使用或者披露他知晓的商业秘密，从而禁止雇员从事新的职位，其结果不仅是禁止使用商业秘密，同时限制了前雇员就业权利❶。

故上诉法院否定这一规则的使用，并指出："法庭不应当允许原告以事后竞业禁止协议的方式，利用不可避免披露规则，禁止前雇员为他所选择的雇主工作❷。"

结合加州《商业与职业法典》第16600条禁止雇主利用禁业限制条款妨害公共利益和雇员自由流动的规定，基于本案对商业秘密保护将会给雇

---

❶ The inevitable disclosure doctrine permits an employer to enjoin the former employee without proof of the employee's actual or threatened use of trade secrets based upon an inference that the employee inevitably will use his or her knowledge of those trade secrets in the new employment.The result is not merely an injunction against the use of trade secrets, but an injunction restricting employment. See: Whyte v.Schlage Lock Co., 125 Cal.Rptr.2d 277(Court of Appeal of Cal., 2002).

❷ The inevitable disclosure doctrine permits an employer to enjoin the former employee without proof of the employee's actual or threatened use of trade secrets based upon an inference(based in turn upon circumstantial evidence) that the employee inevitably will use his or her knowledge of those trade secrets in the new employment.The result is not merely an injunction against the use of trade secrets, but an injunction. See: Whyte v.Schlage Lock Co., 125 Cal.Rptr.2d 277(Court of Appeal of Cal., 2002).

员利益和社会公共利益造成严重的影响，法院故作出更倾向于保护雇员利益和社会公共利益的判定。除了上述案例外，域外一些国家立法亦对商业秘密的公共利益抗辩作出规定。例如，加拿大《统一商业秘密法（草案）》第10条规定，涉及的公共利益比继续保持某商业秘密更为必要时，被告对使用或者披露商业秘密的行为不负法律责任❶。俄罗斯联邦《商业秘密法》（2004）第10条第6款亦有类似规定，该条规定商业秘密的保护不得损害他人合法权益和国家安全❷。因此，商业秘密保护对社会公共利益和雇员择业自由造成的影响程度，成为划分商业秘密与雇员知识技能之间边界的重要标准之一。

4.2.4　是否采取合理的保密措施

对于"合理的保密措施"，我国《不正当竞争法司法解释》第11条❸已经作出了明确的规定，"合理的保密措施"包括主观的保密意愿和客观的保密措施。然而，我国法院对保密措施采用偏重于合同约束❹。在美国司

---

❶ 参见《加拿大统一商业秘密法(草案)》第10条："(1)依本法进行的任何非法披露或使用商业秘密的诉讼中，被告对于原告不负责任——如果被告证明：a.该披露是根据有权命令披露信息的法院或裁判机关的要求向法院或裁判机关进行的；b.根据商业秘密的性质，在披露或使用之时，披露或使用已经涉及或将要涉及的公共利益生于继续保持秘密的需要。(2)对于本条(1)b项，披露或使用商业秘密中的公共利益是指意识到存在涉及普遍公众利益的：a.违反已生效法律[规定有管辖权]有犯罪行为或其他非法行为；b. 影响公共健康与安全的事件，其有关开发、合成或使用商业秘密。(3)对于(1)b项，法院必须考虑案件全部情势，包括：a. 商业秘密的性质；b.导致被告已经或将要披露或使用商业秘密的情势；c.已经或者将要披露或使用的程度或性质是否正当。"

❷ 参见《俄罗斯联邦商业秘密法》第10条第6款："商业秘密制度的利用目的不得与宪法和道德原则的要求相抵触，不得损害他人的健康、权利和合法利益，并不妨碍国防和国家安全。"

❸ 参见《不正当竞争法司法解释》第11条："权利人为防止信息泄漏所采取的与其商业价值等具体情况相适应的合理保护措施，应当认定为反不正当竞争法第十条第三款规定的'保密措施'。人民法院应当根据所涉信息载体的特性、权利人保密的意愿、保密措施的可识别程度、他人通过正当方式获得的难易程度等因素，认定权利人是否采取了保密措施。具有下列情形之一，在正常情况下足以防止涉密信息泄漏的，应当认定权利人采取了保密措施：(一)限定涉密信息的知悉范围，只对必须知悉的相关人员告知其内容；(二)对于涉密信息载体采取加锁等防范措施；(三)在涉密信息的载体上标有保密标志；(四)对于涉密信息采用密码或者代码等；(五)签订保密协议；(六)对于涉密的机器、厂房、车间等所限制来访者或者提出保密要求；(七)确保信息秘密的其他合理措施。"

❹ 孔祥俊，2012.商业秘密司法保护实务[M].北京：中国法制出版社：144.

法实践中，技术信息持有者是否采取合理的保密措施，一般只要求保密措施给人们以直观的感觉即可。例如，Rockwell Graphic Systems, Inc. v. DEV Industries, Inc.案❶、Pressed Steel Car Co. v. Standard Steel Car Co.案❷、Syntex Ophthalmics, Inc. et al.v.Novicky et al.案❸，等等。为了精确把握"合理的保密措施"的标准，本书将通过美国判例对此展开论证。

Rockwell Graphic Systems, Inc. v. DEV Industries, Inc.案中，原告Rockwell Graphic Systems, Inc.（简称Rockwell）是一家制作报纸印刷机的生产商，Freck和Peloso是该公司接触到印刷机设计图纸的雇员，Freck离职后加盟与Rockwell有竞争关系的DEV公司，并受聘为该公司的总裁，次年Peloso因盗窃原告公司图纸而被辞退。原告公司认为，Freck和Peloso窃取该公司的图纸并提供给DEV公司使用，遂向法院提起诉讼，诉讼开始前原告公司向法院提交了DEV公司的600份图纸，其中有100份图纸是自己公司的。DEV公司认为，这100份图纸都是自己通过合法途径获取的，有些来源于Rockwell的客户，有的来源于Rockwell的出售人，驳斥100份图纸是Freck和Peloso窃取或者其他非法途径获取。法院经审理认为：

原告Rockwell公司的设计图纸保存于保管室，且进入该保管室的人员必须经过授权并需持有出入证。接触到这些设计图纸的200名技术人员他们都需要向公司承诺，除经公司授权意外不得泄露图纸秘密。因工作需要使用图纸的，须公司审批同意后方可从保密室取走或者复印图纸，使用完毕后应立即销毁。出售人是唯一能够看到设计图纸的外部人员，但只能使用复印件，且需要签订保密协议。Rockwell将设计图纸交给出售人属于将商业秘密披露给特定范围内的人员，不影响其商业秘密的保护❹。但是，

---

❶ Rockwell Graphic Systems, Inc. v. DEV Industries, Inc. 925 F.2d 174; 1991 U.S. App. LEXIS 1969; 17 U.S.P.Q.2D(BNA)1780.

❷ Pressed Steel Car Co.v.Standard Steel Car Co.210 Pa.464; 60 A.4; 1904 Pa.LEXIS 908.

❸ Syntex Ophthalmics, Inc.et al.v.Novicky et al.1982 U.S.Dist.LEXIS 14175; 214 U.S.P.Q.(BNA) 272.

❹ A.H.Emery Co.v.Marcan Prods.Corp., 389 F.2d 11; 1968 U.S.App.LEXIS 8353; 156 U.S.P.Q.(BNA)529; 11 Fed.R.Serv.2d(Callaghan)377.

第4章　技术秘密与雇员知识技能的边界划分

200个工程师可以为了工作需要复印设计图纸，公司的出售人可以获取设计图纸复印件，必然使得大量的设计图纸散落于Rockwell公司之外。由此可以认定，Rockwell未能采取足够的保密措施，这些设计图纸不构成商业秘密。

通过上述说理分析后，法院驳回原告的诉讼请求。审理此案的法官波斯纳（Posner）还指出："保密措施方面不能要求过高，不能以损害生产能力为代价。完美无缺的保密措施未必是最合理的保密措施"。[1]

又如，Pressed Steel Car Co. v. Standard Steel Car Co. 一案，Pressed Steel Car公司是依据新泽西州法律成立的钢铁公司，公司自成立以来，主要生产压钢汽车、卡车、汽车零部件、火车摇枕和其他类似设备，几乎所有的汽车部件都是由压钢制成的。该公司是生产压钢汽车的先驱，是当时唯一从事压钢汽车的公司，1902年1月就开始压钢汽车的生产。Hansen是原告公司的首席工程师，被告Bierman是他的秘书，被告Culvershouse是Hansen所在工程部的办公室主任。Pecter F. McCool是新公司的发起人，是原告公司下属公司McKees Rocks厂厂长，H.J. Gearhart是原告公司的审计师，G. H. Goodell是助理工程师，J. B. Brady是销售总代理，W. O. Jacquette是办公室主任，W. H. Shoen是第一副总经理。1901年12月，Hansen和上述雇员或者管理者都申请加入被告Standard Steel Car公司，并被被告公司同意接收。1902年1月，Hansen离开原告公司，成为Standard Steel Car公司的总经理，上述雇员或者管理者也相继离开Pressed Steel Car公司，成为Standard Steel Car公司的雇员或者管理者。该公司立即筹划建立汽车制造厂，准备生产汽车，并于1902年8月，Standard Steel Car公司正式开始了汽车的生产。Hansen和其他人员离开原告公司带走了原告公司设计方案和汽车设计图，这些技术秘密都被Standard Steel Car公司所采用。原告Pressed

---

[1] If trade secrets are protected only if their owners take extravagant, productivity-impairing measures to maintain their secrecy, the incentive to invest resources in discovering more efficient methods of production will be reduced, and with it the amount of invention. See: Rockwell Graphic Systems, Inc.v.DEV Industries,Inc.925 F.2d 174;1991 U.S.App.LEXIS 1969;17 U.S.P.Q.2D(BNA)1780.

Steel Car公司向法院提起诉讼，要求Hansen和Standard Steel Car公司等被告停止侵犯该公司商业秘密的行为。宾州最高法院认为：

一扇没有上锁的门，不是邀请过路人或者雇员的请柬[1]。虽然这扇门没有上锁，但是他们亦不能入内，合理的保密措施犹如一扇门，有了这一扇门就足以起到保护作用。法律并不要求对商业秘密保护措施的要求达到天衣无缝的程度。

需要指出的是，保密措施执行时的失误不能成为丧失商业秘密的理由，例如，Syntex Ophthalmics, Inc. v. Novicky案[2]。该案原告Syntex公司（Syntex Ophthalmics和Arapahoe系该公司的子公司）自1977年起从事隐形眼镜材料研发和商业开发，这些材料可以制成透气性隐形眼镜，该项目被称为"宝利通项目"。在研发透气性眼镜以前，隐形眼镜佩戴者经常佩戴不允许氧气传输到眼角膜的硬质隐形眼镜，这种镜体是由名叫"聚甲基丙烯酸甲酯"的塑料材料制成，由于镜体缺乏透氧性，直接引起镜体使用寿命短，且容易引起佩戴者眼角膜水肿。用Syntex公司研发的透气性镜体材料生产透气性眼镜耐用且佩戴者角膜水肿机率减少。自1973年被告Novicky受雇于Arapahoe公司，1977年被选聘为"宝利通项目"的研究员，Novicky与Syntex公司就雇员的发明和保密信息签订了协议：（1）雇员同意将工作期间任何构思、方法、发明、设备属于雇主，双方同意雇员每日24小时包括假期内都属于工作期间；（2）雇佣关系结束后，雇员不得使用或者披露工作期间的各种技术秘密。1978年5月12日，被告Novicky以需要完成丹佛大学硕士论文为由终止了与原告的雇佣关系。然而，1977年12月，Novicky在实验的基础上开发出硅树脂单体，并发明了透气性高于一般透镜材料5~10倍的材料。这些单体和材料分别于1980年和1981年获得美

---

[1] "...an unlocked door is not an invitation to the passer-by or to the servant of the household to..." see: Pressed Steel Car Co. v. Standard Steel Car Co. 210 Pa.464; 60 A.4; 1904 Pa.LEXIS 908.

[2] Syntex Ophthalmics, Inc. et al. v. Novicky et al. 1982 U.S.Dist.LEXIS 14175; 214 U.S.P.Q.(BNA) 272.

国 4242483 号专利（"483 专利"）和 4248989 号专利（"989 专利"）。1978 年 5 月 16 日，Novicky 发明了新的有机硅单体用于制造透气镜片材料，并申请了 4216303 号专利（"303 专利"）。原告 Syntex 以被告侵犯商业秘密为由，向法院申请初步禁令救济。法院审理认为：

依据美国《反不正当竞争法重述》第 39 条评论 g 的规定，"意外泄露"不应成为雇主丧失商业秘密权的理由。本案中，尽管原告 Syntex 有时候没有按照保密要求采取保密相应的保密措施，例如，未将技术秘密文件锁入柜中，忘记在技术秘密文件上附"保密"字样，但是，原告 Syntex 公司采取保密措施，只是在执行过程中有所失误，导致离职雇员侵权行为的得逞，原告商业秘密仍然是存在的，雇主的失误不能成为雇员违反保密协议使用或者披露商业秘密的理由，也不能认定原告没有采取合理的保密措施。

通过本案法院的上述说理分析，我们可以看出，雇主的失误不能成为雇员违反保密协议或者披露商业秘密的理由，雇员不得以雇主没有采取合理的保密措施使用或者披露雇主的商业秘密。基于此，本案中原告 Syntex 的诉讼请求获得了法院的支持。

4.2.5 "合法掌握"的标准

为有效平衡离职雇员的职业发展和雇主保护商业秘密的利益，德国司法机关在大量的司法判例中采用"合法掌握"的标准。例如，1954 年划线机商业秘密侵权案、2001 年喷射铸造机商业秘密侵权案等案件，德国联邦最高法院认为，离职雇员可以合法透露和使用的商业秘密必须是在原雇主处"合法掌握"的；同时这种透露和使用没有伴随构成不正当行为的"特殊情况"。这里的"特殊情况"主要是指构成不正当竞争的情况，"合法掌握"是指雇员不违反德国《反不正当竞争法》第 17 条第 2 款的规定❶。因

---

❶ 参见：《德国反不正当竞争法》第 17 条第 2 款："下列未经许可获取或者固定商业秘密的行为是法律禁止的：(1) 使用技术手段获取商业秘密，如照相机、摄像机、窃听器、小型发射或接收设备都是技术手段；(2) 制作固定秘密信息之有形载体，如草图、记录、照片、录音等；(3) 拿走含有秘密之物品，如载有秘密之技术设备或者样品等；(4) 其他非法获取或固定商业秘密的行为。"

此，在德国司法机关在处理商业秘密与雇员知识技能冲突问题时，通常采用"合法掌握"作为重要标准，德国法院允许雇员使用基于"诚实获得"（honestly acquired）的方式从原雇主处获得商业秘密，并将其作为自己的知识技能使用。

例如，2002年德国联邦最高法院审理的A公司（生产和销售精密测量仪）诉W公司案❶，该案的被告S曾为原告A公司的技术负责人，离职前（1992年2月）与A公司的负责人K约定，由K担任被告S和他的妻子成立W公司的负责人，并参与该公司的投资经营活动。被告S于1993年7月1日离职，与他的妻子成立了W公司。至案发，至少还有原告A公司的两名以上的雇员为W公司工作。1994年春，原告A公司获得被告W公司的产品栏目表，A公司发现W公司生产的一些产品使用了和自己生产产品相同的产品名称和订货编号，同时该栏目表中W公司还注明他们的产品与A公司相兼容。原告A公司认为，W公司之所以能生产与自己公司相同的产品，是因为被告S派人偷走了自己公司的产品原部件，并在生产中仿制原告产品。同时，被告S将原告A公司雇员研发的图纸据为己有。被告S以生产产品所需要的技术属于自己合法掌握的知识进行抗辩。一审法院对原告A公司的诉讼请求予以支持，被告S不服提起上诉。上诉法院对被告的上诉主张予以支持，上诉法院认为："被告S没有以有违善良风俗方式取得对原告的竞争优势，他作为原告公司曾经的技术负责人，具有开发这些产品的能力，在产品研发中起到了决定性作用，偷走原告的产品原部件只是节省了一些自己研发的时间而已。"

原告不服向德国联邦最高法院提起再审，最高法院撤销二审法院的判决，发回二审法院重审。最高法院在判决书中说：

被告S离职后有权使用在原告A公司工作期间"诚实获得"的知识技能，有权为自己的目的使用合法掌握的信息和职业技能，这一点是确定无

---

❶ 参见：德国联邦最高法院判决，2002年11月7日，BGH 1 ZR 64/00. 刘晓海，2006.离职员工和商业秘密保护——对德国法的实证研究[J].科技与法律（2）：35-40.

疑的。但是，拿走或者窃取技术资料的行为是不允许，这些技术资料属于原公司所有并受法律保护的商业秘密。

德国联邦最高法院对该案的判决表明，雇员在工作期间合法掌握的信息属于自己知识技能的组成部分，在雇员离职后可以自由使用。然而，出于工作以外的目的，刻意记忆商业秘密，或者收集、摘抄、复制等手段来强化记忆，不能认定为诚实获得，是侵犯商业秘密的行为。

当然，在某些特殊情况下，德国法院禁止离职雇员在今后的择业中透露和使用原雇主工作期间合法掌握的商业秘密。例如，德国联邦最高法院2001年审理的一起商业秘密纠纷案件❶中认为，"合法掌握"应视情况而定，不能千篇一律地认为只要合法掌握即可以认定为雇员知识技能的一部分。该案情与上述案件较为相似，在此不再赘述，不同的是两被告在原告单位工作期间签订有保密合同，对工作中获知的技术信息负有保密的义务。一审法院驳回了除被告认可以外原告其他诉讼请求，原告不服提起上诉，上诉法院认为，法律原则上不禁止离职雇员使用合法掌握的专有技术，但是本案中两被告在原告单位工作期间较短，而且对技术信息的研发没有作出实质性的贡献，不能认定为合法掌握。

因此，上诉法院基于雇员在原告单位工作时间较短，对技术研发没有实质性贡献，其获得的专有技术不能认定为"合法掌握"，故认定被告对原告的商业秘密负有保密义务，对原告的诉讼请求全部予以支持。被告不服上诉至德国联邦最高法院，德国联邦最高法院判决书说：

"合法掌握"与否应当进行综合平衡各方利益，主要考虑以下重要因素：雇员在原单位的工作时间、在原单位的工作岗位、雇员的知识和技术水平、涉案信息对企业的重要性、涉案信息对雇员职业发展的重要性、雇员对涉案信息的贡献，等等，在对上述因素进行整体考虑的基础上作出合理判决。

---

❶ 参见：德国联邦最高法院判决，2002年11月7日，BGH 1 ZR 64/00. 刘晓海，2006. 离职员工和商业秘密保护：对德国法的实证研究[J]. 科技与法律(2)：35-40.

4.3 消极信息属性的认定

4.3.1 问题的提出

从某种程度上说,社会公众对消极知识的使用是普遍和没有争议的。所有或者几乎所有艺术和科学的创造都建立在过去的实践、过去的创造性作品和过去失败的基础上,前辈认知的错误,或者个人发现的错误,能够引发新的想法。事实上,有创造力的人有时候详细了解以前的研究方法以汲取经验教训。使用消极知识是很普遍的,例如,艺术、科学、科学等几乎所有学科。例如,每一次有影响的科学发明(化学、物理、天文等领域)都建立在以前的理论无法解释新发现的异常情况和问题,需要打破或者借助旧的理论支撑新的"范式"❶。亚里士多德在柏拉图错误形式理论的引导下发展了哲学本质的思想。文学评论家认为英美诗人在借鉴前辈的经验和"错误"基础创造了新体诗歌,虽然直接来源于前人的一些知识❷。

然而,商业秘密法中的消极信息的概念并不同于日常生活中所使用的消极知识。所谓消极信息(亦称"否定性信息",英文是 negative information),是指为了创造发明或者完善和改进的新技术,开发者花费很大精力得出的一些失败数据、方法、设计、配方等,对开发者没有任何用处也不能运用到商业活动中去的信息❸。在商业秘密语境下,从事研发和销售等岗位的雇员,对原单位的消极信息再清楚不过了。但是,与原单位有竞争关系的企业并不知道这些消极信息,这些没有价值的信息若被竞争对手获知,即会使从中得到借鉴,避免重蹈覆辙,缩短竞争对手的研发时间,减

---

❶ THOMAS S,1970.Kuhn.The structure of scientific revolutions[M].Chicago:University of Chicago Press:77-80.

❷ HAROLD BLOOM,1997.The anxiety of influence[M].Oxford:Oxford University.Press:5-18.

❸ GRAVES,2007.The law of negative knowledge:a critique[J].Tex.Intell.Prop.L.J:387-416.

少竞争对手对特定信息研发所消耗的人财物等资源,从而使竞争对手的市场竞争地位进一步强化。那么,雇员离职后进入该企业,是否可以重复曾经原雇主单位得出的"错误"或者"失败"结论,是否需要对此承担责任。换言之,雇员在原用人单位得出的"错误"或者"失败"结论是否可以作为自己的知识技能使用,抑或这些"错误"或者"失败"结论构成商业秘密,离职雇员即便在尚未使用原单位积极信息而仅使用这些消极信息,也需要承担法律责任呢?因此,消极信息属于商业秘密,抑或属于雇员知识技能,成为当前亟待解决的难点问题。

4.3.2 学术界对消极信息属性的认定

对于消极信息属性的认定,国内外学术界主要存在以下三种不同的观点:

4.3.2.1 消极信息不构成商业秘密,不受商业秘密法的保护

笔者对此种观点的学者提出的理由进行归纳总结,主要基于以下三种理由:

(1)消极信息没有经济价值或者实用性。例如:日本学者盛冈一夫认为,具有经济价值的信息才受到保护,消极的、无经济价值的信息不受商业秘密法的保护❶;又如,John T. Cross认为,发明创造应当具有实用性,对于没有实用性的发明创造,不构成商业秘密,也无法获得法律的保护❷;

(2)消极信息无碍持有人的生产生活。例如,我国学者单海玲认为,消极信息即使有点创意,为他人使用,对持有人的生产和生活也不会造成严重影响,持有人申请初步禁止令很难获得法院的支持❸。

(3)消极信息是雇员在雇主单位工作期间诚实获取的。例如,Mary-

---

❶ 刘金波,朴勇植,1994.日、美商业秘密保护法律制度比较研究[J].中国法学(3):108-115.

❷ JOHN T, 2009.Cross, information convergence: at the boundaries of accessdead ends and dirty secrets: legal treatment of negative information[J].25 J.Marshall J.Computer & Info.L.619.Symposium.

❸ SHAN HAILING.Protection of trade secrets through IP and unfair competition law: China[EB/OL]. (2015-10-19)[2016-09-05]http://aippi.org/wp-content/uploads/committees/215/GR215china.pdf.

Rose McGuire认为,雇员基于诚实获取的方式掌握原单位的商业秘密,在其离职后可以合法披露和使用。消极信息即便作为商业秘密,也是在原单位诚实获取的,因此很难受到商业秘密法的保护[1]。

4.3.2.2 消极信息构成商业秘密,雇员离职后不得使用或者披露

我国著名学者孔祥俊认为,消极信息尽管是某种不利益或者努力失败的经验性信息,但它同样给权利人以启示,同样可以为权利人预防、消除不利益和失败而让权利人具有经济利益和竞争优势,由此他认为消极信息发挥的仍然是"积极作用",应当属于商业秘密的范畴[2]。

张耕也曾指出,消极信息虽然不能为所有者产生直接效用,但若被同行所知,竞争者可以从中得到借鉴,缩短其研发产品的过程,避免无谓的资源和时间浪费,这样就会使消极信息持有人的竞争优势得以削弱或者丧失,所以消极信息构成商业秘密[3]。

克里茨克(Klitzk)指出,经过实验证明某种工艺不可行或者某种方法不可能产生某种效果的信息,也构成商业秘密[4]。

日本学者田村善之以新药研发为例对消极信息的属性进行的论述,他指出,在新药研发过程中,当该新药因其副作用、效果等原因尚未投放市场时,利用非法手段获得该新药研发过程中所得的数据等否定性信息的人,从事新药研发过程中利用这些否定性信息必然会节省人力、时间和费用等,故此他认为否定性信息构成商业秘密[5]。

持此种观点的学者较为普遍,而且此种观点亦为我国大量的司法判例所承认。

---

[1] MCGUIRE M R. Protection of trade secrets through IPR and unfair competition law: Germany[EB/OL].(2010-03-17)[2014-12-05].http://aippi.org/committee/protection of trade secrets through ipr and unfair competition law.
[2] 孔祥俊,2012.商业秘密司法保护实务[M].北京:中国法制出版社:140.
[3] 张耕,2012.商业秘密法[M].厦门:厦门大学出版社:15.
[4] KLITZKE,1980.The uniform trade secret[J].Marquette law review:277.
[5] 田村善之,2011.日本知识产权法[M].周超,李雨峰,李希同,译.北京:知识产权出版社:39.

4.3.2.3 消极信息是否构成商业秘密，应当进行严格的审查

查尔斯·泰特·格雷夫斯（Charles Tait Graves）认为，消极信息的属性认定直接关系到商业秘密保护和离职雇员的自由流动两个方面，必须对其严格地审查，以离职雇员利用消极信息所研发的成果是否与原雇主所生产的产品相同或者类似的方式来进行辨别。他认为，消极信息对于原雇主不能应用于实际工作中，且没有任何直接效用，竞争对手使用可以缩短研发流程，节约社会资源和降低成本，不应当将其视为商业秘密[1]。

笔者较为认同第三种观点，消极信息是否构成商业秘密，应当进行严格的审查，根据审查的不同情况分别作出认定。为了更好地认定消极信息的属性，本节将对美国立法和司法实务进行考察，归纳总结出值得我国借鉴的经验做法。

4.3.3 美国对消极信息属性的认定

对于消极信息的属性如何认定，美国立法和司法实践主要存在四种不同的态度：消极信息不构成商业秘密；回避消极信息属性的认定；消极信息构成商业秘密；消极信息的属性认定上采用"修改规则"（modification rule）。下面将以美国一些经典案例阐述各种不同观点的缘由，为消极信息属性认定提供有益借鉴和参考。

4.3.3.1 消极信息不构成商业秘密

美国立法和司法过程中，对消极信息属性的认识经历了逐渐式的发展过程。美国1939年《侵权行为法重述》中商业秘密的定义中不包括消极信息，该重述要求商业秘密必须对原告有用，它含蓄地排除了最消极的信息，因为他们不继续使用认为是错误的信息。美国大多数法院在《统一商业秘密法》被采用之前采用1939年《侵权行为法重述》，直到今日有些州

---

[1] CHARLES TAIT GRAVES, 2007. The law of negative knowledge: a critique[J]. 15. Tex. Intell. Prop. L. J: 387-416.

仍然使用1939年重述所提出的观点，不将消极信息认定为商业秘密，也不承认离职雇员对使用消极信息要承担责任❶。1995年《反不正当竞争法重述》（第三版）也将消极信息排除在商业秘密之外。该重述评论指出，需要连续使用的涉密信息，才构成商业秘密，引导人们避免的"消极信息"，例如：特定的过程、技术或者知识等不适合商业用途，不构成商业秘密❷。

司法实践中不少案例也认为消极信息不构成商业秘密。例如，Hurst. v. Hughes Tool Co.案❸，原告（Hurst）主要从事渗硼工艺的研发，通过长期的研究研发，发现渗硼可以延长油气井钻头的使用寿命。在研发过程中，被告（Hughes Tool Co.）知晓原告研发过程中一些错误数据、失败实验等消极信息，双方并没有就这些信息签订保密协议。随后，被告在产品生产中使用了从原告处得知的消极信息，原告遂以被告违反保密关系向法院提起侵权诉讼。辛普森（Simpson）法官认为：

原告应当提供以下证据：(1) 商业秘密的存在；(2) 违反保密关系或者使用不正当手段获取商业秘密；(3) 使用商业秘密；(4) 受到损害。然而，被告没有真正使用原告提供的积极信息，原告提供都是消极信息，即"不去做什么（what not to do）"，这些消极信息不构成商业秘密❹。原告所提出的被告违反了保密协议的主张不成立，没有证据表明其违反协议，被告从来没有采用渗硼切削结构，也没有使用轴承销中的硼处理过程，使用

---

❶ CHARLES TAIT GRAVES, 2007.The law of negative knowledge: a critique[J].15.Tex.Intell.Prop.L.J:387–416.

❷ Restatement (Third) of Unfair Competition §39 cmt.e (1995) (noting that earlier cases requiring continuous use of information to qualify for trade secrecy, a rule rejected by the Restatement, "places in doubt protection for so-called "negative" information that teaches conduct to be avoided, such as knowledge that a particular process or technique is unsuitable for commercial use").

❸ Hurst v.Hughes Tool Co., 634 F.2d 895 (5th Cir.).454 U.S.829, 70 L.Ed.2d 105, 102 S.Ct.123 (1981).

❹ Nevertheless, the cone and the information supplied by Hurst clearly were not the sole or even the primary source of data used in making the decision to boronize journal bearing pins or indeed to boronize or not to boronize any other structure.In sum, Hurst's information, while of some benefit provided only negative, "what not to do", input to Hughes.See: Hurst v.Hughes Tool Co., 634 F.2d 895 (5th Cir.).454 U.S.829, 70 L.Ed.2d 105, 102 S.Ct.123 (1981).

的都是"不去做什么（what not to do）"的消极信息，这些信息不构成商业秘密，雇员离职后可以自由使用。

又如，宾夕法尼亚州法院审理的 SI Handling Sys., Inc. v. Heisley 案❶，原告（SI Handling Sys., Inc.）主要从事溶解干燥剂的空气干燥器的开发和制造，被告 Heisley 是原告公司的一名雇员，主要从事空气干燥器的研发工作。被告在研发期间掌握制造空气干燥器过程中获得了现场测试和实验中的一些错误信息、失败数据、研发过程中遇到问题的研究和分析等秘密信息。法院分析认为：

原告禁止被告使用的"诀窍"主要包括：（1）解决卡特拉克（Cartrac）应用过程中出现新问题的能力；（2）避免过去错误和失败（消极技术）。"虽然我们不贬低这些"诀窍"的价值，且技术秘密的使用需要获得所有人的授权。然而，我们并不认为解决问题的能力和知识是离职雇员应避免的误区。

宾夕法尼亚法律规定，雇佣关系终止后，离职雇员有权使用他在原单位获得的经验、知识、记忆和技能。然而，按照宾州法律的规定，雇主可以将雇员在其工作期间的错误和失败知识作为商业秘密，这一规定值得商榷。法院认为："允许离职雇员使用错误和失败知识符合常理和人性，我们不可以用'司法橡皮'抹掉雇员掌握的知识与技能。"

因此，上诉法院认为一审法院认为原告所主张的"诀窍"构成商业秘密是错误的，适用《侵权行为法重述》（1939 年）规定，指出错误和失败中没有商业秘密，原告就消极信息主张权利并申请初步禁令被法院驳回❷。

类似的案例还有：Earth Web, Inc. v. Schlack 案❸中，法院拒绝原告利

---

❶ SI Handling Sys.,Inc.v.Heisley,753 F.2d 1244,1262(3d Cir.1985).

❷ Plaintiff's negative know-how claim was rejected on request for preliminary injunction where the court found that Pennsylvania employees do not have trade secrets in mistakes and failures.See：SI Handling Sys.,Inc.v.Heisley,753 F.2d 1244,1262(3d Cir.1985).

❸ Earth Web,Inc.v.Schlack,71 F.Supp.2d 299,305,316(S.D.N.Y.1999).

用不可避免披露规则反对雇员在新工作中使用在原单位掌握的"试错过程（the trial and error process）"，法院认为，这一"试错过程"属于雇员工作中掌握的知识技能，原雇主不得禁止前雇员在未来的工作中使用❶。Van Prod. Co. v. General Welding & Fab. Co.案，原告请求法院颁布禁令防止原雇员使用包括错误和更正在内信息。法院认为，消极信息属于雇员经验的一种形式，在其变换工作以后仍然可以使用，故此驳回原告的诉讼请求❷。Winston Research Corp. v. 3M Corp.案❸，加利福尼亚州法律遵循《反不正当竞争法重述》（第三版）的规定，该州法院驳回原告禁止原雇员在研发器械过程中有关"不该做什么的知识……怎样不犯同样的错误（knowledge of what not to do ... and how not to make the same mistakes）"，认为这种理论过于严格，被告只能被禁止使用原告器械的"积极规范（the positive specifications）"❹。

4.3.3.2 回避消极信息的属性认定

在美国，雇主为了防止雇员离职后泄露商业秘密，请求法院禁止雇员离职后为竞争对手服务，即不可避免泄露规则。在适用此规则过程中，法

---

❶ In this Restatement jurisdiction, plaintiff's request for "inevitable disclosure" injunction against a former employee was based in part on the assertion that the employee had "awareness of the trial and error process that EarthWeb undertook in implementing the products and services of outside consultants." The court denied the request, finding among other things that defendant's knowledge of "developmental problems" constituted the type of knowledge he could not be restrained from using. See: Earth Web, Inc. v. Schlack, 71 F.Supp.2d 299, 305, 316(S.D.N.Y.1999).

❷ A request for an injunction against a former employee, based in part on "know-how" including "mistakes and corrections," "was rejected by the court who found the negative know-how portion to fall within the type of experience an employee can take from job to job." See: Van Prod.Co.v.General Welding & Fab. Co., 213 A.2d 769, 774, 777-78(Pa.1965).

❸ Winston Research Corp.v.3M Corp., 350 F.2d 134, 143-44(9th Cir.1965).

❹ California law followed the Restatement.The court reversed an injunction against former employees as to the portion relating to "knowledge of what not to do...and how not to make the same mistakes" as the plaintiff did in developing its machine.The court found such a theory overly restrictive and held that defendants were barred only from utilizing "the positive specifications" of the plaintiff's machine.See: Winston Research Corp.v.3M Corp., 350 F.2d 134, 143-44(9th Cir.1965).

院很少意识对消极信息的保护，在消极信息的属性认定问题也采取模糊的态度。

例如，Brentwood Indus., Inc. v. Entex Tech., Inc.一案中❶，宾夕法尼亚州尽管采用了《统一商业秘密法》，但是本案中法院仍然按照《侵权行为法重述》来进行审理。法院似乎没有意识到对雇主的消极信息进行保护，在判决书中只字未提对消极信息是否予以保护问题，法院指出："雇主对有价值的信息寻求保护，除了不被被告以任何方式使用外，不能将其作为限制雇员经过个人努力得出有益经验和知识而谋取新职业的理由。"

又如，美国第五巡回法院适用得克萨斯州法律审理的Metallurgical Industries, Inc. v. Fourtek, Inc.一案，法院驳回原告主张的消极信息很难从积极信息分开因此构成商业秘密的诉讼请求❷。被告Fourtek知悉原告Metallurgical Industries如何发展锌回收炉的方法和原告研究此方法过程中产生的消极信息，法院判决书中指出：

商业秘密是发现研发某产品的方法，而研发该产品方法之前所产生的消极信息不是单独类别的信息。尽管我们不认为这种区别（即积极信息与消极信息的区分）永远是徒劳的，至少在这种情况下，我们认为区分积极信息与消极信息是不明智的。

就Metallurgical Industries, Inc. v. Fourtek, Inc.案而言，由于原告Metallurgical Industries起诉的是被告使用自己的方法（积极信息），并没有提及"死胡同"或者研发失败的消极信息，法院因此将原告所主张的积极信息认定为商业秘密。但是，法院对消极信息的态度表明，消极信息的法律定位具有不确定性。

4.3.3.3 消极信息构成商业秘密

20世纪80年代，美国立法上对消极信息的认定态度发生根本的转变，

---

❶ Brentwood Indus.,Inc.v.Entex Tech.,Inc.,No. Civ.A.04-CV-03892,2005 U.S.Dist.LEXIS 5471.

❷ Metallurgical Industries Inc.v.Fourtek,Inc.,et al.790 F.2d 1195;1986 U.S.App.LEXIS 25463;229 U.S.P.Q.(BNA)945.

1979年颁布的《统一商业秘密法》被40个多个州所逐步采用,改变了以前《侵权行为法重述》中对消极信息属性的认定,它认为消极信息符合商业秘密的定义。美国《统一商业秘密法》评论中指出,商业秘密的定义包括了具有商业价值的消极信息,例如,冗长而昂贵的研发过程表明,某一个产品的研发过程行不通,这些行不通的过程对于竞争对手来说可能具有巨大的价值。目前尚不清楚《统一商业秘密法》的起草者为什么要将消极信息归类为商业秘密。

该重述评论仅用一句话作出了解释❶,没有讨论当商业秘密与雇员基本知识技能出现冲突过程中消极信息属性如何认定的规则,也没有讨论前雇员如何避免使用消极信息和使用这种消极信息如何进行损害赔偿。起草者没有表示将消极信息作为商业秘密给前雇员流动带来潜在影响的担忧,也没有表明前雇员应当义不容辞地避免重复原雇主的错误❷。

但是,《统一商业秘密法》颁布以后,法院开始更易于将消极信息作为商业秘密进行保护。在特殊的情况下,雇主还可以雇员离职后在新工作中不得使用消极信息为由,申请禁止令阻止雇员从事新的工作。例如,Avery Dennison Corporation v. Donald Finkle et al. 一案,康涅狄格州法院基于雇员的新工作需要使用在原告单位的部分消极信息,适用康涅狄格州《统一商业秘密法》颁布不可避免泄露禁令阻止雇员从事新的工作❸。在解释颁布禁令原因时,法院判决书中指出:

原雇员不可能没有获取原单位消极信息,这些消极信息对于雇主保持优势地位极为重要,构成商业秘密❹。原雇员在新工作中肯定不会再重复

---

❶ Unif.Trade Secrets Act § 1, Commissioners' Comment (amended 1985) ("The definition[of a trade secret]includes information that has commercial value from a negative viewpoint, for example the results of lengthy and expensive research which proves that a certain process will not work could be of great value to a competitor.")

❷ CHARLES TAIT GRAVES, 2007.The law of negative knowledge: a critique[J].15.Tex.Intell.Prop.L.J: 387-416.

❸ Avery Dennison Corporation v.Donald Finkle et al., 2002 Conn.Super.LEXIS 329.

❹ Charles Tait Graves 认为,被告 Finkle 可能是善意的,从本质上不可能是 Avery Dennsion 公司的商业秘密,特别是"死胡同"(dead ends),不影响 Finkle 与 Bic 之间的雇佣关系。参见 CHARLES TAIT GRAVES, 2007.The law of negative knowledge: a critique[J].15.Tex.Intell.Prop.L.J: 387-416.

第4章 技术秘密与雇员知识技能的边界划分

在原单位所"犯的错误",不可避免泄露规则可以禁止前雇员将在原单位得到的消极信息应用于新工作中。

这也从侧面说明了消极信息是被作为商业秘密来对待的。又如,Novell, Inc. v. Timpanogos Research Group, Inc.一案中,被告梅尔基(Merkey)和梅继尔(Major)通过在狼山品牌研发中积累的长期和直接的经验,他们知悉公司的积极信息和消极信息。当他们离职后宣称不使用Novel公司的商业秘密,但是如果他们制造出与Novell公司类似的狼山牌品产品,人们难以相信他们没有使用Novell公司的消极信息,没有人愿意花钱做那些已知会失败的研发项目。对于消极信息的使用上,原告希望被告不使用任何消极信息生产与Novell公司具有竞争优势的产品,也不允许以违反合同和信任义务使用在Novell公司工作期间获得的信息而获得利润。法院对原告的诉求予以支持,适用不可避免泄露规则颁布禁止令,限制Merkey和Major从事与其有竞争关系的工作[1]。

值得注意的是,不仅是技术研发过程中的消极信息构成商业秘密,有些法院认为,消极客户名单信息也可能构成商业秘密。例如,加利福尼亚州法院审理的Cinebase Software, Inc. v. Media Guar. Trust, Inc.一案,法院适用加州《统一商业秘密法》,将消极信息当作商业秘密保护,法院在说理部分说:

对原雇主产品不感兴趣的客户身份,一般不在客户名单之列,但是原雇主为此也付出精力和时间,例如,通过逐个打电话、上门拜访等方式获得的"不感兴趣客户列表",其他竞争对手并不了解这些客户身份,这些"不感兴趣客户列表"也构成商业秘密,离职雇员也不得在新的工作中使用[2]。

---

[1] Novell, Inc. v. Timpanogos Research Group, Inc., 46 U.S.P.Q. 2d 1197, 1216-17 (Utah Dist. Ct.1998).

[2] Cinebase Software, Inc.v.Media Guar.Trust, Inc., No.C98-1100EMS, 1998 WL 661465, at 12 (N.D. Cal.Sept.22, 1998).

4.3.3.4 "修改规则"

"修改规则"（the modification rule）允许出现轻微的、非实质的使用商业秘密（包括消极信息和积极信息），只要使用的结果产出的结果或者产品是不同，这样可以避免任何人重犯毫无意义的"错误"和误入"死胡同"。加州联邦法院审理 Digital Dev. Corp. v. Int'l Memory Sys. 案过程中，论述修改规则时指出，依据修改规则要求前雇员承担责任，依赖于有证据证明被指控的侵权人以精确的形式使用了商业秘密，哪怕侵权人在使用商业秘密细节上有所修改或者改进[1]。

修改规则在商业秘密法与著作权法上的适用是不同的，商业秘密法认为，在没有复制最终作品的情况下，允许发明创造中使用他人作品。例如，Sony Computer Entm't, Inc. v. Connectix Corp. 一案，法院认为，通过反向工程，中间复制他人软件，没有出现在最终作品不算侵权[2]。这是因为商业秘密法涵盖了非公开思想的使用，不管它们是否拷贝他人的表达方式和过程。正如，威斯康星州法院在 M. Bryce & Assocs., Inc. v. Gladstone 一案中解释修改规则时指出的：

在修改规则问题上，商业秘密法和著作权法存在明显的不同，商业秘密法允许中间的侵权复制作品，而最终的产品没有复制。这是因为商业秘密涵盖的是非公开的思想，无论他们是否以复制原告的形式表现出来。因此，商业秘密与著作权之间的边界是清晰的，商业秘密法律保护的内容与表达形式无关，著作权法保护表达形式而不是潜在的思想[3]。

从这个意义上来说，消极信息的使用主要应用于发明创造的过程中，而且不是以有形载体的形式表现出来，故很难认定消极信息是否被原雇员

---

[1] Digital Dev.Corp.v.Int'l Memory Sys.,185 U.S.P.Q.136,141(S.D.Cal.1973).

[2] Sony Computer Entm't,Inc.v.Connectix Corp.,203 F.3d 596,602-03(9th Cir.2000).

[3] Trade secret law protects content irrespective of form of expression；copyright law protects form of expression but not the underlying ideas.See：M.Bryce & Assocs.,Inc.v.Gladstone,319 N.W.2d 907,915 (Wis.Ct.App.1982).

使用，只能从前雇员所研发的最终作品上作出判定。由此可见，修改规则认为，消极信息可以作为雇员知识技能使用，但是使用其所产生的研发结果不能与原单位商业秘密所产生的结果相同或者相似。

修改规则在美国几十年来已经被广泛地接受，它的应用极具合理性。由于消极信息与积极信息总是联系在一起而且难以厘清它们之间的边界，为了避免离职雇员借助修改规则在使用消极信息的过程中侵犯雇主的积极信息，美国法院对修改规则作出了进一步完善和改进。例如，加州联邦法院对修改规则作出如下定义：责任的归属不依赖于证据证明指控的罪犯使用和披露商业秘密的精确形式，即使罪犯使用商业秘密的细节上存在不同，对商业秘密有所修改或者改进，他将也会承担责任。修改规则在商业秘密领域的应用类似于专利法中的等同原则（the doctrine of equivalents），要求某人对使用他人商业秘密的行为承担法律责任，他使用所接收到的商业秘密形式没有任何要求，即便他经过自己的努力修改或者改进了别人的商业秘密并加以使用。细节的差异性不能排除没有使用他人商业秘密的嫌疑，不能因此而排除使用人承担侵权责任。唯有持有人对商业秘密的贡献较小，研发商业秘密还存在有其他来源，离职雇员是免责的；即使在此种情况下，离职雇员仍然要对因他的行为而引起泄露和占有雇主商业秘密的损害行为承担责任，离职雇员对商业秘密所作出的修改或者改进的程度将直接影响到损害责任的承担和侵权造成损失的计算[1]。

4.3.4　消极信息属性的认定标准

从理论上讲，消极信息符合商业秘密的构成要件，是商业秘密的重要组成部分。它虽然不具有实际或者潜在的独立经济价值，这里的"独立经济价值"是指信息可以独立使用，而不依附于其他信息或者雇员的知识技

---

[1] CHARLES TAIT GRAVES, 2007.The law of negative knowledge: a critique[J].15.Tex.Intell.Prop.L. J:387-416.

能而存在。但是，消极信息如果保持其秘密性，将可以使竞争对手花费大量时间和经费，从而使得竞争对手滞后而对消极信息持有人具有价值性，即表现为某种市场竞争上的优势地位。但是，倘若我们固守既定的构成要件来认定消极信息是否构成商业秘密，无益于推动社会发明创新，特别是消极信息这一特殊情形。试想一下，如果我们对那些错误、失败实验、过时的方法、"死胡同"等授予知识产权，这势必有违知识产权设立和保护的初衷。因为即使不保护这些错误信息，公司还会继续开展发明创造。同时，将消极信息作为商业秘密加以保护，必将迫使原雇员毫无意义地从形式上重复原雇主的"错误"，并促使原雇主竞争对手像原雇主那样花费大量的金钱和时间来重走"弯路"。只有这样，才能避免存在不重复"错误"之嫌，进而规避雇员因侵权行为所应当承担的责任，这亦与商业秘密保护之目的相悖。因此，消极信息属性应当视不同情况分别作出认定。

第一，被证实不能应用于实际生产的消极信息，一般不构成商业秘密。消极信息是雇员在研发过程中产生的，这一研发过程势必会利用自己现有的知识、经验和技能，倘若雇员不具备这方面的知识、经验和技能，将无法进行技术研发，当然无法产生包括消极信息在内的信息。但是，消极信息与积极信息存在根本的不同，积极信息能为雇主带来经济利益，使其在市场竞争中处于优势地位；而消极信息不能为雇主带来经济利益，只是如果被竞争对手知悉会缩短其研发时间，可能会使雇主在市场竞争中的优势地位得以削弱。然而，消极信息与雇员原知识技能基础上所增长的知识技能存在一定程度的融合而难以区分。一般而言，那些对消极信息持有人没有任何价值，对竞争对手也毫无价值的消极信息，不构成商业秘密。

第二，对于离职雇员在原雇主消极信息基础上进行的研发创造，创造出超越前人的技术成果，那么使用原雇主消极信息的不构成商业秘密侵权行为，离职雇员所研发的技术成果属于离职雇员个人所有。这是因为：一方面，这符合当前国家提出"大众创业、万众创新"的基本精神，可以鼓励技术人员的创业、创新活力，充分发挥技术人员的创新潜能。如果强行

第4章 技术秘密与雇员知识技能的边界划分

对其加以禁止使用，势必会阻止技术进步和人类发展；另一方面，可以充分发挥消极信息应有的价值，符合知识产权保护的真正目的。知识产权保护的目的是保护智力成果权人的利益，激励他们创造出更先进的技术成果，打击不劳而获损害产权人合法权益的侵权行为。离职雇员在前人基础上进行的技术研发，不但不是不劳而获，而且推动技术进步和人类发展，这和知识产权保护的目的是一致的。

第三，对于离职雇员在原雇主消极信息基础上进行无实质性的修改或者改进，所生产出的产品与原雇主几乎无异，这就存在侵犯原雇主积极信息的嫌疑，此类消极信息一般构成商业秘密。这是因为：消极信息和积极信息之间经常处于混沌状态，有些技术成果的成功与失败犹如硬币的两面，非此即彼，避免重复原雇主的消极信息很可能意味着使用原雇主的积极信息。如果离职雇员在进行研发创新过程中，只是对自己所知悉原雇主的技术信息进行无实质性的修改或者创新，此类信息虽然汲取了原雇主信息的"营养"，但是并未凝聚着离职雇员的个人智慧和创新，是一种侵权行为。在这种情况下，消极信息不宜认定为雇员知识技能，否则对原雇主和社会创新都是不利的。

第四，能够从消极信息中直接得出持有人所想保密的积极信息，这些消极信息构成商业秘密，不宜认定为雇员知识技能的范畴。消极信息总是与积极信息的开发相随的，在开发积极信息过程中产生一些错误数据、失败试验结果和消极经营信息。尽管这些对自己没有任何经济价值的信息。然而，能够从消极信息中直接得出持有人所想保密的积极信息，那么此类消极信息不宜认定为雇员的知识技能，否则，必将使得积极信息遭到他人的使用或者披露。例如，雇主为了得到某个有价值的技术信息，经过无限次的反复实验、计算，花费了大量的人力物力，实验、计算结果即将产生之际，从事该工作的技术人员离职，那么此技术人员就不能够使用实验、计算过程中产生的失败和结果数据，因为实验、计算失败次数越多，离成功研发的目标就越近，雇员离职后很容易通过少量的实验、计算便可以得到雇主所想保密的积极信息。因此，此类消极信息构成商业秘密，不能视为雇员知识技能。相反，如果雇员刚从事某技术研发不久便离职，那么其掌握的消极信息一般不构成商业秘密。

4.4 雇员记忆中技术信息的属性认定

在商业秘密与雇员知识技能之间利益冲突的案件中，离职雇员通常就自己没有实施侵犯商业秘密行为提出抗辩，他们大多主张争议信息属于自己知识技能的范畴。离职雇员提出的抗辩理由，归纳起来大致有以下几类：主张保护的信息不构成商业秘密；被控的信息与雇主的商业秘密不同；被控侵权信息具有合法来源，主要包括自行开发研制、反向工程、权利人自己泄密、个人信赖等途径获得信息的。然而，商业秘密案件经常会涉及雇员记忆中秘密信息是否属于商业秘密还是雇员知识技能的问题，仍然存在争议，离职雇员在有些商业秘密侵权案件中亦会以记忆中的秘密信息是其知识技能抗辩雇主的诉讼主张。

4.4.1 雇员记忆中的技术信息概述

商业秘密案件中，雇员通常以记忆的方式掌握或者知悉原雇主工作期间获得技术信息，在雇员离职后，其往往以记忆方式获取的技术信息无法通过额叶白质切除术消除记忆内容为由进行抗辩，并由此提出这些信息属于自己掌握和积累的知识、经验和技能，不构成雇主的商业秘密。这种以记忆方式获取的技术信息就是本章所说的记忆中的技术信息，也称剩留知识❶。商业秘密诉讼中以记忆为由进行的抗辩，被人们称为"记忆抗辩"。

从理论上而言，雇员记忆中技术信息主要可以分为两类：雇员知识技能和技术秘密。雇员通过参与不同的工作项目积累，形成了自己的知识技

---

❶ 黄武双,2008.剩留知识的使用与控制研究：美国判例研究及其对我国立法与司法的启示[J].法学杂志(4):40-43.

能，这些具有娴熟知识技能的雇员受到雇佣人的欢迎，符合雇佣人的利益最大化的目标。倘若每个雇主都担心离职雇员从在其单位获得的知识技能为他人所用，而杜绝离职雇员为其他雇主服务，必然会导致其他雇主生产成本的上升，对社会发展也造成负面影响❶。与此同时，雇员特别是企业高管和技术人员，他们有机会接触和掌握企业大量的技术秘密，这些技术秘密亦会成为雇员记忆中技术信息的一部分，这部分技术信息不能因为存在于雇员记忆中就否定其商业秘密的基本属性。

雇主为了保护商业秘密，经常采用签订保密合同的方式，要求雇员对商业秘密承担保密义务。一般来说，雇主大多在保密合同中列举出对方的保密义务内容，例如，保密合同中约定"禁止使用本单位披露的所有保密信息""禁止使用雇佣期间从本单位所获得的所有保密信息"等等。然而，雇员记忆中信息既可能属于雇员知识技能，也可能构成企业商业秘密，若雇主主张其构成商业秘密，必须对其承担举证责任。即雇主应当调查离职雇员在本单位工作之前从事所在行业的知识状况和技术水平，离职雇员独立研发本单位所具有的商业秘密的能力，了解行业领域内普通技术人员所知悉和掌握商业秘密以外的知识情况❷。由于雇员记忆中信息与商业秘密之间的界限通常难以厘清，雇主可以尽量在保密合同中具体列举各类保密信息，将记忆中雇员知识技能排除在保密合同列举的保密信息之外，以实现对商业秘密的有效保护。然而，笔者认为，仅仅通过保密合同约定来推断雇员记忆中信息的属性，是不全面、不科学的，有必要对域外立法和司法实践中积累的经验进行全面的归纳总结，为我国司法实践中对雇员记忆中技术信息的属性科学界定提供有益借鉴。

4.4.2 国内对雇员记忆中信息的属性认定

国内学术界和实务界对雇员记忆中信息的属性认定，主要存在以下三

---

❶ Follmer,Rudzewicz & Co.v.Kosco,362 N.W.2d 676,677-683(Mich.1984).

❷ 黄武双,2008.剩留知识的使用与控制研究:美国判例研究及其对我国立法与司法的启示[J].法学杂志(4):40-43.

种观点：

第一，离职雇员在原雇佣单位所接触的技术秘密，不管是通过有形载体形式，还是通过记忆等方式，而未经原雇主同意，使用或者披露原雇主此类信息的，即构成了侵权，记忆抗辩不是合理使用他人的充分理由。例如，戴永盛教授认为，记忆抗辩不能成为主张记忆中的秘密信息不是商业秘密的理由，他解释到：(1) 有些记忆力超强的雇员，完全可以将其工作中接触到的设计图纸、产品配方、数据等熟记于心；(2) 即便有些记忆力较差的雇员，刻意地反复记忆工作中接触到的上述技术秘密。这两种情况都会造成商业秘密权利人利益的损害，其侵权与复制或者盗取没有本质的区别[1]。彭学龙教授也曾提出过此观点，他认为，离职雇员使用记忆中的商业秘密与以书面载体形式带走商业秘密并加以使用的没有任何差异，都是对原雇主商业秘密的侵犯[2]。

第二，离职雇员中原雇佣单位以记忆方式获取的技术秘密，在新的工作中可以自由使用。此观点基于两个方面的原因：其一，以记忆方式获取商业秘密并非采用了"不正当手段"；其二，从技术层面而言，离职雇员的记忆不可能消除，如果因雇员记忆留存有商业秘密而禁止雇员离职后从事熟悉的领域，对离职雇员来说是不公平的。例如，胡蓉蓉、苍渊博在《论商业秘密诉讼之记忆抗辩效力研究》一文中就持此观点[3]。

第三，雇员记忆中信息的属性认定倾向于对雇员利益的保护，在原雇主不能提供证据的情况下，一般认定为雇员的知识技能。例如，黄武双教授在《剩留知识的使用与控制研究——美国判例研究及其对我国立法与司法的启示》一文中就提出，唯有原雇主证明保密信息的存在，才可认定该信息为商业秘密，在出现商业秘密纠纷时，原雇主需要出具离职雇员使用或者披露商业秘密有形载体的证据，否则不予认定该保密信息构成商业

---

[1] 戴永盛,2005.商业秘密法比较研究[M].上海:华东师范大学出版社:104.
[2] 彭学龙,2003.商业秘密诉讼中的特殊抗辩[J].电子知识产权(5):34-37.
[3] 胡蓉蓉,苍渊博,2012.论商业秘密诉讼之记忆抗辩效力研究[J].群文天地(16):208-209.

秘密[1]。

在司法实践中，关于雇员记忆中涉密信息的属性主要出现于一些省级法院的司法政策性文件和会议纪要中，这些文件认为，离职雇员记忆中的涉密信息，不作为商业秘密加以保护。例如，天津市高院《审理侵犯商业秘密纠纷案件研讨会纪要》（天津市高级人民法院审判委员会2007年第八次会议通过）指出："权利人请求保护的商业秘密应当具有相应的信息载体，能够重复再现商业秘密的内容。仅凭人脑记忆，口头传授的'秘诀、秘方'及商业秘密经验，一般不作为商业秘密予以保护。"天津市高院民三庭《关于审理侵害商业秘密纠纷案件的试行意见》（津高法民三字〔2011〕5号）也提出来类似的看法，仅增加了"除特殊情况外"字样[2]。

综上所述，我国学术界和实务界对雇员记忆中技术信息的属性认定有所涉及，但并没有形成统一的观点，他们抑或提出构成商业秘密，抑或属于雇员的知识技能。这必将造成在具体的司法案案件中无法统一裁判尺度，极易出现裁判结果显失公平的状况，不利于商业秘密和雇员劳动权益的保护。

4.4.3 国外关于雇员记忆中技术信息的属性认定

雇员记忆中的信息通常不以有形载体形式存储于雇员记忆中，例如，工艺、配方、技术诀窍等，雇员在工作当中都有可能接触并掌握。对这些秘密信息，雇员并没有以书面文件、磁盘、光碟等有形载体的形式将其带走，而是以记忆方式被带走，并有可能应用到将来的产品研发、制造、销售等当中。对于此类信息是否构成商业秘密，还是属于雇员知识技能的组

---

[1] 黄武双,2008.剩留知识的使用与控制研究:美国判例研究及其对我国立法与司法的启示[J].法学杂志(4):40-43.

[2] 天津市高院民三庭《关于审理侵害商业秘密纠纷案件的试行意见》（津高法民三字〔2011〕5号）第2条："权利人请求保护的商业秘密应当具有相应的信息载体,能够重复再现商业秘密的内容。仅凭人脑记忆,口头传授的'秘诀、秘方'及商业秘密经验,除特殊情况外,一般不作为商业秘密予以保护。"

成部分，国外立法和司法实践中主要存在以下三种不同的观点。

4.4.3.1 记忆中秘密信息属于雇员知识技能

以美国示范法为例，《代理法重述》（第二版）中规定，雇员在原雇主处正常工作期间获取的客户信息已记忆于雇员的记忆中，一旦雇员离职后仍有权利使用这些信息与原雇主展开竞争。此重述将正常工作期间获知的、留存于雇员记忆中的秘密信息视为雇员知识技能的范畴，不构成商业秘密。

美国司法实务界，曾倾向于认为雇员凭记忆记住的一些技术信息是雇员知识技能，其离职后可以自由使用。如果离职雇员以书面形式记载技术信息，那么就是涉嫌商业秘密侵权，这些信息构成商业秘密。持这种观点的判例较多，提出此理由者认为，法律不能消除一个人的记忆，更不能禁止离职雇员利用记忆的信息为自己或者其他雇主服务，其记忆的技术信息是雇员的知识技能❶。

例如，上述所提及的Sarkes Tarzian Inc. v. Audio Devices Inc.案❷，法院在审理过程中，对记忆于头脑中的信息是否属于商业秘密作出了相应表述，法院以"平衡法不能强迫某人在更换雇主时抹去其记忆中的烙印"❸为由驳回原告的诉讼请求。其判决书表述为：

被告在与原告终止雇佣关系以后，利用在原告单位工作期间获得实践知识和经营方法从事新的业务。但是，该案中原告所掌握的材料配置比例和使用方法是同行业所知晓的，并在出版物、讲座和物理检测报告中都有出现，这些技术不是秘密技术信息。被告在与原告终止雇佣关系后没有不

---

❶ 黄武双,2011.美国商业秘密判例(1):公共政策、构成要件和加害行为[M].北京:法律出版社:500.

❷ Sarkes Tarzian Inc.v.Audio Devices Inc.166 F.Supp.250(S.D.Cal.1958).

❸ In the case of an employee, the attitude of the courts is that expressed by a New York court that equity has no power to compel a man who changes employers to wipe clean the slate of his memory. See: Sarkes Tarzian Inc.v.Audio Devices Inc.166 F.Supp.250(S.D.Cal.1958).

第4章 技术秘密与雇员知识技能的边界划分

正当竞争行为，没有违背忠实义务，没有实施侵犯商业秘密行为，他从事的业务没有挪用或者使用任何原告的商业秘密或者其他财产，原告主张被告利用记忆带走公司商业秘密的主张不能成立[1]。

在Sperry Rand Co. v. Bernard J. Rothlein et al.一案[2]，原告是从事电子产品生产的公司，主要涉及雷达、电气元件、消防设备等电子产品，被告是原告公司半导体部技术人总监，先后受雇于Sylvania Elecric Products Co.、United States Army Signal Corps Laboratories 和Bulova Watch Co.等单位，在半导体领域具有专业技能和经验。在原告工作期间，被告没有得到期望中生产人员的高度协作与尽职工作，也没有在近几个月内按时、足额地从原告处获得设备、器械和人员供给，正因为此，被告决定离开原告公司，并以自己的名义成立一家公司与原告竞争，原告对被告成立公司之事一无所知，仍然信任被告并期望被告为原告公司半导体部当前和未来的技术研发而工作。然而，被告实施的行为最终损害了原告公司的利益，在很大程度上降低了原告产品在市场上的销售数量和竞争优势。经过一段时间后，原告在销售市场发现被告离职后生产与自己同样的产品，认为被告违背保密义务不正当使用其商业秘密，属于侵权行为，遂向法院提起诉讼。被告辩称，他成立的公司所使用的工艺与原告公司确实相同，但是这些内容并非从对方资料中复制而来，而是根据记忆构想而成[3]。法院受理此案并作出了有利于被告的判决，法院在判决书中指出："原告无法强迫被告消除其记忆中的设计图、工艺方法等技术秘密，故驳回原告对该案中所指的技术

---

[1] Sarkes Tarzian Inc.v.Audio Devices Inc.166 F.Supp.250(S.D.Cal.1958).

[2] Sperry Rand Co.v.Bernard J.Rothlein et al,241 F.Supp.549;1964 U.S.Dist.LEXIS 9116;143 U.S.P.Q.(BNA)172.

[3] The defendants claim that the drawings used by their company, National Semiconductor Corporation, most of which were the same as and interchangeable with Sperry's drawings, were constructed, not by copying from Sperry's, but from memory.See:Sperry Rand Co.v.Bernard J.Rothlein et al,241 F.Supp.549; 1964 U.S.Dist.LEXIS 9116;143 U.S.P.Q.(BNA)172.

信息属于其商业秘密的诉讼请求。❶"类似的案例还有很多，例如，ILG Indus., Inc. Scott案❷，法院也认为，雇员不必要从记忆中消除掉在原雇主那里获得的所有的知识❸。

4.4.3.2 记忆中的秘密信息构成商业秘密

美国《经济间谍法》指出，对商业秘密的盗用不仅包括对物理对象的操控，还包括传递或者使用已被记住的无形资料。《经济间谍法》在定义商业秘密时指出，商业秘密是指"所有形式和类型的科学、技术、经济、商业……无论是有形的还是无形的，也无论是否或者如何储存的❹。该法不仅禁止以物理形式（如书面资料、U盘拷贝等）窃取、获取、带走他人的商业秘密，而且禁止以记忆的无形形式窃取、获取、带走他人的商业秘密。

域外司法实务中，有些法院认为不管技术信息的呈现方式是书面记载还是记忆，只要这些技术信息是商业秘密的范畴，都无法改变其商业秘密属性。离职雇员以记忆中的技术信息属于自己的知识技能的主张都得不到法院的支持。法院持此种观点的理由，可以归纳以下两个方面：第一，记忆中带走秘密信息与直接带走商业秘密没有本质的区别。有些雇员记忆力极好，可以将工作期间所接触的数据、图表、公式等全部记住，但是如果雇员可以将其当作自己的知识技能在新的工作中加以使用或者披露，这势必会使得雇主的商业秘密权荡然无存，雇主的经济利益和竞争优势必然会受到损害，这种侵权行为与复制、盗窃或者直接带走原单位商业秘密没有

---

❶ In the case of an employee, the attitude of the courts is that expressed by a New York court that equity has no power to compel a man who changes employers to wipe clean the slate of his memory. See: Sperry Rand Co.v.Bernard J.Rothlein et al, 241 F.Supp.549; 1964 U.S.Dist.LEXIS 9116; 143 U.S.P.Q.(BNA) 172.

❷ ILG Indus.,Inc.Scott,49 Ill.2d 88,93-94,273 N.E.2d 393,396(1971).

❸ The employee does not need to erase from his mind all the general knowledge that he has learned from the previous employer.See:ILG Indus.,Inc.Scott,49 Ill.2d 88,93-94,273 N.E.2d 393,396(1971).

❹ 美国司法部刑事司计算机犯罪和知识产权处,2006.美国知识产权犯罪检控[R].公安部经济犯罪侦查局知识产权处,译:96.

本质的区别,所以这些秘密信息仍然是商业秘密,不能认定为雇员知识技能。第二,基于信任义务和忠实义务,记忆中的秘密信息不属于雇员知识技能。雇佣关系中,雇主与雇员之间存在信任和忠实的义务,离职雇员以记忆的方式使用原雇主工作期间所获得的秘密信息,违背了信任和忠实义务,故不能将这些记忆中的信息视为雇员知识技能的范畴。

例如,Adolph Gottscho, Inc. v. American Marking Corp. and John K. Jackon一案[1]中,原告Adolph Gottscho是新泽西州的一家公司,1948年被告John K. Jackon受雇于原告公司从事销售工作,后来很快就成为该公司的一名设计工程师,1949年6月被告担任被告公司总经理助理,并被聘为公司的首席工程师,直至1950年9月免除职务。在原告公司工作期间,被告人经历了多个职位,并掌握和知悉原告公司秘密的实验和试错数据。被告离职后加入与原告具有竞争关系的American Marking公司。原告遂向法院提起诉讼,声称被告口头承诺保守工作期间所接触到的所有商业秘密,请求法院颁布禁止被告使用自己商业秘密的禁令。法院对被告在原告公司所从事工作的性质进行分析,认为雇佣双方存在保密关系,问题是原告公司向被告所传递的信息是否是秘密信息。法院调查表明,本案所争议的涉密信息从本质上来说都属于商业秘密,除了被告前雇员在原告公司工作以前掌握的知识以外,他不可能研发出原告所主张的商业秘密。如果被告没有使用原告的商业秘密,那么被告加盟的公司不可能生产出相同于或类似于原告公司的产品。被告的行为是不正当行为,原告申请的禁令是适当的。故法院认定这些信息仍属于商业秘密,并非雇员知识技能。审理该案的法官斯皮克曼(Speakman)认为:

原告虽然不能证明被告以图纸或者拷贝等方式将其秘密信息带走,虽然原告的商业秘密已植于被告的记忆中(ingrained in his mind),但是被告违反忠实义务,使用记忆中的秘密信息与复制或者盗窃的方式使用原单位

---

[1] Adolph Gottscho, Inc.v.American Marking Corp.and John K.Jackon, 35 N.J.Super.333; 114 A.2d 19; 1954 N.J.Super.LEXIS 385.

商业秘密没有本质区别[1]。

又如，A. H. Emery Co. v. Marcan Products Co. 一案中，原告 A. H. Emery 是一家生产复合传感器的公司，起诉被告将其在原告公司工作期间所掌握和知悉的秘密图纸和图表泄露给竞争对手公司，侵犯了其商业秘密，使原告利益受损并丧失了市场竞争优势。被告主张原告的图纸和图表不是商业秘密，而是其通过长期学习得到的知识技能并以记忆的形式表达出来而已。法院在判决书中说：

雇员违背信任义务，直接将原告公司的秘密信息复制留存于记忆中，离职后又根据脑海中的记忆勾勒出与原告公司同样的图纸和图表，这种行为与复制或者盗窃等非法手段没有本质的区别，其行为仍然是侵犯原告商业秘密的侵权行为。本法院认为，雇员违背保守工程数据等秘密信息的义务，凭借记忆将原告单位的部分秘密信息通过绘制出来而造成泄密，这并不能改变秘密信息的属性，这些信息仍然属于商业秘密[2]。

4.4.3.3　记忆中技术信息的属性应视情况而定

记忆中的秘密信息是商业秘密还是知识技能，根据个案的具体情况来确定。美国《反不正当竞争法重述》（第三版）第42节评述f指出，若被告使用不正当手段获知信息，例如侵犯书面的秘密信息或者做特别尝试记忆秘密信息，那么这些信息因具有不可获得性而构成商业秘密。此评述将以

---

[1] I cannot find in the evidence that the plaintiff has sustained the burden that Jackson actually took from the plaintiff physical designs or drawings or blueprints from which he designed the Cadet, the Major and the Commander. However, I am satisfied that the design and construction of all three and the appearance of all three to some extent, are sufficiently similar to those of the plaintiff's products, namely, the Rolacoder, the Rolaprinter, and the Markocoder 3M, and that the inescapable inference must be drawn that the knowledge of the principles that Jackson had acquired were so ingrained in his mind that without resort to the actual blueprints or copies thereof he was capable of redesigning them and having them manufactured by Reinke, which company, incidentally, had manufactured the products of the plaintiff. See: Adolph Gottscho, Inc. v. American Marking Corp. and John K. Jackon, 35 N.J.Super. 333; 114 A.2d 19; 1954 N.J.Super. LEXIS 385.

[2] A. H. Emery Co. v. Marcan Prods. Corp., 389 F.2d 11; 1968 U.S. App. LEXIS 8353, 156 U.S.P.Q. (BNA)529; 11 Fed.R.Serv.2d(Callaghan)377.

第4章 技术秘密与雇员知识技能的边界划分

书面载体形式或者刻意记忆的秘密信息,视为商业秘密,除此以外都属于雇员知识技能的范畴。

在司法实践中,持这种观点的人员认为,案件审理中认定记忆中的秘密信息是否构成商业秘密,主要从以下三个因素考虑:

其一,原告是否提供证据证明被告有故意或者恶意记住技术秘密的或者以任何方式偷取技术秘密,例如,雇员在离职前通过突击记忆背诵其所掌握的技术秘密,尽管他离职时没有带走有形载体的秘密,但是这种行为与直接带走有形载体的商业秘密没有什么两样;那些在工作中潜移默化所掌握的秘密信息,一般不构成商业秘密。例如,美国 Apollo Tech. Co. v. Centrosphere Industrial Co. 一案[1],法院在判决书中说:

记得的有关某特定客户的具体需求和业务习惯的资料并非保密资料,离职雇员有权使用一般资料和工作期间保留在他记忆中的主要业务方法[2]。就本案而言,被告不存在故意或者恶意记住原公司的资料信息,案件审理过程中原告也无法提供证据证明被告存在故意或者恶意记住资料或者偷取资料的情形,故原告所主张的信息是商业秘密的主张不成立,驳回原告初步禁令请求[3]。

其二,技术信息是否很容易被雇员记住或者离职回忆起来。对于很容易被雇员记住或者回忆起来的技术信息,很难认定为商业秘密;那些很难

---

[1] Apollo Tech.Co.v.Centrosphere Industrial Co., 18 N.J.467; 114 A.2d 438; 1955 N.J.LEXIS 270; 105 U.S.P.Q.(BNA)398.

[2] Nevertheless, the agent "is entitled to use general information concerning the method of business of the principal and the names of customers retained in his memory."See: Apollo Technologies Co.v.Centrosphere Industrial Co., 805 F.Supp.1157; 1992 U.S.Dist.LEXIS 16291.

[3] While Apollo may have created formulae for fuel additives and equipment for additive injection, it does not claim that Centrosphere knows these formulae or has copied Apollo's fuel additives and/or equipment……It has also been suggested that an agent may employ information which the agent has casually"retained in the agent's memory the result of his work for the principal."……In contrast, use of information about an employer's customers which is based on casual memory, as opposed to studied memorization, is not actionable.See: Apollo Technologies Co.v.Centrosphere Industrial Co., 805 F.Supp.1157; 1992 U.S.Dist. LEXIS 16291.

记得住的，雇员离职前突击记忆并在其离职后通过有形载体表现出来的技术信息，构成商业秘密❶。例如，Richard M. Krause Inc.v. Gardneret et al.一案❷，原告 Richard M. Krause 公司从事印刷标签和包装盒业务，被告为三名雇员加盟同为本案被告的公司，涉嫌使用原告公司生产方法和生产过程等技术秘密。在庭审中，法院指出：

原告的生产方法和生产过程不是商业秘密，被告离职后没有使用书面形式带走原告的生产方法和生产过程，原告不得禁止被告离职后使用这些生产方法和生产过程，因为这些信息很容易被记住，故法院驳回原告的诉讼请求❸。

其三，雇佣关系存续期间与结束后有所不同。雇佣关系存续期间，雇员对雇主负有忠实义务，不得违反忠实义务和违反雇佣合同泄露记忆中的秘密信息。一旦雇佣关系结束，离职雇员可以使用记忆中的秘密信息与原雇主展开竞争。例如，英国 Roger Bullivant Ltd. v. Ells.一案中，Goulding J. 法官认为：

雇员在工作期间接触到技术秘密，一旦为雇员所学习掌握必然会留存于雇员的记忆当中，而这些技术秘密又是雇主商业秘密的重要组成部分。只要雇佣关系存续，雇员就有负有保守这些秘密信息的义务，否则就违反雇佣合同和忠实义务，构成商业秘密侵权行为；当雇员离职后谋取新工作，法律允许雇员为了自己的利益而使用雇佣期间掌握的所有知识技能与原雇主开展竞争❹。

基于上述观点，上诉法院认为，在雇佣关系存续期间，非为雇主的利

---

❶ OFFICE OF LEGAL EDUCATION EXECUTIVE OFFICE FOR UNITED STATES ATTORNEYS, 2013.Prosecuting intellectual property crimes(fourth edition)[R].Office of legal education executive office for united states attorneys:178.

❷ Richard M.Krause Inc.v.Gardner et al.99 N.Y.S.2d 592;1950 N.Y.Misc.LEXIS 1980.

❸ 同上。

❹ Roger Bullivant Ltd. V. Ellis. CA([1987] ICR 464,[1987].See:GOWLING,STRATHY,HENDERSON,1998.Confidential information and technical "know-how": what leaves with your employee?[J].Intellectual property journal:13.

益，雇员不得使用记忆中的技术秘密；雇佣关系结束以后，这些秘密信息不可避免地保留于雇员记忆中被雇员带走，并可以在离职后从事与原告相同或者类似的业务或者为其他公司的利益而自由使用[1]。

4.4.4 雇员记忆中技术信息属性的认定标准

对于雇员记忆中的技术信息属性的认定标准，笔者认为本书第4.4.3.3节所言的观点有一定的道理，但是，此观点仍需进一步够完善。雇员记忆中技术信息是否构成商业秘密抑或雇员知识技能，不宜作机械、绝对化地作出认定。雇员认为，雇员记忆中技术信息是否构成商业秘密抑或雇员知识技能，应倾向于认定其为雇员知识技能。但是，在具体认定过程中，我们应当考虑以下四个方面的影响因素。

第一，雇员是否存在刻意或者恶意记忆。记忆可以分为随意记忆和刻意记忆，对于雇员明知某些技术信息具有很大的经济价值，且雇主为防止泄密而采取了合理的保密措施，进行刻意记忆供其离职后使用或者披露的，其主张属于知识技能的请求不成立，这些信息构成商业秘密；对于雇员在生产经营过程中，无意识（随意）接触的一些秘密信息，且留存在记忆中，这种记忆中的信息可以认定为雇员知识技能。头脑中的记忆不能因为雇员离职而得已清除，它已经成为人格不可分离的组成部分，故认定为雇员知识技能较为合理。

第二，有形载体存在秘密信息是主张记忆中秘密信息构成商业秘密的重要理由。商业秘密存在的形式一般都以磁盘、纸张、U盘等载体进行保存，口口相传的秘密信息或者记忆于人脑中的秘密信息因缺乏有形载体而无法再现或者复制，很难认定其构成商业秘密。雇主在能够提供某秘密信息存在有形载体的证据，且该秘密信息符合商业秘密构成要件的，雇员以该信息是记忆中的信息属于自己知识技能为由抗辩，通常无法得到法院的认可。

---

[1] GOWLING, STRATHY, HENDERSON, 1998.Confidential information and technical "know-how": what leaves with your employee?[J].Intellectual property journal：13.

第三，技术信息是否容易被离职雇员记住。技术秘密不同于经营秘密，其含有较高的技术含量，一般较经营秘密更难被雇员记住。对于那些很容易被离职雇员记住的技术信息，一般而言属于雇员知识技能的范畴，不宜认定为商业秘密；对于那些不易被离职雇员记住的技术信息，构成商业秘密的可能性较大，不宜盲目地将其归为雇员知识技能的范畴。

第四，雇佣关系存续时间和工作性质成为认定记忆中的技术秘密是否构成商业秘密的重要因素。雇佣关系存续时间越长，雇员在工作过程中积累的知识、经验、技能就越多，这些知识、经验、技能通常留存于其记忆里，离职雇员以记忆抗辩来主张记忆中的技术信息是自己的知识技能往往得到法院的认可。同时，雇员在雇主单位工作以前从事某特定行业多年，具有较高的知识技能水平，这也是离职雇员主张权利获得法院认可的重要因素。对于那些仅从事辅助性工作而接触到商业秘密，没有实际工作经验、雇佣关系存续时间较短，且雇主提供证据证明自己所拥有的技术信息属于商业秘密，那么离职雇员以记忆抗辩就很难得到法院的支持。

4.5 离职后技术研发成果的归属

此处所说的"离职后成果"是指离职雇员在原单位商业秘密的基础上，利用自己所掌握的知识技能开发出更有价值、更具创新性的技术信息。此类信息既汲取了原单位技术秘密的"营养"，也凝聚着开发者个人智慧和创新。它到底是商业秘密，还是知识技能呢？美国《反不正当竞争法重述》（第三版）第42节表明，离职雇员后的研发成果是否涉嫌侵犯原雇主商业秘密，应当从内容上加以判断。该节用实例加以论述。例如，技术工程师B受雇于化工厂A，在该工厂工作期间，B为A研发出一种新型清洁剂，对业界已有的技术作出了重大改进。B离职后进入与A有竞争关系的C公司，并向其披露自己在A工作期间研发的新技术，B和C须对A承担商业秘密侵权责任❶。

在美国司法实践中，一般认为离职后成果在前人基础上有所改进，超过了原商业秘密保护范围的，属于离职雇员知识技能的范畴，不宜认定为侵犯原雇主商业秘密。例如，Am. Can Co. v. Mansukhani 一案❷，原告 Am. Can Co. 是一家生产喷墨的公司，被告伊什瓦尔·曼苏卡尼（Ishwar Mansukhani）是原告公司的雇员，在被告离开该公司后开始生产和销售与原告公司性质相同的喷墨，遂原告以被告侵犯商业秘密为由向法院提起诉讼。一审法院认为，被告违反了信任关系和保密义务，复制了原告的产品配方和有关技术，因此作出禁止被告使用和销售利用原告产品配方和有关技术生产的喷墨，被告提出的上诉亦被法院驳回。在随后的一段时间，原告发现被告仍在生产和销售与自己有竞争关系的另两种喷墨，向法院申请颁布禁止被告生产和销售这两种喷墨的行为，法院经审查颁布了初步禁令。被告对此不服提出上诉，上诉法院认为，原告原有的部分技术秘密已经因申请专利而公开，商业秘密的范围大大缩小，而且此两种喷墨并非照搬原告产品配方，而是被告在此基础上推出的新产品，已超出了原告所主张的商业秘密保护范围，不宜认定为商业秘密❸。因此，上诉法院撤销了原法院作出的初步禁令。

笔者认为，美国的司法实践和司法经验值得我们学习和借鉴。我国《专利法实施细则》第12条第3款规定，离职雇员离职1年内与原单位本职

---

❶ 张玉瑞,1999.商业秘密法学[M].北京:中国法制出版社:518.

❷ Am.Can Co.v.Mansukhani,742 F.2d 314;1984 U.S.App.LEXIS 20045;223 U.S.P.Q.(BNA)97;39 Fed.R.Serv.2d(Callaghan)877.

❸ The district court concluded that plaintiff had met its burden by showing the functional or practical similarity between its protected inks and defendants´ new inks.However the public information about plaintiff´s ink formulas(particularly as revealed in patent documents)and Mansukhani´s own knowledge and experience had placed very narrow limits on plaintiff´s trade secrets in the original trial.See:Am.Can Co.v.Mansukhani,742 F.2d 314;1984 U.S.App.LEXIS 20045;223 U.S.P.Q.(BNA)97;39 Fed.R.Serv.2d(Callaghan)877.

工作或者工作有关的发明创造属于职务发明创造❶。这就意味着雇员离职1年以后所作出的发明创造即使与原工作有关，也不属于职务发明创造，其权属属于离职雇员。如果在商业秘密领域实行这一原则，将会导致离职雇员1年后，可以改头换面使用原单位的商业秘密，甚至将其公开申请专利。这将动摇商业秘密保护的制度基础，不利于保护商业秘密持有人的权益。因此，依照我国现行法律规定，雇员离职后，明知或者应知其发明创造使用原单位商业秘密的，应当承担侵权赔偿责任，没有任何期限限制。

然而，上述规定要求离职雇员"无限期"的履行不得侵权义务，同时限制其从事与原单位相关工作进行发明创造，这对离职雇员是极其不公的，也会降低创新效率，无助于社会创新体系建设。离职雇员害怕产生权属纠纷，这将会促使其不敢从事与原工作相关的某些发明创造。因此，建立合理的商业秘密保护制度，对离职雇员在原商业秘密基础上进行发明创造应当给予特殊的保护，做到既保护原商业秘密权利人的合法权益，维护商业秘密制度既有基础，也尊重开发者的智力成果，避免挫伤他们发明创造的积极性。那么，如何建立一种合理的制度成为需要解决的问题。

签订技术秘密使用许可合同，约定雇员离职后发明创造的权利归属不失为一个明智之举。技术秘密使用许可合同，是指技术秘密权人或经其授权的人许可他人在一定范围内使用其技术秘密并支付使用费用的合同。我国《合同法》只规定了专利实施许可合同❷，《专利法》第51条也对新发明

---

❶《专利法实施细则》第12条："专利法第六条所称执行本单位的任务所完成的职务发明创造，是指：……（三）退休、调离原单位后或者劳动、人事关系终止后1年内作出的，与其在原单位承担的本职工作或者原单位分配的任务有关的发明创造。……"

❷ 技术秘密使用许可合同，有学者认为是《合同法》第18章第3节所说的"技术秘密转让"，这种说法不够严谨。所谓"转让"一般产生所有权的转移，技术秘密使用许可合同只涉及到技术秘密使用权的让与，所有权仍在商业秘密权利人手中。参见：张玉瑞,1999.商业秘密法[M].北京：中国法制出版社:461.

创造建立在原发明创造的基础,给予新旧发明人交叉使用许可❶。我国目前还没有法律法规对技术秘密使用许可合同作出相应规定。但是,我们可以比照专利实施许可合同的有关规定来处理实践中的技术秘密使用许可合同。需要指出的是,技术秘密使用许可合同的签订,不意味着技术秘密所有权的让渡,其只是一种使用权的有偿让渡。

笔者认为,原单位与离职雇员在互利的基础上,签订技术秘密使用许可合同约定离职雇员在原技术秘密的基础上研发出新的技术信息的分享原则。没有约定的或者约定不明确的,可以通过双方协议补充。不能达成补充协议的,按照合同有关条款或者交易习惯确定;上述方法仍然不能确定的,"新技术信息"属于离职雇员所有。因"新技术信息"建立在原雇主技术秘密基础之上,离职雇员必须支付给原单位必要的技术许可使用费,具体数额由双方协商确定。原单位对离职雇员所开发的信息享有免费使用权。需要指出的是,本处所提出的设想主要借鉴我国专利交叉许可制度。同时,对此类信息离职雇员只能诉诸于商业秘密法保护,不得申请专利或者公开使用、披露,避免原单位商业秘密泄露❷。当然,双方协商一致的基础上也可以对新研发的信息申请专利保护,约定专利权的归属。未作出约定的,他们共同享有该项发明创造的专利权。

4.6 本章小结

确定技术秘密与雇员知识技能之间的界限划分标准,是有效处理商业

---

❶《专利法》第51条:"一项取得专利权的发明或者实用新型比前已经取得专利权的发明或者实用新型具有显著经济意义的重大技术进步,其实施又有赖于前一发明或者实用新型的实施的,国务院专利行政部门根据后一专利权人的申请,可以给予实施前一发明或者实用新型的强制许可。在依照前款规定给予实施强制许可的情形下,国务院专利行政部门根据前一专利权人的申请,也可以给予实施后一发明或者实用新型的强制许可。"

❷ 商业秘密与专利都是基于发明创造而进行的不同保护方式,此处笔者主要借鉴了《专利法》有关专利交叉许可等规定,但考虑到商业秘密的特殊性(即秘密性),要求实施商业秘密交叉许可过程中要保守商业秘密不被他人知悉。

秘密与雇员知识技能冲突的关键所在。国外司法实践中对技术秘密与雇员知识技能的界限划分主要考虑涉密技术信息的性质、雇员知识水平与研发能力、是否妨害公共利益与雇员自由择业、是否采取合理的保密措施、"合法掌握"等因素,通过上述因素的考量作出某一信息是商业秘密抑或雇员知识技能的界定。

被证实不能应用于实际生产的消极信息,一般不构成商业秘密;对于离职雇员在原雇主消极信息基础上进行的研发创造,创造出超越前人的技术成果,那么使用原雇主消极信息的不构成商业秘密侵权行为,离职雇员所研发的技术成果属于离职雇员个人所有;对于离职雇员在原雇主消极信息基础上进行无实质性的修改或者改进,所生产出的产品与原雇主几乎无异,这就存在侵犯原雇主"积极信息"的嫌疑,此类消极信息一般构成商业秘密;能够从消极信息中直接推导出持有人所想保密的积极信息,此类消极信息构成商业秘密,不宜认定为雇员知识技能的范畴。

雇员记忆中技术信息是否构成商业秘密抑或雇员知识技能,本书倾向于认定其为雇员知识技能。但是,雇主有证据证明秘密信息以有形载体形式(例如,文件、U盘、磁盘等)呈现出来或者离职雇员存在刻意记忆情形的,这类技术信息才可能构成商业秘密,离职雇员不得以无法消除记忆为由进行抗辩。除了上述特殊情况外,雇员记忆中的秘密信息是其人格的组成部分,其离职后可以将这些记忆中的秘密信息作为知识技能加以使用。同时,在认定记忆中的技术信息是否构成商业秘密时,还应当考虑以下因素:记忆中的秘密信息是否容易被记住、雇员从事的工作性质、雇员所从事某一工作之前所积累的工作经验、雇佣关系存续的时间长短等。

第5章 经营秘密与雇员知识技能的边界划分

人才流动是社会进步的重要标志，客户资源的争夺是自由竞争的重要体现，然而，这些都对商业秘密中客户名单的保护构成很大威胁。由于客户名单本身具有不稳定性且不易与雇员知识技能相区分，加之，客户关系的形成和保持需要双方共同维持，不是单方意愿所能决定的，顾客有很大的自主权，可以自由选择交易对象。因此，商业秘密中的客户名单持有人对客户名单的控制力较弱，客户的不断变化对客户名单是否属于商业秘密曾经也备受学界质疑❶。我国司法实践中，经营秘密纠纷大多是对客户名单商业秘密属性的认定，客户名单成为经营秘密与知识技能发生冲突的焦点，本章拟结合域外司法判例，以客户名单为例对经营秘密与雇员知识技能的划分标准进行必要的探讨。

5.1 客户名单与雇员知识技能边界划分的影响因素

5.1.1 开发经营秘密所耗费的精力

在判断经营信息是商业秘密还是雇员知识技能时，域外国家的一些司法案例将开发经营信息所要耗费的人力和财力作为重要的衡量标准之一。对那些易于开发，且不需要投入很多的人力、物力和财力即可获取的信息，不宜认定构成商业秘密，一般将这些信息归为雇员知识技能的范畴；对于那些开发难度较大，且需要投入大量的人力、物力和财力方可获取的信息，一般认定构成商业秘密，雇员离职后不得使用或者披露这些秘密信

---

❶ 衣庆云,2002.客户名单的商业秘密属性[J].知识产权(1):39-42.

息。例如，美国 Firework Spectacular, Inc. and Piedmont Display Fireworks, Inc. v. 和 Matthew P. Sutcliffe 案❶、Unistar Corporation v. Malcolm Child.案❷等都采用这一标准来划分商业秘密与雇员知识技能的边界。

在 Firework Spectacular, Inc. and Piedmont Display Fireworks, Inc. v. Matthew P. Sutcliffe 一案中，原告 Spectacular 公司是一家位于堪萨斯州，以匹兹堡和堪萨斯为主要营业地点的烟花公司，该公司主要经营烟花零售，并从事烟花表演和展示业务；原告 Piedmont 公司也是一家位于堪萨斯州并以匹兹堡和堪萨斯为主要营业地点的烟花公司，该公司主要经营烟花批发，并承接焰火表演业务。这两个公司拥有共同的所有权、雇员和负责人，实际上它们形同一个公司。被告 Sutcliffe 系密苏里州居民，1996年在原告公司兼职负责销售项目，1997年3月2日，Sutcliffe 开始从事全职工作，他继续从事销售工作，而且担任 Spectacular 和 Piedmont 公司的总经理一职。1997年，原告指定公司法律顾问为进入 Spectacular 和 Piedmont 公司的雇员准备一份书面的雇佣合同，该合同包括了一些非竞争条款，内容有：

（1）雇员、所有者、合伙人、代理人、股东、董事、办公人员或者其他相关人员，不得以任何方式与烟花公司进行竞争，或者建立、公开、参与或者以任何形式直接或者间接从事与烟花公司业务、贸易等有竞争关系的业务；（2）除了购买来自于本公司产品的以外，不得有招揽、推广或者尝试为自己或者他人销售产品或者服务给本公司原有客户、经销商或者零售商，不得向本公司的客户、经销商或者零售商介绍与公司有竞争关系的任何产品，或者不得招揽、要求或者鼓励本公司原有客户购买、销售与公司有竞争关系的任何产品，但是该产品消费群体为某些特定的人或者团体，这些特定的人或者团体以外群体不在限制之列；（3）本合同终止或者

---

❶ Firework Spectacular, Inc.and Piedmont Display Fireworks, Inc.v.Premier Pyrotechnics, Inc.and Matthew P.Sutcliffe,2000.U.S.Dist LEXIS 2362.

❷ Unistar Corporation v.Malcolm Child.,415 So.2d 733;1982 Fla.App.LEXIS 20024.

第5章 经营秘密与雇员知识技能的边界划分

期满以后，不得招揽本公司的客户、经销商和零售商，不得向他们销售任何产品或者服务，且不得以任何方式与本公司进行竞争。该合同也注明，非竞争合同在堪萨斯州、密苏里州、俄克拉何马州和阿肯色州范围内有效。

被告Sutcliffe同意在本合同期间或者合同终止或者不续约后5年内，负有履行上述非竞争合同的义务。然而，1年后，被告Sutcliffe离职后来到本案另一被告的Premier烟花公司，该公司位于密苏里州并以密苏里为其主要营业地点，该烟花公司与Spectacular和Piedmont公司具有激烈的竞争关系，且被告Sutcliffe离职后的从业的地域也属于上述合同限制的范围。原告遂向法院提起诉讼，指控被告违反雇佣协议，违背信用义务，盗用其商业秘密。诉讼开始前原告向法院申请初步禁令，禁止被告进一步挪用他们的商业秘密，招揽他们固有的客户资源，或者向他们原有客户销售产品。原告认为，这些客户名单是经过多年和上千小时、花费大量精力才获取的，而且可以提供客户名单能够给自己带来在烟花行业具有竞争优势的证据。被告辩称，该客户名单只是记录了一些为公众所知的信息或者他通过市场调研就可以发现的信息，由此主张这些客户名单不属于商业秘密。按照行业交易习惯，烟花行业的客户资源要通过企业不断地挖掘和培养，没有现成的、无须耗费人力、财力即可获知客户名单的情况。法院经审理后支持原告主张，认定这些客户名单属于商业秘密。法院在判决书中说：

在烟花行业，潜在的客户身份不是公众很容易得到的信息。我们从已知的信息无法判断或者确定需要烟花表演者的客户身份，也无法判断或者确定哪些客户对购买烟花感兴趣。相反，最常见的和最有效的方式获得客户名单必须通过"上门推销"（cold-calling），这种方式积累出来的经营信息需要经历一个时间漫长且成本高昂的过程，原告为得到这些经营信息付出了大量的人力、物力和财力❶。

又如，Unistar Corporation. v. Malcolm Child. 一案，原告 Unistar Corporation.主要从事钻石销售业务，被告马尔科姆.蔡尔德（Malcolm Child.）等人是该公司的雇员，原告从1978年至1981年3年间在12000多个商户中通过反复筛选获得客户名单，为了赢得这些客户对公司的信任，原告投入800000美元在各种报纸、媒体和杂志上做大量的广告，并建立客户名单信息库，为潜在的客户提供各类培训和研讨会，原告也由此而获得比竞争对手更多的潜在经济利益和竞争优势。1981年11月10日至12月2日原告公司的雇员 Malcolm Child 等相继离开 Unistar，开始从事与原告相同的业务，并且拉拢原告公司固有的客户，使原告销售额由440000美元下降至70000美元，大约减少了84%。原告以被告侵犯了自己的客户名单商业秘密向法院提起诉讼。被告抗辩称，原告主张的客户名单属于公共资源，原告与自己没有签订竞业禁止合同，不能证明如果不采取禁止令将会造成无法恢复的损害，故原告不能禁止自己离职后在商业往来中使用。弗格森（Ferguson）法官认为，原告开发客户名单耗费了大量的时间、知识和金钱，而且原告为潜在的客户进行各类培训和研讨会，这些客户名单构成商业秘密❷。

类似的案例还有美国 Stampede Tool Warehouse, Inc. v. Mark May,

---

❶ "In the fireworks industry, the identity of potential customers is not information which is readily available to the public.There is no known source from which one can ascertain the identity of persons who display fireworks or who may be interested in purchasing fireworks; instead, the most common and useful way to acquire customers is through"cold-calling, "an often lengthy and costly process." See: Firework Spectacular, Inc.and Piedmont Display Fireworks, Inc.v.Premier Pyrotechnics, Inc.and Matthew P.Sutcliffe, 2000.U.S.Dist LEXIS 2362.

❷ The uncontroverted testimony before the trial court is that the listing of 1,850 financial planners who became Unistar's dealers are indeed the distillation of a larger list of financial planners, reflecting considerable effort, knowledge, time, and expense on the part of the plaintiff.The customer lists were periodically updated and when the new list was provided the old list was destroyed.The marketing representatives were instructed to keep the computer lists at their desks and not take them out of the office.These listings qualify as trade secrets, are the property of the employer, and cannot be used by the former employee for his own benefit.See: Unistar Corporation v.Malcolm Child.,415 So.2d 733;1982 Fla.App.LEXIS 20024.

Fred Moshier❶、Courtesy Temporary Service, Inc. v. Leonel Camacho et al.❷等案例，法院均认为原告为获得有价值的客户名单付出了大量的时间、劳动和金钱等，对于付出大量时间、劳动和金钱等的客户名单可构成商业秘密，雇员离职后自营同类企业或者从事同类企业工作的，不得主张这些客户名单是自己的知识技能而加以使用或者披露。

5.1.2 获知信息的途径和手段

离职雇员获取经营秘密途径和手段合法与否成为域外各国司法判例划分客户名单是商业秘密还是雇员知识技能的重要标准之一。域外国家一些法院认为，商业秘密大多是很难通过正当途径或者合法手段获取的机密信息。例如，美国Dunsmore & Associate, Ltd. v. Dominick A. D'Aelssio案❸、American Precision Vibrator Co. v. National Air Vibrator Co.案❹，等等。

在Dunsmore & Associate, Ltd. v. Dominick A. D'Aelssio一案中，原告是一家位于康涅狄格州的专门从事市场研究人员开发和派遣工作的公司，为超市、公司等大型消费品企业推荐市场研究人员，其收入主要来源于客户支付的中介服务费用，通常为这些大型消费品企业雇佣市场研究人员年薪的30%。原告公司于1981年8月由Dunsmore创设，Dunsmore担任公司的董事长。公司成立后，被告Dominick A. D'Aelssio受聘于原告公司，与Dunsmore一起从事市场研究人员开发工作，在入职公司前被告没有任何相关工作经验。1993年3月，原告又聘请John Hoover为公司服务。在公司经营期间，一直由这三个人组成并在一间办公室办公。公司成立伊始，与该公司建立业务往来的企业不多，公司掌握的市场研究人员名单也比较少。

---

❶ Stampede Tool Warehouse, Inc. v. Mark May, FredMoshier, Salvatore Prestigiacomo, 272 Ill.App.3d 580; 651 N.E.2d 209; 1995 Ill.App.LEXIS 170; 209 Ill.Dec.281.

❷ Courtesy Temporary Service, Inc. v. Leonel Camachoet al., 222 Cal. App. 3d 1278; 272 Cal. Rptr.352; 1990 Cal.App.LEXIS 854.

❸ Dunsmore & Associate, Ltd.v.Dominick A.D'Alssio, 2000 Conn.Super, LEXIS 114.

❹ American Precision Vibrator Co.v. National Air Vibrator Co., 764 S.W.2d 274 (Tex.App.Houston 1st Dist., 1988).

经过一段时间的经营，原告公司得到了很大的发展，投入巨资开发并建立了含有数以千计的市场研究人员组成的信息库，即客户名单。被告在雇员期限届满后，离开原告公司，发起并设立一家与原告有竞争关系的公司，在原告不知情，且明知原告事先限制雇员离职后将其客户名单及其影印件等机密信息带走的情况下，将原告公司的客户名单相关机密信息拿走并加以使用。原告得知此情况后，认为被告未经自己的许可，使用其研发的市场研究人员名单，遂以Dominick A. D'Aelssio为被告向法院提起商业秘密侵权之诉。

原告认为，该公司开发的客户名单按照字母顺利排列，且建立有这些潜在客户的档案，构成商业秘密。被告辩称该案经营信息是公知的、可以通过正当途径和合法手段获知的或者可以从其他渠道（如美国市场协会指南、一般商业渠道和内部调查等）获知。法院认为，认定客户名单信息是否构成商业秘密，可以依据客户信息是否容易获取的标准来确定。法院判决书中说：

原告公司档案室存放各类文件，且只有原告、被告和John Hoover三人有这个办公室的钥匙。除了这些文件外，公司客户资料信息均储存于原告电脑，且原告对其设置了密码❶。依据康涅狄格州《不正当商业秘密法案》(Connecticut Unfair Trade Secrets Act) 第35-51（d）规定："构成商业秘密的信息包括配方、模式、汇编、程序、方法、技术、工艺或者客户名单等：（1）具有独立的实际或者潜在的经济价值，不为公众所知或者通过正

---

❶ "The picture that emerges from the evidence is of a relatively small office space in a modest building.The main door to the building from the street is locked.There is a separate entry into the plaintiff's offices which has a dead-bolt and conventional lock.Only Dunsmore,the defendant,and Hoover had keys to the plaintiff's offices.There was a file room with filing cabinets containing the plaintiff's files.The door to the file room was locked; only the three recruiters had keys to the room.In addition to the files,candidate and corporate client information was stored on a computer to which Dunsmore alone had the code.It was unusual for anyone to visit the plaintiff's offices other than to deliver packages.Regular mail deliveries were not made at the office."See: Dunsmore & Associate, Ltd.v.Dominick A.D'A lssio, 2000 Conn.Super, LEXIS 114.

第5章 经营秘密与雇员知识技能的边界划分

当的手段不易获取的……❶",法院指出,本案中的潜在客户信息构成商业秘密,受康涅狄格州《商业不正当秘密法案》的保护。被告辩称的客户信息可以通过公共渠道获取的主张不并成立,虽然从美国市场协会指南、商业渠道和内部调查等方式得到大量的客户信息,包括研究人员的名单、专长、职位等,但是涉及的信息数量多达2万多条,这里面不仅包括本案原告所主张的客户信息,而且包括不从事市场研究的从事人员和从事市场研究的理论研究人员,加之公共渠道获知的只是研究人员的个人电话和家庭住址。而本案原告所主张的客户名单则更为详细,还包括了工作经历、薪资情况等,这些客户信息从公共渠道和正当途径是很难获得的。

尽管客户名单中的某些信息(家庭地址、个人电话等)可以从公共渠道获得,但是这不意味着"商业秘密的所有构成部分都是或者包含商业秘密❷"。客户的个人喜好、薪资水平、工作经历、个人简历等并非可以从公共渠道获取的,且这些信息对于原告而言具有经济价值,因此,原告所掌握的研究人员名单信息不是公知信息,无法通过正当途径轻易获知,构成商业秘密。被告离职后未经原告的许可,使用其研发的市场研究人员名单,属于康涅狄格州《不正当商业秘密法案》第35-51(a)中的"不正当手段",构成商业秘密侵权行为❸。故法院驳回被告声称这些客户名单信息是自己知识技能的抗辩,认定该客户名单信息属于商业秘密。

又如,American Precision Vibrator Co. v. National Air Vibrator Co.一案,

---

❶ Connecticut Unfair Trade Secrets Act 35-51(d):"Trade secret"is defined by statute as"information, including a formula, pattern, compilation, program, device, method, technique, process, drawing, cost data or customer list that:(1)Derives independent economic value, actual or potential, from not being generally known to, and not being readily ascertainable by proper means by, other persons who can obtain economic value from its disclosure and use, and……See: Dunsmore & Associate, Ltd.v.Dominick A.D'Alssio,2000 Conn.Super,LEXIS 114.

❷ 许争先,2008.从美国的立法和司法实践论客户名单的商业秘密属性[D].复旦大学.

❸ Connecticut Unfair Trade Secrets Act 35-51(a):"Improper means" "includes theft, bribery, misrepresentation, breach or inducement of a breach of duty to maintain secrecy, or espionage throug electronic or other means, including searching through trash"See: Dunsmore & Associate, Ltd.v.Dominick A.D'Alssio,2000 Conn.Super,LEXIS 114.

原告国家空气振子公司（NAVC）是一家生产工业振动器的公司，被告吉姆·盖（Jim Guy）和 Shirley Breitenstein（雪莉—布赖特斯塔）是该公司的两名雇员，他们辞职后组建新公司即美国机密振子公司（APVC），新公司从事与 NAVC 具有竞争性的同类业务。自两被告离开 NAVC 以后，该公司的两组含有 2000~4000 名客户名单的卡片不翼而飞。在 6 年的经营时间里，被告向原告所有的、上述卡片上 143 名客户出售过自己公司生产的工业振动器。NAVC 向法院提起侵犯商业秘密之诉，诉讼过程中，被告 Jim Guy 对原告所拥有的客户名单卡片的秘密性和经济性没有争议，但是被告认为这不等于这些客户名单就是商业秘密，因为这些客户名单从其他一些渠道可以轻易获取。法院认为：

  通过正当途径或者合法手段获知竞争对手的涉密信息，无疑是合法的。然而，原雇员获知并使用原雇主的客户名单是通过不正当途径或者不合法手段而为之的，其他任何人都不能以不合法的方式来剥夺 NAVC 所拥有客户名单所带来的经济利益。法院认定原告主张的客户名单应当被作为商业秘密来加以保护，前雇员的行为是侵犯雇主商业秘密的行为。故法院判决被告停止侵权行为，并赔偿原告 400000 美元实际损失和 500000 美元惩罚性赔偿。

  如果某信息通过正当途径（例如，从公共媒体、雇主许可使用等）和合法手段（自我研发、反向工程等）获知的，则不构成商业秘密，属于雇员知识技能的范畴，不允许企业或者雇主独占。例如，Boeing Co. v. Sierraction Co. 案[1]，法院经审理查明原告所主张的客户名单不仅包括客户的姓名、住址、电话，还包括了客户的工作经历、薪资等方面的信息，此类信息从公共渠道很难获得，具有秘密性和独特性，构成商业秘密。被告辩称客户名单是自己掌握的知识技能的组成部分的主张，法院不予支持。The Harvest Life Ins. Co. et al. v. Marrill J. Getche 案[2]，法院审理中认为，含有客

---

[1] Boeing Co.v.Sierraction Co., 108 Wn.2d 38, 738 P.2d 665, 675(Wash.1987).

[2] The Harvest Life Ins.Co.et al. v.Marrill J.Get alhe, 714 N.E.2d 171; 1999 Ind.LEXIS 251.

户姓名、保险金额、保险范围等内容的客户名单，可以分别从保险客户、保险单和保险公司经营范围等公开内容中获取，不能认定为商业秘密。ATC Distribution Group Inc. v. Whatever It Takes Transmission & Parts Inc.案❶，肯塔基州法院认为，变速器修理商店的客户名单可以从电话号码簿上获取，因此不构成商业秘密。

5.1.3 是否采取合理的保密措施

在域外司法实践中，客户名单等经营秘密持有者是否尽到适当的保密义务，也被视为判定客户名单等经营信息是否构成商业秘密的重要标准。对于采取合理的保密措施，防止他人使用或者披露的涉密信息，一般被认定构成商业秘密。对于没有采取合理的保密措施，或者没有让雇员意识到某信息是商业秘密的，不构成商业秘密，雇员离职后可以将其作为自己的知识技能使用或者披露，且不构成商业秘密侵权。例如，美国Miller. v. Hehlen案❷、Brian L. Jackson. v. Mark D. Hammer案❸、SD商店诉布姆案❹，等等。

在Miller. v. Hehlen一案中，被告Hehlen是原告Miller所办公司的一名雇员，离职后利用原告期间获知的客户名单信息，从事与原告具有竞争关系的业务。原告不服向法院提起诉讼，主张被告及其妻子违反合同约定、违背诚实信用和公平交易的隐含契约，盗用客户名单商业秘密，构成侵权且侵权行为干扰了原告的商业预期（business expectancy）。法院在判决书中说：

尽管被告使用了原告的客户名单信息，但是鉴于被告在原告单位工作期间，原告向其自愿透露客户名单，且对被告没有采取限制措施，更谈不

---

❶ ATC Distribution Group INC.v.Whatever It Takes Transmission & Parts Inc., 74 U.S.P.Q.2d 1161 (6th Cir., 2005).

❷ Miller v.Hehlen, 104 P.3d 193; 2005 Ariz.App.LEXIS 7; 443 Ariz.Adv.Rep.13.

❸ Brian L.Jackson v.Mark D.Hammer, 274 Ill.App.3d 59; 653 N.E.2d 809; 1995 Ill.App.LEXIS 474; 210 Ill.Dec.614.

❹ 张玉瑞.客户名单套牢药剂师[N].中国知识产权报，2011-11-1(3).

上采取了合理的保密措施[1]。因此,本法院认为原告没有采取合理的保密措施,其主张的客户名单信息对于被告而言不属于商业秘密,被告在新的工作中可以自由使用,故驳回原告的诉讼请求[2]。

又如,在 Brian L. Jackson. v. Mark D. Hammer 一案[3]中,1984年被告Hammer将自己经营的一家名叫Whistle Post的饰品店出售给原告Jackson,在销售合同中双方规定被告不得参与同原告竞争条款,并且不得使用或者披露该饰品店包括客户名单在内的无形信息。原告虽然意识到客户名单潜在的商业价值,但是他对客户名单的概念和范围认知并不清晰,被告在经营Whistle Post之前经营过多家类似的商店,将来过商店的客户的相关信息制作成客户名单卡片(包括Whistle Post的客户名单),并将这些客户名单储存于自己的电脑里,形成客户名单清单。在出售Whistle Post饰品店以后,被告向包括该饰品店在内的客户发送招揽业务的广告。原告得知被告向自己所拥有的客户发送广告后,认为被告违反了事先制定的销售合同,遂要求被告停止侵权行为。被告便将Whistle Post的相关客户名单从中分离出来交给原告,自己也不再向这些客户发送广告信息。原告将Whistle Post客户名单放在唯有他及其父亲可以接触到的个人电脑里,并将客户信息卡片放在家里。1989年7月,被告Hammer又开始向Whistle Post客户发送一些商业广告,原告得知后向法院提起诉讼。法院通过调查发现:

原告没有采取合理的保密措施,而且:①原告使用客户名单并非排他性使用;②原告没有让雇员知道或者强调客户名单的秘密性;③被告在先

---

[1] Although Hehlen compiled a customer list of his own while employed by Miller, his uncontested deposition testimony established that Miller had voluntarily given him a list of customers in June 2001 that contained substantially the same information. It is noteworthy that Hehlen was no longer working for Miller at that time and that Miller did not expressly condition or limit Hehlen's use of the information on that customer list. In addition, Hehlen's uncontroverted affidavit below established that when he had contacted customers in 2002, he had only contacted people on the list Miller had given him in June 2001. See: Miller. v. Hehlen,104 P.3d 193;2005 Ariz.App.LEXIS 7;443 Ariz.Adv.Rep.13.

[2] Miller. v.Hehlen,104 P.3d 193;2005 Ariz.App.LEXIS 7;443 Ariz.Adv.Rep.13.

[3] Brian L.Jackson. v. Mark D.Hammer, 274 Ill.App.3d 59;653 N.E.2d 809;1995 Ill.App.LEXIS 474;210 Ill.Dec.614.

前经营 Whistle Post 饰品店时，原告和其他人都知道 Whistle Post 饰品店的客户名单很容易被公众所接触到；④原告让被告删除一部分客户名单，但是没有具体告知删除那些客户名单应当删除；⑤原告尚未对客户信息进行必要的保护，而且在案件审理过程中原告也没有申请采取禁止令等保密措施。据此，原告所主张客户名单构成商业秘密的诉讼理由不成立，故驳回原告诉讼请求。

在美国类似的案例还有：SD 商店起诉原雇员布姆案，原告向法院提供了客户名单均来自来就医的患者填写的登记表，且登记表下方注明了表内信息属于涉密信息，公司内所有职工都有保密的义务。而且，公司操作规程和职工手册均有保密条款，只是没有具体提及客户名单。被告布姆认为，原告公司没有对客户名单加锁保存，客户名单材料上没有"保密"字样，同时，原告公司也没有和其签订保密协议，故对原告的诉讼主张提出抗辩。法院审查认为，SD 商店采取相应合理的保密措施防止 I.R.S. 名单向药店以外的社会公众扩散，没有证据表明原告疏于管理，遂认定 SD 商店对其客户名单采取了合理的保密措施，构成商业秘密，被告布姆和 F 公司的行为构成侵犯商业秘密的行为❶。而在 James Dicks and Condotel Prperties, Inc.v.Cary and Brenda Jensen 案❷中，佛蒙特最高法院审理认为，原告没有采取任何保密措施防止或者限制前雇员接触自己涉足旅游业客户名单，故对其诉讼主张予以驳回❸。

5.1.4 竞业禁止协议的约定

有些域外法院认为，在商业秘密与雇员知识技能划分的问题，可以依

---

❶ 张玉瑞.客户名单套牢药剂师[N].中国知识产权报，2011-11-1(3).

❷ James Dicks and Condotel Prperties, Inc.v.Cary and Brenda Jensen, 172 Vt.43; 768 A.2d 1279; 2001 Vt.LEXIS 6; 57 U.S.P.Q.2D(BNA)2007.

❸ The court affirmed the grant of summary judgment to defendants, because there was no evidence in the record that plaintiff took any measures to indicate that the customer list in question was confidential, and the list was therefore not a trade secret.See: James Dicks and Condotel Prperties, Inc.v.Cary and Brenda Jensen, 172 Vt.43; 768 A.2d 1279; 2001 Vt.LEXIS 6; 57 U.S.P.Q.2D(BNA)2007.

据雇佣关系中雇佣方是否明确约定禁止雇员离职后使用某一客户信息来进行判定。当然，竞业禁止协议约定的内容以不违反法律、公共利益和社会道德为前提。如果雇佣合同中约定某一信息是商业秘密，且这一信息符合商业秘密构成要件，那么雇员离职后不得使用该信息的，也不得以该类信息作为知识技能的组成部分来主张抗辩。例如，Firstenergy Solutions Corp. v. Paul Flerick案[1]、Danel Thompson. v. Impaxx, Inc.案[2]、Telex Corp. v. IBM案[3]等，都是根据雇佣双方签订竞业限制协议约定的内容来确定某信息是否是商业秘密，对于协议没有明确约定的，不构成商业秘密，可以视为雇员的知识技能。

在Firstenergy Solutions Corp. v. Paul Flerick案中，Flerick是Firstenergy Solution Co.的一名销售人员，雇佣双方签有竞业协议条款，后因其离职后立即去Firstenergy竞争对手的公司工作而遭到Firstenergy Solution Co.的起诉。在起诉过程中，俄亥俄州北部地区法院认为雇员违反了竞业禁止协议规定，禁止他在离职后12个月内去特定区域（俄亥俄州、密歇根州、伊利诺斯州、宾夕法尼亚州、新泽西州、马里兰州）的有竞争关系的公司里工作。在上诉过程中，法院认为原审法院在发布禁令时没有滥用自由裁量权，因为雇主提供了明确的令人信服的证据表明竞业禁止是合理的。法院在判决说理时指出：

竞业协议条款没有强加比要保护雇主商业利益更多的限制，特别在雇员知悉涉密信息以后。雇佣双方签订竞业协议条款的目的是消除不公平的竞争，契约没有给雇员强加不必要的困难；竞业协议条款也没有产生危害公众的利益。由于雇员改变工作后，带走雇主原有的客户，使得雇主遭受了失去业务后无法弥补的损失。因此，本案原告通过竞业禁止协议来禁止

---

[1] Firstenergy Solutions Corp.v.Paul Flerick,521 Fed.Appx.251(6th Cir.,2013.)

[2] Danel Thompson. v. Impaxx, Inc. 113 Cal.App.4th 1425,7 Cal.Rptr.3d 427 Cal.App.2 Dist.,2003. See：http://law.justia.com/cases/california/court-of-appeal/2003/b164006.html，访问时间：2015年12月16日。

[3] Telex Corp.v.IBM, 367 F.Supp.258；1973 U.S.Dist.LEXIS 11888；179 U.S.P.Q.(BNA)777；1973-2 Trade Cas.(CCH)P74,774.

第5章　经营秘密与雇员知识技能的边界划分

被告离职后使用或者泄露其工作期间获知的商业秘密是有效的，也是必要的，本院对俄亥俄州北部地区法院的判决予以维持❶。

又如，在 Danel Thompson. v. Impaxx, Inc. 一案中，原告 Danel Thompson 是 Pac-West Label 公司的一名雇员，2000年9月，被告 Impaxx, Inc. 收购了 Pac-West Label，同时要求与原告签订竞业禁止协议，约定原告离职后1年内不得从事与原告公司相关的业务，不得与原告现有或者潜在的客户开展任何业务往来。原告拒绝签订竞业禁止协议而被 Impaxx 公司辞退。原告认为被告以拒绝签订竞业禁止协议为由解除雇佣合同违反了公共政策和公序良俗原则，遂向法院提起诉讼。在诉讼中，原告还认为，被告 Impaxx 所主张的客户名单不符合商业秘密的构成要件，通过网站信息和客户联系电话完全可以推测出客户名单中的客户信息。该案一审法院认可了被告的主张，认为被告没有违反加州《商业与职业法典》第16600条的规定，且被告要求原告签订的竞业禁止协议是合法的，且属于可以执行的条款，故驳回原告的诉讼请求❷。原告不服提起上诉，二审法院认为，除了有保护公司商业秘密之必要性，一般不得以任何理由与原雇员签订竞业禁止协议或者条款❸。由此可见，加州司法判例中也有将签订竞业禁止协议当作

---

❶ Paul Flerick resigned his position at FirstEnergy Solutions Corporation and immediately went to work for a competitor company. By so doing, he violated the terms of the noncompete clause in his employment agreement that restricted him from directly competing with FirstEnergy for a period of one year after the termination of his employment. The district court granted FirstEnergy's motion for a preliminary injunction and enjoined Flerick from violating his noncompete clause. We affirm. See: Firstenergy Solutions Corp. v. Paul Flerick, 521 Fed. Appx. 251(6th Cir., 2013.)

❷ 加州《商业与职业法典》第16600条："任何限制某人进行合法的工作、贸易或者商务活动的合约都是无效的。但也有例外，第16601和16602条规定：在两种严格的情形下，准许签订竞业禁止协议，这两种情形分别是(1)当雇员出卖公司的信誉时；(2)合作者为结束合作关系而同意竞业禁止。第二种情况表明除了为出卖信誉资产或者结束合作关系而签订的竞业禁止协议以外，其他的竞业禁止都是无效的。"

❸ Antisolicitation covenants are void as unlawful business restraints except where their enforcement is necessary to protect trade secrets. See: Thompson v. Impaxx, Inc. 113 Cal. App. 4th 1425, 7 Cal. Rptr. 3d 427 Cal. App. 2 Dist., 2003. http://law.justia.com/cases/california/court-of-appeal/2003/b164006.html，访问时间：2015年12月16日。

保护雇主商业秘密的做法。

然而，不是所有的竞业禁止协议约定都是有效的。例如，美国加州原则对此类协议的效力存在异议，认为竞业禁止协议不利于雇员知识技能的运用，限制雇员的劳动权和自由择业权，也限制了人才自由流动。承认不得竞业契约效力的州，对其有效性也都附加了种种条件。主要有：第一，订立不得竞业契约，必须是雇主为保护其商业秘密，为维持其竞争地位所必须的。第二，契约内容必须合理。竞业禁止的时间、地域和限制竞业的范围应当适当合理。例如，Weber. v. Tillman案中，内科医生的雇主与一名职业医生签订了竞业禁止协议，根据协议约定，职业医生在离职后2年内不得在原雇主方圆30英里的区域范围内开诊所，堪萨斯州最高法院认为此协议合理而有效❶。又如，West Group Broadcasting, Ltd. v. Bell案中，密苏里州上诉法院即认定雇佣双方签订的"雇员离职后的180天内不得在原雇主105公里范围内经营与其具有竞争类的业务"协议不合理而无效❷。第三，协议内容必须可以执行。日本司法实务中，也将竞业禁止协议的生效

---

❶ The employee signed a noncompetition covenant, which prohibited him from practicing dermatology within 30 miles of his former employer for a two year period or required him to pay liquidated damages. After he set up a practice within that radius, the employer sought an injunction, which was granted by the district court.The employee argued that the noncompetition covenant violated public policy.The court held that(1)the time and territorial limitations contained in the covenant were reasonable, (2)the covenant did not place an undue burden on the employee's right to practice medicine, (3)the employer had a legitimate business interest in the covenant's enforcement, and(4)the public would not be injured by enforcement of the covenant.The court distinguished cases that refused to uphold similar agreements because those cases concerned the shortage of physicians whose specialties were medically necessary.The court noted that the liquidated damages clause of the contract was ambiguous, but agreed with the construction by the district court that damages were to be based on the last six months of employment. See: Weber v. Tillman, 259 Kan.457;913 P.2d 84;1996 Kan.LEXIS 36;11 I.E.R.Cas.(BNA)837.

❷ The court reversed, stating that the determination of reasonableness of a covenant not to compete depended upon the employer's need to protect legitimate business interests, such as trade secrets and customer lists.The granting of equitable protection in enforcing covenants not to compete was limited to customer contacts and trade secrets.Respondent failed to present any substantial evidence that it had a legitimate protectible interest in preventing appellant from working for the other radio station, and appellant acquired no trade secrets from respondent. See: West Group Broadcasting, Ltd. v. Bell, 942 S. W. 2d 934 (Mo. App.1997).

条件界定为"合理范围"。例如，日本奥野案，雇佣双方签有竞业禁止协议，然而，奥野等雇员离职后在2年内从事合同规定不得为雇主所从事的业务。法院审理认为，竞业禁止合同合理，不存在离职雇员所主张的危及其生存权的问题，也未有失法律之公平，故认定合同有效❶。有些学者认为，竞业禁止协议的签订就是要求雇员离职后不得从事与原雇主有竞争关系的工作，这种观点是值得商榷的。因为这将意味着离职雇员无法从事自己熟悉的领域谋取职业，影响到雇员的生存和发展。笔者认为，竞业禁止协议可以禁止离职雇员与雇佣关系存续期间的客户交易，即可达到保护客户名单商业秘密的目的。对于竞业禁止协议的效力问题，在第三章3.2节已作了更为系统地分析，在此就不再赘述。

5.1.5 其他因素

确定客户名单是否受到商业秘密法保护除了考虑上述因素外，还需要从以下因素考虑：(1) 开发客户名单的难度。对于那些开发难度较大的客户名单，一般倾向于认定其构成商业秘密；开发难度较小的客户名单，一般不宜认定其构成商业秘密。这只是从一个普遍意义上而言的，不能一概而论。(2) 客户名单是否为持有人在某领域具有高度的竞争力。在认定某客户名单是否构成商业秘密时，还应当考虑此客户名单能够为雇主带来高度的竞争优势。那些对雇主毫无价值的和竞争优势的客户名单，显然不构成商业秘密。(3) 客户名单内容的深度。作为商业秘密的客户名单，其客户名单的内容不是客户名称、公知客户办公地址和电话等简单信息的罗列，而是包括客户名称、地址、电话、特殊需求、交易习惯等的信息；(4) 客户的数量和与客户交易情况不是衡量其是否构成商业秘密的因素。我国《不正当竞争司法解释》第13条第1款将"汇集众多客户的客户名

---

❶ 陶鑫良,1995.商业秘密保护中的合理竞业禁止[M]//中国高校知识产权研究会.知识产权研究:中国高校知识产权研究会第七届年会论文集.西安:西安交通大学出版社:235-236.

册"作为商业秘密保护的客户名单的内容之一❶。究其原因，客户名单中的客户数量较少，其是否具有秘密性受到质疑❷。然而，客户的数量不是判断客户名单是否具有秘密性的依据，即便客户数量少，但是这些客户的深度信息不容易被掌握，那么这些深度客户信息仍然具有秘密性，并构成商业秘密。与客户交易情况也是如此，保持长期交易关系的客户，这些客户资源信息容易构成商业秘密受到法律保护，但是，短期、临时、潜在的客户相关信息亦可能构成商业秘密。

综上所述，客户名单涉及雇主、雇员、客户等不同主体的利益诉求，客户名单的属性认定，是一个寻求各方利益平衡的过程，既要考虑到雇主为开发客户名单所付出的精力、采取的保密措施，也要考虑到雇员的自由流动不受客户名单的约束，还要考虑应当尊重客户的自由选择。因此，客户名单商业秘密属性的认定，应当在利益平衡中综合考虑上述各种影响因素。

5.2 特殊行业客户名单的属性认定

本节所说的"特殊行业的信息"，主要指特定的行业工作者，他们在原单位期间基于个人信赖关系而形成的客户名单信息。例如，律师由于个人业务功底扎实，办案水平较高，委托人基于对该名律师的信任，在其离开原律所后仍然委托其作为自己的诉讼代理人；又如，某会计师业务知识扎实，有过多年的从业经验，在原会计师事务所经常为某客户办理相关业务，受到该客户的一致好评，基于此信赖关系，该会计师离职后，客户仍然选择他为自己办理有关业务；医生、专业技术人员等也是如此。

5.2.1 特殊行业客户名单所涉及的三方权利

特殊行业客户名单具有一定的特殊性，涉及客户、原单位和离职雇员

---

❶ 参见：《不正当竞争法司法解释》第13条第1款。该款指出，商业秘密中的客户名单包括汇聚众多客户的客户名册及保持长期稳定交易关系的特定客户。

❷ 孔祥俊,2012.商业秘密司法保护实务[M].北京:中国法制出版社:213.

三方，他们均有自己的权利，这使此类客户名单的属性认定变得更为复杂。为了便于更好地认定特殊行业客户名单的属性，本节将以律师事务所的客户名单为例对特殊行业客户名单所涉及的三方权利进行必要介绍。

5.2.1.1　原单位的权利——商业秘密权

在美国，律所客户名单进以种方式加以保护，经历了从私有财产方式保护到商业秘密方式保护的变迁。早期美国司法机关以私有财产方式来保护律所客户名单，例如，Adler, Barish, Daniels, Levin & Creskoff v.Epstein, et al.一案❶，被告Epstein（爱波斯坦）等4人是原告Adler Barish律师事务所的律师，1976年至1977年间在该所办理案件，1977年3月10日Epstein等4名律师辞职成立新律所，在获得Adler Barish的允许下继续在原办公室工作至3月19日。从成立新律所至原告起诉这一段时间，Epstein等人为了拓展业务，以打电话、发邮件或者上门拜访等方式联系曾经在Adler Barish工作期间所接触到的客户。原告遂向philadelphia（费城）法院提起诉讼，要求禁止被告与自己的客户联系，经审理法院下达禁令禁止被告的行为。被告不服提起上诉，上诉法院解除了一审法院颁布的禁令，Adler Barish不服向宾州高等法院提起上诉，宾州高等法院认为，律所客户名单不属于律师个人，而属于律所所有，甚至律所律师所办理的案件也属于律所，这是律所的私有财产。经过大量类似案例的审理，美国司法机关逐步认识到律所客户名单构成商业秘密。例如，Fred Siegel Co., L.P.A.v. Arter & Hadden案❷，俄亥俄州高等法院根据该州成文法1333.51（A）（3）的规定，Fred Siegel Co.在客户开发方面付出了精力和时间，且这些客户名

---

❶ Adler, Barish, Daniels, Levin & Creskoff v.Epstein, et al. 252 Pa.Super.553; 382 A.2d 1226; 1977 Pa.Super.LEXIS 2973.

❷ Fred Siegel Co., L.P.A.v.Arter & Hadden, 85 Ohio St.3d 171; 1999-Ohio-260; 707 N.E.2d 853; 1999 Ohio LEXIS 828.

单能够为其带来竞争上的优势，构成商业秘密[1]。从美国相关判例来看，律所客户名单构成商业秘密是一种主流观点[2]。尽管律所客户名单并不完全等同于律所商业秘密，但是，从主流观点来看，律所客户名单必然涉及律所的商业秘密权。符合商业秘密构成要件的律所客户名单，律所当然对其享有商业秘密权。

5.2.1.2　客户的权利——自由选择权

律所的客户有自由选择律师的权利，这种权利不受任何外界因素的约束和限制。正如，美国学者 Robert W. Hillman 所言，律所不能为了自己的利益同客户签订合同，禁止客户与其他律所的交易，限制客户自由选择权[3]。在美国，律所律师离职后新成立律所，可以对原律所客户进行非秘密的"劝诱"，与原律所开展公平竞争，竞争时禁止双方实施贬损对方形象的行为，原律所客户可以根据自己的实际考量自由选择交易的对象[4]。我国《律师法》也认为，客户有自由选择律师的权利。例如，第32条第1款规定，委托人对律师为其继续提供辩护有拒绝的权利，委托人也可以另行委托其他律师为其提供辩护[5]。《律师执业行为规范》第79条禁止律师和律所限制委托人与其他律师或者律所交易，不得强制委托人接受其提供的服务[6]。由此可见，客户选择哪个律所或者律师是自己的自由，任何人都不得强制客户接受其提供法律服务。因此，即便律所客户名单是某律所的

---

[1] 法院认为，律师代理过的客户名单并不一定都属于律所的商业秘密，律师仅仅参考律所客户名单来核实自己客户信息的行为并不构成商业秘密侵权。但是，律师事务所花费大量精力和时间，尽管该案为作出有利于原告的判决，但是，法院在说理过程中指出，Fred Siegel Co.的律所客户名单，构成商业秘密。

[2] 黄武双,2008.利益平衡视角下的律师事务所客户名单商业秘密保护：美国法律制度及其借鉴[J].政治与法律(7)：143-149.

[3] Robert W.Hillman.The property wars of law firms: of client lists, trade secrets and the fiduciary duties of law partners[J].Florida State university law review.2003,30 Fla.St.U.L.Rev.767.

[4] 同上。

[5] 参见：《律师法》第32条第1款。

[6] 参见：《律师执业行为规范》第79条。

商业秘密，律所也无法阻止客户自由选择从该律所离职的律师为其提供法律服务，这是客户的自由选择权。

5.2.1.3 律师的权利——自由流动权

律师自由流动已经成为业界普遍的共识，具有实务经验丰富、业务水平高的律师能够为律所带来客观的经济利益，成为各律所竞相追逐的对象，律师出于经济上或者其他方面的考虑，随时都在准备离开从业的律所而加盟其他律所。因此，律师享有法律赋予的且不违反执业道德规范的自由流动权利❶。在美国，《模范律师职业责任法典》第2-108条规定，律所不得限制和剥夺律师终止雇佣关系后继续执业的权利。基于事业上的追求和经济上的需求，法律应当赋予律师自由流动权。这种自由是无条件的、不得加以限制的❷。我国《律师执业行为规范》第75条也从侧面肯定了律师的自由流动权，同时，规定律师自由流动时不得损害原律所的利益❸。

正是因为律所的客户名单涉及三方的权利，因此，律所客户名单的属性认定不同于一般客户名单，其是否构成商业秘密及雇员离职后是否可以使用，应当根据具体情况来加以认定，律所的客户名单不都是律所的商业秘密。即便是律所的商业秘密，仍要基于上述三方权利考虑，确定这些客户名单是否可以为离职律师使用。

5.2.2 特殊行业客户名单属性认定应考虑的因素

在认定特殊行业客户名单属性过程中，我们应当运用利益平衡理论，充分考虑原单位、离职雇员和客户三方权利和利益，既尊重客户的自由选择权，又兼顾离职雇员的自由流动权和原单位的商业秘密权。基于此，笔者认为，特殊行业客户名单属性认定时应当考虑以下两个因素：

---

❶ 博登海默,2004.法理学:法律哲学与法律方法[M].邓正来,译.北京:中国政法大学出版社: 145.

❷ 黄武双,2008.利益平衡视角下的律师事务所客户名单商业秘密保护:美国法律制度及其借鉴[J].政治与法律(7):143-149.

❸ 参见:《律师执业行为规范》第75条。

5.2.2.1 是否形成"个人信赖"关系

以是否形成"个人信赖"关系为考虑因素划分商业秘密与雇员知识技能的界限，是指基于个人信赖，能证明客户自愿与离职雇员或者离职雇员所属的新东家进行交易的，视为正当竞争行为，这些客户名单不构成商业秘密。例如，美国新泽西州高级法院审理的 Edmond J. Dwyer and Albert C. Lisbona v. Fred W. Jung JR 案[1]，原告与被告是同一律所的合伙人，开业初期有竞业禁止协议约定，客户名单属于原告所有，被告离职后5年内不得与原律所发展的客户开展业务关系。然而，被告离职后违反协议约定，与原告所发展的客户开展业务关系，原告遂向法院提起诉讼。法院审查认为：

律师行业竞业禁止协议与一般行业竞业禁止协议有着本质区别，本案中先前所签订的竞业禁止协议无效。客户有权选择代理律师，原告不能限制客户基于信赖关系委托被告作为其代理律师，法院对原告的诉讼主张不予支持。鉴于此，在考察信赖关系是否存在，被告须证明：①雇员离职前，被告与客户存在信赖关系，并且在信赖关系前提下与原告有过交易；②雇员离职后，客户自愿与离职雇员或者离职雇员新单位进行交易。

5.2.2.2 是否存在引诱行为

是否存在引诱行为是判定离职雇员获知并使用的"商业秘密"是否真正属于原雇主商业秘密的关键。所谓引诱行为，是指在雇佣关系终止以后，离职雇员存在招揽或者引诱原雇主的客户，并将这些客户资源转移至自己或者新雇主，与原雇主形成竞争关系的行为。判定引诱行为要有引诱事实的存在，还要考量引诱误导的程度和引诱的对象。引诱误导的程度，是指引诱具有目的性和误导性，并使得客户产生误解，达到了引诱所要达到的目的。引诱对象大多是离职雇员与原雇主的客户，不存在信赖关系，且离职雇员在原雇主工作期间不存在与该客户有基于信赖关系的交易行

---

[1] Edmond J.Dwyer and Albert C.Lisbona v.Fred W.Jung JR，137 N.J.Super.135；348 A.2d 208；1975 N.J.Super.LEXIS 546.

为。例如，Robert L.Reeves et al.v.Daniel P.Hanlon et al.案❶中，被告汉隆（Hanlon）离开原律所，与原律所律师格林（Greene）合办一家新所。被告离职前复制带走2200名原律所客户资料，通过电话、邮件等手段引诱原律所客户在不明真相的情况下选择他们律所，使得原律所失去大量的原有客户。原告以被告侵犯其商业秘密向法院提起诉讼。被告主张客户自愿与其交易，属于正常的业务关系，不存在侵犯商业秘密行为。法院在判决书中指出：

本案客户资料具有独立的经济价值，原告采取了保密措施，构成商业秘密。被告使用电话、邮件等手段向客户作出说明，有引诱误导客户的意思表示，致使有些客户甚至误认为Reeves死亡或者营业终止。同时，在被告的引诱行为误导下，1年内原告有144名客户流失。故本院对原告的诉讼请求予以支持，上述客户名单属于商业秘密，被告的行为构成侵权。

5.3 雇员记忆中客户名单的属性认定

本书第4章第4.4节已对雇员记忆中技术信息的属性认定进行了系统分析。在司法实践中，离职雇员通过以记忆抗辩的形式主张经营信息中的客户名单，不构成商业秘密，对这些客户名单的使用也不构成对雇主商业秘密的侵权行为。那么，雇员记忆中客户名单的属性如何认定，本节将结合国外经典司法案例对此进行深入探讨。

5.3.1 美国关于雇员记忆中客户名单的属性认定

5.3.1.1 记忆中客户属于雇员知识技能

美国司法实务界曾倾向于认为雇员凭记忆记住的客户名单属于雇员知识技能，离职后可以自由使用。如果雇员离职凭借记忆将原单位的客户名

---

❶ Robert L.Reeves et al.v.Daniel P.Hanlon et al.,33 Cal.4th 1140;95 P.3d 513;17 Cal.Rptr.3d 289; 2004 Cal.LEXIS 7239.

单以书面形式表达出来，那么就构成了商业秘密侵权行为。持这种观点的法官认为，法律不能消除个人的记忆，更不能禁止雇员利用记忆的信息为自己或者原雇主的竞争对手服务。例如，Richard M.Krause Inc.v.Gardner et al.案[1]、Sperry Rand Co. v. Bernard J. Rothlein et al.案[2]等都主张雇员记忆中的秘密信息是雇员的知识技能，离职后可以使用这些信息与原告展开竞争或者为原告竞争对手服务。

正如本书第 4 章第 4.4.3.3 节所说的 Richard M. Krause Inc. v. Gardner 案[3]，一名被告 Gardner（加德纳）在原告公司工作多年，接触过公司的大批客户；另一名被告 Neumann（诺伊曼）被原告公司雇佣几个月后，担任原告公司经理，在进入原告公司之前，他有多年的印刷业工作经验，对原告公司的生产方法和生产流程比较熟悉。被告加德纳、诺伊曼等三人相继离开原告公司，并协商一致成立了一家名为 Gardner-Neumann 的公司。原告以被告离职后使用原告公司的客户名单和生产方法、流程等秘密信息侵犯了其商业秘密为由向法院提起诉讼。法院在判决书中说：

在每一份雇佣合同中，雇员对生产过程中持有的任何商业秘密和其他机密信息，不仅在雇佣关系存续期间负有保密义务，在雇佣关系结束也有保密义务。然而，证据表明原告公司的生产方法和程序不是秘密，而是工业上的一般知识，原告的印刷方法没有什么秘密而言，与其他公司也没有特别之处。因而，原告的生产方法和程序不构成商业秘密。对于原告所主张的客户名单问题，原告没有禁止被告使用客户名单，也没有证据证明被告离职时带走了书面的客户名单，原告不得禁止被告与其在雇佣期间结识的客户之间从事交易，因为交易的客户姓名是很容易被记住的[4]。

---

[1] Richard M.Krause Inc.v.Gardner et al.99 N.Y.S.2d 592；1950 N.Y.Misc .LEXIS 1980.

[2] Sperry Rand Co.v.Bernard J.Rothlein et al,241 F.Supp.549；1964 U.S.Dist.LEXIS 9116；143 U.S.P.Q.(BNA)172.

[3] Richard M.Krause Inc.v.Gardner, 99 N.Y.S.2d 592；1950 N.Y.Misc.LEXIS 1980.

[4] There was no evidence that any defendant took a list of customers with him when he left the plaintiff.The names of the customers were easily remembered.See：Richard M.Krause Inc.v.Gardner, 99 N.Y.S.2d 592；1950 N.Y.Misc.LEXIS 1980.

又如，本书第4.4.3节所言的Sperry Rand Co. v. Bernard J. Rothlein et al.案❶（具体案情详见第4.4.3节相关内容），法院在判决书中认为，原告不能强行禁止被告与其记忆中的客户进行交易，故驳回原告对该案中所指的客户名单是商业秘密的主张❷。

5.3.1.2 记忆中的客户名单构成商业秘密

美国司法实践中，有些法院认为，离职雇员通过记忆的方式来重现、使用或者披露原雇主的商业秘密，并不能使原雇主商业秘密丧失秘密性，其仍然构成商业秘密。通过记忆带走秘密信息与直接带走商业秘密没有本质的区别，只是带走的方式不同而已，记忆也是离职雇员侵占商业秘密的一种形式而已。因此，离职雇员以记忆抗辩为由主张其以记忆带走的客户名单属于自己知识技能得不到法院的支持。

例如，Al Minor & Associates，Inc.v.Robert E.Martin❸案，原告Al Minor & Assoc.是一家保险精算事务所，专门管理和设计退休计划，经过多年的发展，拥有约500个客户资源，被告Robert E.Martin（罗伯特·E·马丁）是该事务所的一名计划分析师，雇佣期间没有签订雇佣合同，也没有签订竞业禁止协议，被告在原告公司工作期间即成立了与原告经营业务相同的事务所。在被告离职后没有带走原告的任何文件和书面资料，利用自己记忆中的客户信息，成功地将原告拥有的约500名客户中的15个发展成为自己事务所的客户。原告向法院提起诉讼，认为原告侵犯了自己的商业秘密。法院审查认为：

Martin作为原告公司的前雇员，未经原告许可使用其记忆中的原告客

---

❶ Sperry Rand Co.v.Bernard J.Rothlein et al,241 F.Supp.549；1964 U.S.Dist.LEXIS 9116；143 U.S.P.Q.(BNA)172.

❷ In the case of an employee, the attitude of the courts is that expressed by a New York court that equity has no power to compel a man who changes employers to wipe clean the slate of his memory.See：Sperry Rand Co.v.Bernard J.Rothlein et al,241 F.Supp.549；1964 U.S.Dist.LEXIS 9116；143 U.S.P.Q.(BNA)172.

❸ Al Minor & Associates,Inc.v.Robert E.Martin,2006-Ohio-5948；2006 Ohio App.LEXIS 5881.

户信息，进行与原告具有竞争关系的业务，侵犯了原告享有的商业秘密权。针对本案，法院进一步指出，无论涉密信息是以物质载体、软（磁）盘、计算机、记忆或者其他媒介呈现出来，不能改变其商业秘密属性❶。因此，雇员记忆中的秘密信息属于商业秘密，雇员离职后不能主张其为自己的知识技能。

又如，在 Ed Nowogroski Insurance, Inc. v. Michael Rucker 一案，原告 Ed Nowogroski 系一保险公司，被告是该公司的一名工作人员，被告辞去工作后进入另一家与原告具有竞争关系的保险公司上班，原告以被告挪用该公司的商业秘密和50个客户名单向法院提起侵权之诉。一审法院认为，被告没有违反了华盛顿州《统一商业秘密法》的规定，他使用了在原告单位工作期间知悉并记忆于头脑中的信息，而不是书面载体的信息，华盛顿州上诉法院推翻了一审法院的认定。上诉法院审理过程中，被告认为记忆中的客户信息不是商业秘密。上诉法院拒绝了被告的诉讼主张，并提出如下理由：

华盛顿州《统一商业秘密法》不仅适用于对具有书面载体秘密信息的保护，而且也适用于对雇员记忆中秘密信息的保护，书面记录形式与记忆的方式呈现商业秘密不存在本质的区别。商业秘密侵权行为的认定依据，主要是争议的信息是否符合商业秘密的构成要件，是否实施了侵权行为。美国《代理法重述》的"记忆规则"（memory rule）允许使用记忆中的秘密信息与促进商业道德和公平交易的精神是不一致的，法院拒绝"记忆规则"的适用❷。

---

❶ The fact that the list was acquired from memory did not change that it was a trade secret. See: Al Minor & Associates, Inc. v. Robert E. Martin, 2006-Ohio-5948; 2006 Ohio App. LEXIS 5881.

❷ In affirming, the court rejected defendants´ arguments and ruled that the protections of § 19.108 and the common law applied not only to written information, but to memorized information as well. The "memory rule" of agency law, which allowed use of memorized information, was rejected as inconsistent with promoting commercial ethics and fair dealing. See: Ed Nowogroski Insurance, Inc. v. Michael Rucker, 137 Wn. 2d 427; 971 P. 2d 936; 1999 Wash. LEXIS 128; 16 I.E.R.Cas.(BNA) 82; 50 U.S.P.Q.2D(BNA) 1268.

5.3.1.3 雇员记忆中客户名单的属性应视情况而定

雇员记忆中的客户名单是商业秘密还是知识技能,根据个案的具体情况来确定。美国《反不正当竞争法重述》(第三版)第42节评述f指出,若被告使用不正当手段获知信息,例如侵犯书面的秘密信息或者做特别尝试记忆秘密信息,那么这些信息因具有不可获得性而构成商业秘密。此评述将以书面载体形式或者刻意记忆的秘密信息视为商业秘密,除此以外都属于雇员知识技能的范畴。

在司法实践中,持这种观点的人员认为,案件审理中认定雇员记忆中的客户名单是否构成商业秘密,主要从以下三个因素考虑:

其一,原告是否提供证据证明被告有故意或者恶意记住客户名单或者以任何方式偷取客户名单。例如雇员在离职前通过突击记忆背诵其所知悉的客户名单,尽管他离职时没有带走有形载体的客户名单资料,但是这种行为与直接带走有形载体的客户名单资料没有什么两样。那些在工作中潜移默化所掌握的客户名单资料,一般不构成商业秘密。例如,美国Apollo Technologies Co.v.Centrosphere Industrial Co.一案[1],法院审理认为:

被告记住的是有关某特定客户的具体需求和业务习惯的资料并非保密资料,离职雇员有权使用一般资料和工作期间保留在他记忆中的客户姓名和主要业务方法[2]。就本案而言,被告不存在故意或者恶意记住原公司的资料信息,案件审理过程中原告也无法提供证据证明被告存在故意或者恶意记住资料或者偷取资料的情形。本院认为,原告所主张的信息属于商业

---

[1] Apollo Technologies Co.v.Centrosphere Industrial Co., 805 F.Supp.1157; 1992 U.S.Dist. LEXIS 16291.

[2] Evertheless, the agent"is entitled to use general information concerning the method of business of the principal and the names of customers retained in his memory."See: Apollo Technologies Co.v.Centrosphere Industrial Co., 805 F.Supp.1157; 1992 U.S.Dist.LEXIS 16291.

秘密的诉求不成立，驳回原告的初步禁令申请❶。

类似的案件还有：Tactica International, Inc. v. Atlantic Horizon International, Inc. 一案❷，美国纽约州地方法院认为，头脑中记忆的有关客户偏好资料不是商业秘密，因为本案不存在故意或者恶意记住资料或者偷取资料的情形，这些客户偏好资料很容易被记住，且被告离职后没有将这些资料以有形载体表达出来，由此可见原告无法提供被告侵权的证据，故法院驳回原告诉讼请求❸。

其二，客户名单资料是否很容易由被告回忆起或者随后获取。对于雇员很容易回忆起来的秘密信息，很难认定为商业秘密；那些很难记得住的，雇员离职前突击记忆并在其离职后通过有形载体表现出来，这些秘密信息构成商业秘密❹。例如本书第4章第4.4.3.3节所述 Richard M. Krause Inc. v. Gardner et al. 一案❺，法院认为：

原告的方法和过程不是商业秘密，被告离职后没有使用书面形式带走

---

❶ While Apollo may have created formulae for fuel additives and equipment for additive injection, it does not claim that Centrosphere knows these formulae or has copied Apollo's fuel additives and/or equipment...It has also been suggested that an agent may employ information which the agent has casually "retained in the agent's memory the result of his work for the principal."...In contrast, use of information about an employer's customers which is based on casual memory, as opposed to studied memorization, is not actionable. See: Apollo Technologies Co. v. Centrosphere Industrial Co., 805 F.Supp.1157; 1992 U.S.Dist.LEXIS 16291.

❷ Tactica International, Inc. v. Atlantic Horizon International, Inc., Robert Ferreira, Alice Ricafort, Taylor Gifts, Inc., Elysee Cosmetics, Ltd., Elysee Beauty Products, Ltd., And Patrick Bousfield. 154 F.Supp.2d 586; 2001 U.S.Dist.LEXIS 5162.

❸ Tactica has not produced any evidence showing that Ferreira or Ricafort copied, intentionally memorized, or stole any information...Information concerning the preferences of Tactica's customers could easily be recalled by Ferreira or Ricafort, or obtained by contacting the customers directly. Accordingly, this information is not a trade secret. See: Tactica International, Inc. v. Atlantic Horizon International, Inc., Robert Ferreira, Alice Ricafort, Taylor Gifts, Inc., Elysee Cosmetics, Ltd., Elysee Beauty Products, Ltd., And Patrick Bousfield. 154 F.Supp.2d 586; 2001 U.S.Dist.LEXIS 5162.

❹ OFFICE OF LEGAL EDUCATION EXECUTIVE OFFICE FOR UNITED STATES ATTORNEYS, 2013. Prosecuting intellectual property crimes (fourth edition) [R]. Office of legal education executive office for united states attorneys: 178.

❺ Richard M. Krause Inc. v. Gardner et al. 99 N.Y.S.2d 592; 1950 N.Y.Misc.LEXIS 1980.

第5章 经营秘密与雇员知识技能的边界划分

客户名单和生产过程,原告不得禁止被告离职后与那些在被告在原告公司工作期间所结识的客户从事交易,因为客户名单和客户信息很容易被记住❶。任何禁令救济都没有存在的理由,被告在商业实践中没有采取欺诈或者不正当手段,也没有证据证明被告人拿走了客户名单,请求损害赔偿不存在任何法理依据,本院驳回原告的诉讼请求。

其三,雇佣关系存续期间与结束后有所不同。雇佣关系存续期间,雇员对雇主负有忠实义务,不得违反忠实义务和违反雇佣合同泄露记忆中的秘密信息,一旦雇佣关系结束,离职雇员可以使用记忆中的秘密信息与原雇主展开竞争。例如,Roger Bullivant Ltd and Ors. v. Ellis and Ors. 一案❷,法官古尔丁(Goulding J.)认为,雇佣关系中很难区分什么知识必须留下,什么知识可以带走,而区分这一难题的两极较为容易。一方面,法律对哪些属于雇主的商业秘密作出规定,这些秘密信息除了雇主以外,其他人都不得使用不正当手段使用;另一方面,法院不得阻止离职雇员使用雇佣期间掌握的知识技能。在这两极之间还存在一类秘密信息,它一旦为雇员所学习掌握必然会留存于雇员的记忆当中,而这些秘密信息又是雇主商业秘密的重要组成部分。只要雇佣关系存续,雇员就有负有保守这些秘密信息的义务,否则就违反雇佣合同和忠实义务,构成商业秘密侵权行为;当雇员离职后谋取新工作,法律允许雇员为了自己的利益而使用雇佣期间掌握的所有知识技能与原雇主开展竞争。原告 Roger Bullivant 公司的诉讼主张因此而未获得法院的支持,遂提起上诉。英国上诉法院对其主张仍然未予支持,上诉法院在判决书中说:

在雇佣关系存续期间,非为雇主的利益,雇员不得使用记忆中的秘密信息。雇佣关系结束以后,这些秘密信息不可避免地保留于雇员记忆中被

---

❶ There was no evidence that any defendant took a list of customers with him when he left the plaintiff. The names of the customers were easily remembered. See: Richard M. Krause Inc. v. Gardner et al. 99 N.Y. S.2d 592;1950 N.Y. Misc. LEXIS 1980.

❷ Roger Bullivant Ltd and Ors. v. Ellis and Ors. [1987] FSR 172, [1987] ICR 464, [1987] IRLR 491.

雇员带走，并可以在离职后自己从事此类业务或者为其他公司的利益而自由使用❶。

5.3.2 雇员记忆中客户名单属性的认定标准

通过上述有关案例分析来看，笔者较为认同本书第5.3.1.3节观点，即雇员记忆中客户名单是否构成商业秘密抑或雇员的知识技能，不宜作简单、绝对化地认定，而应当从以下两个方面因素加以考虑，并视不同情况区别对待：

第一，雇员是否存在刻意或者恶意记忆。记忆可以分为随意记忆和刻意记忆，对于雇员明知某些客户名单具有很大的经济价值，且雇主为防止泄密而采取了合理的保密措施，但仍然进行刻意记忆供其离职后使用或者披露的，其主张属于知识技能的请求不成立，这些客户名单构成商业秘密；对于雇员在生产经营过程中，无意识（随意）接触的一些客户名单资料，且留存在记忆中，这种雇员记忆中的客户名单可以认定为雇员知识技能。头脑中的客户名单不能因为雇员离职而被彻底清除，它已经成为人格不可分离的组成部分，故认定为雇员知识技能较为合理。

第二，有形载体形式存在是主张记忆中客户名单构成商业秘密的重要理由。商业秘密存在的形式一般都以磁盘、纸张、U盘等载体进行保存，记忆于人脑中的客户名单因缺乏有形载体而无法再现或者复制，很难认定其构成商业秘密。雇主在能够提供某秘密信息存在有形载体的证据，且该秘密信息符合商业秘密构成要件的，离职雇员以该信息是雇员记忆中的信息属于自己知识技能为由抗辩，通常无法得到法院的认可。例如，离职雇员通过记忆带走了原单位的客户名单，但记忆往往没有有形载体保持长久，故该雇员将记忆中的客户名单通过纸张或者U盘等载体再现出来，这就构成对原雇主商业秘密的侵犯。

---

❶ GOWLING, STRATHY, HENDERSON, 1998. Confidential information and technical "know-how": what leaves with your employee?[J].Intellectual property journal：13.

因此，在认定雇员记忆中的客户名单属性时，主要从雇主有证据证明秘密信息以有形载体形式（例如，文件、U盘、磁盘等）呈现出来或者离职雇员存在刻意记忆两方面考虑，作出合理判断。

5.4　本章小结

在域外司法实践中，客户名单与雇员知识技能的界限划分主要考虑以下因素：第一，开发经营信息所消耗的精力。对那些易于开发，且不需要投入很多的人力、物力和财力即可获取的信息，不宜认定为商业秘密，一般认定这些信息是雇员的知识技能；对于那些开发难度较大，且需要投入大量的人力、物力和财力方可获取的信息，一般认定为商业秘密，雇员离职后不得使用或者披露这些秘密信息。第二，获知信息的途径和手段。商业秘密大多是很难通过正当途径或者合法手段获取的机密信息，而雇员知识技能，是雇员通过学习、培训、实践等正当途径或者合法手段获知的，一般不允许某个企业或者雇主独占，并不得将其视为自己的商业秘密。第三，采取合理保密措施情况。对于采取合理的保密措施来防止他人使用或者披露涉密信息的，认定将该涉密信息认定为商业秘密。对于没有采取合理的保密措施，或者使雇员意识到某信息是商业秘密的，不构成商业秘密，雇员离职后使用或者披露不构成侵权。第四，竞业禁止协议的约定。如果雇佣合同中约定某一信息是商业秘密，且这一信息符合商业秘密构成要件，那么雇员离职后不得使用该信息的，也不得以该类信息作为知识技能的组成部分来主张抗辩。确定客户名单是否受到商业秘密法保护除了考虑上述因素外，还需要从以下因素考虑：开发客户名单的难度、客户名单是否为持有人在某领域具有高度的竞争力、客户名单内容的深度等因素。

特殊行业的客户名单信息具有一定的特殊性，通常涉及客户、原单位和离职雇员三方主体，划分此类信息是商业秘密还是雇员知识技能也变得更为复杂。在认定此类特殊行业客户名单过程中，我们应当考虑到雇主的商业秘密权、雇员的劳动权、客户的自由选择权,在这三种权利中寻求一个平衡点。因此,认定特殊行业客户名单属性时,我们需要考虑两个因素,即是否形成个人信赖关系和是否存在引诱行为。

　　雇员记忆中客户名单的属性认定主要存在三种观点:第一,雇员记忆中的客户名单属于雇员知识技能,其无法从雇员记忆中消除,雇员离职后可以自由使用;第二,雇员记忆中的客户名单,不因留存于记忆中而改变其商业秘密的属性,此类信息仍构成商业秘密;第三,雇员记忆中的客户名单属性,因情况不同而应分别对待。笔者较为认同第三种观点。记忆中客户名单是否构成商业秘密抑或雇员的知识技能,不宜作简单、绝对化地认定,而应当从以下两个方面因素加以考虑,并视不同情况区别对待:第一,雇员是否存在刻意或者恶意记忆。对于雇员明知某些客户名单具有很大的经济价值,且雇主为防止泄密而采取了合理的保密措施,但仍然进行刻意记忆供其离职后使用或者披露的,其主张属于知识技能的请求不成立,这些客户名单构成商业秘密;对于雇员在生产经营过程中,无意识(随意)接触的一些客户名单资料,且留存在记忆中,这种记忆中的客户名单可以认定为雇员知识技能。头脑中的客户名单不能因为雇员离职而被彻底清除,它已经成为人格不可分离的组成部分,故认定为雇员知识技能较为合理。第二,有形载体形式存在是主张记忆中客户名单构成商业秘密的重要理由。商业秘密存在的形式一般都以磁盘、纸张、U盘等载体进行保存,记忆于人脑中的客户名单因缺乏有形载体而无法再现或者复制,很难认定其构成商业秘密。

第 6 章　结论与展望

在当前大众创业、万众创新的语境下，国家在鼓励人才自由流动的同时，如何切实保护好企业商业秘密，将成为摆在人们面前的重大课题。要使得商业秘密和雇员知识技能获得同等的保护，必须划定商业秘密的具体范围，确定商业秘密与雇员知识技能间的划分标准，厘清它们之间的原则边界。从立法的角度而言，我们可以结合现行相关的国家政策、司法意见和司法政策，并借鉴域外立法和司法实践中的有益经验和做法，将其移植至未来的立法和司法解释当中，建立完善的商业秘密保护法律制度，从法律制度层面上对商业秘密和雇员知识技能的边界划分标准制定出科学合理的立法性和司法解释性规定，解决当前我国商业秘密和雇员知识技能之间边界划分仅停留于规章制度、国家政策和司法建议层面而尚未上升到法律高度且缺乏可操作性的问题。

6.1　结论

6.1.1　商业秘密与雇员知识技能边界划分的基本原则

商业秘密与雇员知识技能发生交叉融合发生冲突如何解决，一直是困扰司法实践的难题。笔者认为，对于具有不同的知识技能和研发水平、从事不同性质工作岗位的雇员，其所应保守商业秘密的范围是不尽相同的。只有某一争议信息符合商业秘密构成要件的情况，才会出现商业秘密与雇员知识技能的冲突。因此，某一争议信息构成商业秘密，是讨论商业秘密与雇员知识技能冲突的基本前提。在处理商业秘密与雇员知识技能冲突问题时，我们应当坚持以下两大原则：

第一，在处理商业秘密与雇员知识技能冲突过程中，我们应当从信息的性质（一般性信息和特殊性信息）、雇佣关系存续期间是否禁止雇员使用、雇员个人的技术水平和研发能力、商业秘密保护对雇员和公共利益是否造成重大损失、获知信息的途径和手段、采取合理保密措施的情况等因素进行综合考虑，确定该信息是雇主的商业秘密还是属于雇员的知识技能。

第二，在处理商业秘密与雇员知识技能冲突、厘清它们之间的原则边界的过程中，我们要始终坚持利益平衡理论，通过利益平衡理论寻求一个平衡点，一方面通过赋予信息以产权保护，激励产权者无限地创造潜能，另一方面又要加强对雇员劳动权益的保护，防止出现商业秘密的肆意扩张而损害社会公共利益和雇员劳动权益，实现对雇主商业秘密权和雇员劳动权与择业权的同等保护。

6.1.2 特殊情形下商业秘密与雇员知识技能边界划分

第一，雇员记忆中的秘密信息。雇员记忆中的信息属性认定应当遵循以不构成商业秘密为原则，以构成商业秘密为例外。一般情况下，雇员记忆中的信息不构成商业秘密。但是，还应当考虑下列因素：（1）是否存在刻意或者恶意记忆。离职雇员存在刻意或者恶意记忆雇主商业秘密，那么可以认定离职雇员侵犯了雇主商业秘密。但是，离职雇员在工作期间某些秘密信息随意留存于离职雇员记忆里，一般视为雇员的知识技能。（2）是否以有形载体呈现出秘密信息。对于留存于离职雇员记忆中，离职后以有形载体表现出来，则涉嫌商业秘密侵权，其不能以记忆抗辩主张这些秘密信息是自己的知识技能。以记忆留存且没有以有形载体呈现出来的秘密信息，雇员离职后使用的则不构成侵权，这种记忆属于一般的知识、经验和技能。（3）在认定雇员记忆中秘密信息属性过程中，还应当综合考虑记忆中的秘密信息是否容易被记住、雇员从事某特定以前所积累的工作经验、雇员从事的工作性质、雇佣关系存续的时间长短等，这些因素都对记忆中的秘密信息属性的认定起着至关重要的作用。

第二，消极信息的属性认定。我们不能固守商业秘密构成要件机械地界定消极信息的属性。我们应当视不同情况，分别作出合理的认定。(1) 被证实不能应用于实际生产的消极信息，一般不构成商业秘密；(2) 在原雇主消极信息基础上进行的研发创造，创造出超越前人的技术成果，那么使用原雇主消极信息的不构成商业秘密侵权行为，离职雇员所研发的技术成果属于离职雇员个人所有；(3) 对于离职雇员在原雇主消极信息基础上进行无实质性的修改或者改进，所生产出的产品与原雇主几乎无异，这就存在侵犯原雇主积极信息的嫌疑，此类消极信息一般构成商业秘密；(4) 能够从消极信息中直接得出持有人所想保密的积极信息，那么这些消极信息构成商业秘密，不宜认定为雇员知识技能的范畴。

第三，特殊行业客户名单的属性认定，应当从是否形成信赖关系和是否存在引诱行为两个方面来考察。基于雇员的个人信誉和精湛技艺等原因而产生客户对其产生信赖关系，客户与雇员所在单位发生交易的，在该雇员离职以后，原单位客户自愿与之进行交易的，不能认定为采用不正当手段，这类客户名单对于该离职雇员而言，不宜认定为商业秘密。

6.2 展望

我国当前商业秘密立法呈现出以《反不正当竞争法》为龙头，相关法律法规为补充，多部门法共管的立法。然而，市场经济的发展和市场竞争的加剧，人才频繁流动和跳槽将成为经济发展中的一种常态，这对商业秘密保护带来了更大的挑战。同时，全国人大通过的《国民经济和社会发展第十三个五年规划纲要》提出"实施严格的知识产权保护制度，完善有利于激励创新的知识产权归属制度"和"建立健全人才流动机制，提高社会横向和纵向流动性，促进人才在不同性质单位和不同地域间有序自由流动"，《中共中央、国务院关于深化体制机制改革加快实施创新驱动发展战略的若干意见》提出"人才、资本、技术、知识自由流动""完善商业秘密保护法律制度,明确商业秘密和侵权行为界定",以及《国务院关于大力推进大众创业万众创新若干政策措施的意见》等相关重要政策性文件,从国家战略层面提出了保护商业秘密与人才自由流动的重要意义。然而,如何划分商业秘密与雇员知识技能之间的边界,避免它们之间产生利益冲突,目前我国尚未出台一个合理的标准,这在一定程度上影响到上述国家战略的实施。

从基本方向上来看,利益平衡理论已然成为划分商业秘密与雇员知识技能边界的理论基础,它将贯穿于从立法和司法上解决商业秘密与雇员知识技能冲突问题的始终。利益平衡理论主要从价值判断的角度来比较利益的保护程度,排除司法过程中法官自由放任而为,完全凭其个人的司法经验、生活阅历和价值取向等判定案件。商业秘密与雇员知识技能边界划分问题上,需要解决的核心问题是如何在信息的最优创造和最优利用之间实现最优平衡。一方面通过赋予信息以产权,激励信息供给,另一方面又要对商业秘密进行一定的限制,防止出现信息非最优利用而损害离职雇员的合法权益。

尽管笔者在本书中借鉴国外立法和司法中许多有益经验做法,竭尽所能地提出处理商业秘密和雇员知识技能冲突的基本路径,并对我国未来立法提出了建设性的立法建议,但随着科学发展和技术进步,商业秘密与雇员知识技能出现交叉融合而无法厘清它们之间边界的新情况、新问题会越来越多。笔者只是针对目前所发生的一些利益冲突问题,提出自己的一点心得体会。法律源于生活,法律制度的构建总是滞后于社会现实。从这个角度来说,商业秘密与雇员知识技能交叉融合的情形日趋复杂化,它们之间的冲突解决路径也将有所变化。因此,本书中的结论既是终点,也是新的起点,笔者期待着在未来的研究对此问题进一步修正与完善。

参考文献

伯恩魏德士,2003.法理学[M].丁小春,吴越,译.北京:法律出版社:362.

博登海默,2004.法理学:法律哲学与法律方法[M].邓正来,译.北京:中国政法大学出版社:145.

博登海默,2004.法理学:法律哲学与法律方法[M].邓正来,译.北京:中国政法大学出版社:413-414.

博登海默,2004.法理学:法律哲学与法律方法[M].邓正来,译.北京:中国政法大学出版社:89.

陈爱华,2012.日本关于商业秘密构成要件的认定[J].知识产权(12):91-98.

崔汪卫,2014.论体育训练方法的商业秘密法保护[J].武汉体育学院学报(10):30-33.

崔汪卫,2014.企业雇员离职后商业秘密保护的利益平衡:以GM前工程师涉嫌窃取商业秘密案为背景[J].西安电子科技大学学报:社会科学版(3):101-107.

崔汪卫,2015.上市公司信息披露与商业秘密保护之冲突解决机制:基于利益衡量的视角[J].西华师范大学学报:哲学社会科学版(2):74-79.

达沃豪斯,布雷斯维特,2005.信息封建主义:知识经济谁主沉浮[M].刘雪涛,译.北京:知识产权出版社:15.

戴永盛,2005.商业秘密法比较研究[M].上海:华东师范大学出版社:103.

戴永盛,2005.商业秘密法比较研究[M].上海:华东师范大学出版社:104.

戴永盛,2005.商业秘密法比较研究[M].上海:华东师范大学出版社:113.

戴永盛,2005.商业秘密法比较研究[M].上海:华东师范大学出版社:114.

戴永盛,2005.商业秘密法比较研究[M].上海:华东师范大学出版社:131.

戴永盛,2005.商业秘密法比较研究[M].上海:华东师范大学出版社:133.

戴永盛,2005.商业秘密法比较研究[M].上海:华东师范大学出版社:8.

戴永盛,2005.商业秘密法比较研究[M].上海:华东师范大学出版社:91-94.

单晓光,许春明,2009.知识产权制度与经济增长:机制实证优化[M].北京:经济科学出版社:15-17.

杜景林,卢谌,2000.德国商法典[M].北京:中国政法大学出版社:27-28.

范领进,2004.知识价值理论研究[D].长春:吉林大学.

冯晓青,2006.知识产权法利益平衡理论[M].北京:中国政法大学出版社:147.

冯晓青,2006.知识产权法利益平衡理论[M].北京:中国政法大学出版社:20.

冯晓青,2006.知识产权法利益平衡理论[M].北京:中国政法大学出版社:41.

冯晓青,2006.知识产权法利益平衡理论[M].北京:中国政法大学出版社:471.

盖斯旦,古博,法布赫-马南,2004.法国民法总论[M].陈鹏,译.北京:法律出版社:704-705.

顾敏.企业泄密案八成与跳槽员工有关[N].新华日报,2015-04-23(6).

郭德忠,冯勇,2016.软件商业秘密的认定与保护:以美国判例为主要视角[J].知识产权(8):119-123.

胡峰,刘强,2006.体育训练方法的商业秘密保护[J].武汉体育学院学报(3):6-9.

胡良荣,易小辉,2013.激励与规制:商业秘密保护的经济学分析[J].知识产权(11):62-66.

胡蓉蓉,苍渊博,2012.论商业秘密诉讼之记忆抗辩效力研究[J].群文天地(16):208-209.

黄武双,2007.美国商业秘密保护法的不可避免泄露规则及对我国的启示[J].法学(8):144-152.

黄武双,2008.利益平衡视角下的律师事务所客户名单商业秘密保护:美国法律制度及其借鉴[J].政治与法律(7):143-149.

黄武双,2008.剩留知识的使用与控制研究:美国判例研究及其对我国立法与司法的启示[J].法学杂志(4):40-43.

黄武双,2011.美国商业秘密判例(1):公共政策、构成要件和加害行为[M].北京:法律出版社:500.

黄洵,2005.从"沪科案"看商业秘密保护中雇主与离职雇员间的利益平衡[J].电子知识产权(9):45-48.

卡尔拉伦茨,2003.法学方法论[M].陈爱娥,译.北京:商务印书馆:246.

孔祥俊,1998.反不正当竞争法的适用与完善[M].北京:法律出版社:76-82.

孔祥俊,1999.商业秘密保护法原理[M].北京:中国法制出版社:176.

孔祥俊,2002.WTO知识产权协定及其国内适用[M].北京:法律出版社:530.

孔祥俊,2005.反不正当竞争法原理[M].北京:知识产权出版社:418.

孔祥俊,2012.商业秘密司法保护实务[M].北京:中国法制出版社:140.

孔祥俊,2012.商业秘密司法保护实务[M].北京:中国法制出版社:144.

孔祥俊,2012.商业秘密司法保护实务[M].北京:中国法制出版社:208.

孔祥俊,2012.商业秘密司法保护实务[M].北京:中国法制出版社:213.

孔祥俊,2012.商业秘密司法保护实务[M].北京:中国法制出版社:247.

孔祥俊,2013.知识产权法律适用的基本问题[M].北京:中国法制出版社:122.

孔祥俊,2013.知识产权法律适用的基本问题[M].北京:中国法制出版社:509-514.

孔祥俊,王岚涛,2015.知识产权经典案例评析:2015年卷[M].北京:中国法制出版社:275。

孔祥俊,王岚涛,2015.知识产权经典案例评析[M].北京:中国法制出版社:174.

兰德斯,波斯纳,2006.知识产权法的经济结构[M].金海军,译.北京:北京大学出版社:463.

李明德,2014.美国知识产权法[M].北京:法律出版社:189.

李明德,2014.美国知识产权法[M].北京:法律出版社:202.

李明德,2014.美国知识产权法[M].北京:法律出版社:210.

李嬛,2011.商业秘密领域中离职后竞业禁止合理范围的界定:以美国判例为视角[J].知识产权法研究(2):47-65.

李亚坤,李洋,王东兴.华为原副总裁辞职创业两度被控侵犯知识产权[N].南方都市报,2016-04-26(SA34).

李章军,张良宏,方良,等.加强商业秘密保护营造公平竞争环境:浙江省宁波市中级人民法院关于商业秘密民事纠纷审判情况的调研报告[N].人民法院报,2014-05-15(8).

刘金波,朴勇植,1994.日、美商业秘密保护法律制度比较研究[J].中国法学(3):108-115.

刘宁,2007.知识产权权利冲突问题探讨[M]//刘宁.知识产权若干理论热点问题探讨.北京:中国检察出版社:300-302.

刘晓海,2006.离职员工和商业秘密保护:对德国法的实证研究[J].科技与法律(2):35-40.

刘新权,2007.中央企业技术秘密的保护和管理研究[D].武汉:华中科技大学.

刘叶深,2011.法律概念分析的性质[J].法律科学(1):20-30.

刘作翔,2014.权利冲突:案例、理论与解决机制[M].北京:社会科学文献出版社.

罗斯科 庞德,1984.通过法律的社会控制、法律的任务[M].沈宗灵,董世忠,译.北京:商务印书馆:89.

罗斯科 庞德,2007.法理学:第3卷[M].邓正来,译.北京:法律出版社:241.

美国司法部刑事司计算机犯罪和知识产权处,2006.美国知识产权犯罪检控[R].公安部经济犯罪侦查局知识产权处:96.

聂鑫,2016.商业秘密不可避免披露原则的制度发展与移植设想[J].知识产权(9):66-71.

宁烨,樊治平,2007.知识能力:演化过程与提升路径研究[M].北京:经济科学出版社:35.

宁烨,樊治平,2007.知识能力:演化过程与提升路径研究[M].北京:经济科学出版社:43.

欧修平,2009.知识产权权利冲突与司法平衡[M]//冯晓青.知识产权权利冲突专题判解与学理研究.北京:中国大百科全书出版社:21-24.

彭学龙,2003.商业秘密诉讼中的特殊抗辩[J].电子知识产权(5):34-37.

彭学龙,2004.不可避免披露原则再论:美国法对商业秘密潜在侵占的救济[J].知识产权(5):37.

阮开欣,2013.美国商业秘密法中不可避免泄露规则的新发展及其解读[J].伯克利技术法杂志(4):51-56.

十二国专利法翻译组,2013.十二国专利法[M].十二国专利法翻译组,译.北京:清华大学出版社:3,7.

宋惠玲.论商业秘密的法律性质[J].行政与法,2008(9):91-94.

宋太庆,1996.知识革命论[M].贵阳:贵州人民出版社:25.

孙月蓉,2007.中外竞业禁止制度之比较[J].太原师范学院学报(5):56-58.

谭华林,2007.知识产权权利冲突论纲[D].中国政法大学.

陶鑫良,1995.商业秘密保护中的合理竞业禁止[M]//中国高校知识产权研究会.知识产权研究:中国高校知识产权研究会第七届年会论文集.西安:西安交通大学出版社:235-236.

陶鑫良,杨惠基,1995.我国和若干国家的商业秘密法制保护[C]//中国高校知识产权研究会.知识产权研究中国高校知识产权研究会第七届年会论文集.西安:西安交通大学出版社.

田村善之,2011.日本知识产权法[M].周超,李雨峰,李希同,译.北京:知识产权出版社:39.

王德禄,2003.知识管理的IT实现:朴素的知识管理[M].北京:电子工业出版社:22.

王骏,2013.商业秘密权利边界的廓清[J].知识产权(7):76-82.

王骏,2013.商业秘密权利边界之廓清[J].知识产权(10):76-82.

王克金.权利冲突的概念、原因及解决[EB/OL].(2015-08-09)[2015-10-08].http://www.studa.net/faxuelilun/060525/15511146-2.html.

王渊,2011.现代知识产权与人权冲突问题研究[M].北京:中国社会科学出版社:53.

温婧.华为6名前员工窃密被批捕员工专利涉嫌侵权华为[N].北京青年报,2017-01-19(A13).

吴汉东,2003.法哲学家对知识产权法的哲学解读[J].法商研究(5):77-85.

吴汉东,宋晓明,2016.人民法院知识产权案例裁判要旨通纂[M].北京:北京大学出版社:861.

夏征农,陈至立,2010.辞海:6版[M].上海:上海辞书出版社:2440.

夏征农,陈至立,2010.辞海:6版[M].上海:上海辞书出版社:854.

谢铭洋,古清华,丁中原,等,1996.营业秘密法解读[M].台北:月旦出版社股份有限公司:245.

谢铭洋,古清华,丁中原,等,1996.营业秘密法解读[M].台北:月旦出版社股份有限公司:94.

谢晓尧,2002.论商业秘密的道德维度[J].法律科学(3):82-91.

新企业法务研究会,1997.详解商业秘密管理[M].张玉瑞,译.北京:金城出版社:5.

新企业法务研究会,1997.详解商业秘密管理[M].张玉瑞,译.北京:金城出版社:67.

徐玉玲,1993.营业秘密的保护[M].台北:三民书店:149.

许争先,2008.从美国的立法和司法实践论客户名单的商业秘密属性[D].复旦大学.

杨伯峻,2013.论语译注[M].北京:中华书局:1-308.

杨文娇,2014.隐性知识的理论与实践[M].青岛:中国海洋大学出版社:18.

衣庆云,2002.客户名单的商业秘密属性[J].知识产权(1):39-42.

俞宪忠,2013.自主产权与自由选择[M].济南:山东人民出版社:113.

约翰格雷,2002.自由主义的两张面孔[M].顾爱彬,李瑞华,译.南京:江苏人民出版社:2.

张耕,2012.商业秘密法[M].厦门:厦门大学出版社:15.

张耕,2012.商业秘密法[M].厦门:厦门大学出版社:20-21.

张耕,2012.商业秘密法[M].厦门:厦门大学出版社:23-24.

张耕,2012.商业秘密法[M].厦门:厦门大学出版社:5.

张乃根,2005.TRIPS协定:理论与实践[M].上海:上海人民出版社:89.

张平华.私法视野里的权利冲突导论[M].北京:科学出版社:35.

张伟.老干妈遭泄密:一家食品公司内竟上演谍战片[N/OL].中国青年报,2017-05-12[2017-05-11].http://news.youth.cn/jsxw/201705/t20170511_9729229.htm.

张仪新,2000.论竞业禁止[M]//徐国栋.罗马法与现代民法.北京:中国法制出版社:329.

张玉瑞,1999.商业秘密法[M].北京:中国法制出版社:461.

张玉瑞,1999.商业秘密法学[M].北京:中国法制出版社:435.

张玉瑞,1999.商业秘密法学[M].北京:中国法制出版社:518.

张玉瑞,1999.商业秘密法学[M].北京:中国法制出版社:74-76.

张玉瑞,2005.商业秘密商业贿赂:法律风险与对策[M].北京:法律出版社:113-116.

张玉瑞,2005.商业秘密商业贿赂:法律风险与对策[M].北京:法律出版社:114.

张玉瑞,2005.商业秘密商业贿赂:法律风险与对策[M].北京:法律出版社:115.

张玉瑞,2005.商业秘密商业贿赂:法律风险与对策[M].北京:法律出版社:117.

张玉瑞.客户名单套牢药剂师[N].中国知识产权报,2011-11-1(3).

张玉瑞.商业秘密法学[M].北京:中国法制出版社,1999:55.

赵宝华,2013.公民劳动权的法律保障[M].北京:人民出版社:2.

郑成思,1995.知识产权保护实务全书[M].北京:中国言实出版社:842.

郑成思,2003.知识产权法:2版[M].北京:法律出版社:397.

中国社会科学院语言研究所词典编辑室编,2016.现代汉语词典:7版[M].北京:商务印书馆:1678.

中国社会科学院语言研究所词典编辑室编,2016.现代汉语词典:7版[M].北京:商务印书馆:927.

中华人民共和国国家质量监督检验检疫总局,中国国家标准化管理委员会编,2016.知识管理第1部分:框架[M].北京:中国标准出版社:616.

中央编译局,2003.马克思恩格斯全集:第21卷[M].北京:人民出版社:434.

种明钊,2002.竞争法学[M].北京:高等教育出版社:162-175.

周廷勇,2009.波兰尼个人知识理论述评[J].贵州大学学报:社会科学版(4):9-14.

永野周志,砂田太士,播磨洋平,2008.営業秘密と競業避止義務の法務[M].株式会社きょうせい:46.

ALLISON C,1992.The legal protection of trade secrets[M].NYC:Sweet&Maxwell:19-20.

ANNALEE SAXENIAN,1996. Regional advantage: culture and competition in silicon valley and route 128[M]. Cambridge:Harvard University Press.

Anon,1962.The rate and direction of inventive activity[C].New Jersey:Princeton University Press:609.

BECK B.Protection of trade secrets through IPR and unfair competition law: switzerland[EB/OL].(2015-10-10)[2016-12-15].http://aippi.org/committee/ protection-of-trade-secrets-through-ipr-and-unfair-competition-law/.

CHARLES TAIT GRAVES,2007.The law of negative knowledge: a critique[J].15.Tex.Intell. Prop.L.J:387-416.

FELDMAN Y,2003. Experimental approach to the study of normative failures: divulging of trade secrets by silicon valley employees [J].University of illinois journal of law, technology & policy,spring:159-180.

FREEMAN C,1982. The economics of industrial innovation[M]. Pairs: Frances Printer: 275.

GILSON R J,1999.The legal infrastructure of high technology industrial districts:silicon valley, route 128, and covenants not to compete[J].New York University law review,74(3): 575-578.

GIRGIS J.Beyond the four corners of the contract: the parol evidence rule, implied terms and the dutyof good faith[EB/OL].(2013-10-14)[2014-12-05].http://ablawg.ca/2013/10/14/beyond the four cornersof the contract the parol evidence rule implied terms and the duty of good faith/#channel=f219ae65bd5fcc8&origin=http%3A%2F%2Fablawg.ca.

GOWLING, STRATHY, HENDERSON,1998.Confidential information and technical "know-how":what leaves with your employee?[J].Intellectual property journal:13.

GRASSLEY.From the committee on the judiciary, submitted the following report: defend trade secrets act of 2016[R/OL].(2016-03-07)[2016-07-11].https://www.congress.gov/114/crpt/srpt220/CRPT-114srpt220.pdf.

GRAVES,2007.The law of negative knowledge:a critique[J].Tex.Intell.Prop.L.J:387-416.

HALLIGAN R M.Protection of trade secrets through ipr and unfair competition law:USA[EB/

OL]. (2014-10-10) [2014-12-05]http://aippi. org / committee / protection of trade secrets through ipr and unfair competition law.

HAMZA S, HEBA EI TOUKHY.Protection of trade secrets through IPR and unfair competition law: Egypt[EB/OL]. (2015-10-10)[2017-10-12]. http://aippi.org/committee/protection-of-trade-secrets-through-ipr-and-unfair-competition-law/.

HAROLD BLOOM, 1997.The anxiety of influence[M]. Oxford : Oxford Univ.Press: 5-18.

HAYEK, FRIEDRICH A, 1945.The use of knowledge in society[J].American economic review, 35(4):519-531.

HYDE A.The Wealth of shared information: silicon valley's high-velocity labor market, endogenous economic growth, and the law of trade secrets[EB/OL]. (2015-01-23)[2015-09-10]. http://andromeda.rutgers.edu/~hyde/WEALTH3.htm.

JAGER M F, 1983.Trade secrets law handbook[M].New York: Clark Boardman Company, Ltd: 1.

JEAN-PIERRE STOULS, FRANCIS HAGEL.Protection of trade secrets through IPR and unfair competition law: France[EB/OL]. (2015-10-09)[2017-10-12].http://aippi.org/committee/protection-of-trade-secrets-through-ipr-and-unfair-competition-law/.

Jonathan O, 2000.The doctrine of inevitable disclosure: a proposal to balance employer and employee interests[J].78 Wash.U.L.Q.325.

KENNETH J, 1962.Economic welfare and the allocation of resources for invention[J].Social science electronic publishing: 609-626.

KLITZKE, 1980.The uniform trade secret[J].Marquette law review: 277.

MCGUIRE M R.Protection of trade secrets through IPR and unfair competition law: Germany [EB/OL]. (2010-03-17)[2014-12-05].http://aippi.org/committee/protection of trade secrets through ipr and unfair competition law.

MEHIGAN S, 1991.David griffiths: restrain of trade and business secrets: law and practice[M]. London: Longman: 43.

MIKE MARGAIN.Protection of trade secrets through IPR and unfair competition law: Mexico [EB/OL]. (2016-10-07)[2017-10-12]. http://aippi.org/committee/protection-of-trade-secrets-through-ipr-and-unfair-competition-law/.

NIMMER.Right of publicity[J].Law &contempprobs,1954(19):203-216.

OFFICE OF LEGAL EDUCATION EXECUTIVE OFFICE FOR UNITED STATES ATTORNEYS,2013.Prosecuting intellectual property crimes(fourth edition)[R].Office of legal education executive office for united states attorneys:178.

PAUL GOLDSTEIN,2008.Copy,trademark and related state doctrines[M].Mineola,NY: Foundation Press:117-118.

PETER F,DRUCKER,2006.The practice of management[M].New Yorker:Collins Business: 197.

PIERRE STOULS J.Protection of trade secrets through IPR and unfair competition law:French [EB/OL].(2014-01-19)[2014-12-05].http://aippi.org/committee/protection of trade secrets through ipr and unfair competition law.

POLANYI M,1966.Personal knowledge:the tacit dimension[M].London:Routledge:428.

R E LUCAS,1988.On the mechanics of economic development[J].Journal of monetary economics:22.

RANDALL E KAHNKE,KERRY L BUNDY,KENNETH A,2008.Liebman,doctrine of inevitable disclosure[M].Denver:Faegre& Benson LLP:11.

RICHARD BERNSTEIN,1983.Beyond objectivism and relativism[M].Pennsylvania:University of Pennsylvaria Press:57.

ROBERT ANDERSON.Protection of trade secrets through IPR and unfair competition law: United Kingdom.[EB/OL].(2017-10-12)[2015-10-06].http://aippi.org/committee/protection-of-trade-secrets-through-ipr-and-unfair-competition-law/.

ROBERT C,1991.Scheinfeld and gary M butter,using trade secret law to protect computer software[J].Rutgers computer and technology law of journal,(17):328.

RODNEY DE BOOS,DAMON HENSHAW.Protection of Trade Secrets Through IPR and Unfair Competition Law:Australia[EB/OL].(2016-12-15)[2017-10-12].http://aippi.org/wp—content/uploads/committees/215/GR215australia.pdf.

ROMISZOWSKI A J,1984.Producing instructional system[M].London:Kogan Page.

SHAN HAILING.Protection of trade secrets through IP and unfair competition law :China[EB/OL].（2015-10-19）[2016-09-05]http://aippi.org/wp-content/uploads/committees/215/

GR215china.pdf.

SONYA P,2012.Passi.compensated injunctions:A more equitable solution to the problem of inevitable disclosure[J].Berkeley technology law journal:annual review of law and technology(27):927-940.

STEIN S J,1985.Trade secret litigation[R].Practicsing law institute:14.

THOMAS S,1970.The structure of scientific revolutions[M].Chicago:University of Chicago Press:77-80.

TOMKIS,JENCKEN,2008.Compendium of the modern roman law[M].Florida:Gaunt Inc,1870:40-41.

UBUKATA,KAZUO.Protectionof trade secrets through IPR and unfair competition law:Japan[EB/OL].(2014-10-10)[2014-12-05]http://aippi.org/committee/protection of trade secrets through ipr and unfair competition law.

WILLIAM M,LANDES,RICHARD A,1987.The economic structure of tort law[M].Cambridge:Harvard University Press:480-490.

致　　谢

本书是在博士论文基础上修改而成，终稿即将交付出版，内心充满惶恐与遗憾，深感论文难免存在不足和缺漏。回首论文写作，敬畏之情油然而生，写作历经坎坷，几度疑惑不解欲放弃之，但终坚持至完稿。此刻心情异常复杂，溢于言表，唯以致谢，抒发内心感慨以释怀。作为学术新人，我工作和求学道路上得到诸位前辈教诲和提携，在此一表谢意。

承蒙恩师刘晓海教授不弃，给予我亲切关怀和知悉指导，谆谆教诲历历在目。论文从选题、开题、资料收集、提纲拟定、初稿、修改到定稿，无不凝聚着先生心血和智慧。没有先生倾力相助，我是无法驾驭如此高难度的论题，他针对本论题给学生提出了许多真知灼见，激发了学生无限的写作热情。正是由于先生的悉心指导和帮助，给文章增添了不少亮点和特色。不仅如此，先生还在生活和工作上给予我莫大的关怀与帮助，在此谨向先生致以崇高的敬意和由衷的感谢。

感谢同济大学上海国际知识产权学院单晓光教授、宋晓亭教授、朱雪忠教授，复旦大学法学院张乃根教授、马忠法教授，上海交通大学凯原法学院寿步教授，上海大学知识产权学院许春明教授等老师对我论文评阅和答辩等环节提出的真知灼见；感谢焦少林院长、詹德全书记、朱留虎副院长等院领导和同事们对我无微不至的关怀；感谢李军、吴为坤、方向华、焦建国、金落实等领导给予我真诚无私的帮助；感谢家人和朋友对我一如既往的关心。

最后，特别感谢所在单位安庆师范大学对本书提供出版基金资助，使得拙文呈现于世，不妥之处敬请同仁指正。

崔汪卫

2018年1月于安庆师大